Michaela Diers

Bettine von Arnim

Mit 16 Abbildungen

Deutscher Taschenbuch Verlag

Von Michaela Diers ist im Deutschen Taschenbuch Verlag
erschienen:

Hildegard von Bingen (dtv 31008)
Wilhelm Busch (dtv 34452)

**Ausführliche Informationen über
unsere Autoren und Bücher
finden Sie auf unserer Website
www.dtv.de**

FSC
Mix
Produktgruppe aus vorbildlich
bewirtschafteten Wäldern und
anderen kontrollierten Herkünften
Zert.-Nr. GFA-COC-001298
www.fsc.org
© 1996 Forest Stewardship Council

Der Inhalt dieses Buches wurde auf einem nach den
Richtlinien des Forest Stewardship Council zertifizierten
Papier der Papierfabrik Munkedal gedruckt.

Originalausgabe
März 2010
Deutscher Taschenbuch Verlag GmbH & Co. KG,
München
© 2010 Deutscher Taschenbuch Verlag GmbH & Co. KG,
München
Umschlagkonzept: Balk & Brumshagen
Umschlagbild: ›Bettine von Arnim‹ (1890),
Gemälde nach einer zeitgenössischen Miniatur
von ihrem Enkel Achim von Arnim-Bärwalde (akg-images)
Satz: Greiner & Reichel, Köln
Gesetzt aus der Janson 10/12,3˙
Druck und Bindung: Kösel, Krugzell
Gedruckt auf säurefreiem, chlorfrei gebleichtem Papier
Printed in Germany · ISBN 978-3-423-24772-6

INHALT

Drei Leben 7
Die Schwebe-Religion 21
Bei der Großmutter. 33
Auf dem Heiratsmarkt 47
Clemens Brentanos Frühlingskranz 57
Die Günderode 69
Die Haube der Frau Rat 87
Bettine und Achim von Arnim 99
Kinder 117
Goethes Briefwechsel mit einem Kinde 133
Dieses Buch gehört dem König. 149
Der Revolution entgegen 161
Verbrechen und Strafe. 177
Zeiten des Umbruchs und letzte Jahre 189
Nur Mut! 203

Zeittafel 206
Werke Bettines 213
Anmerkungen 217
Bildnachweis 239

DREI LEBEN

Ich heiße Catharina Elisabetha Ludovica Magdalena und werde vulgairement genannt Bettina«[1] – oder aber Bettine, wie sie sich selbst zumeist in ihren Briefen nennt. Bettine Brentano wird am 4. April 1785 in Frankfurt geboren und ist das dreizehnte Kind des Kaufmanns Peter Anton (eigentlich: Pietro Antonio) Brentano. Der Vater Brentano stammt aus Tremezzo am Comer See und kommt aus einer alten italienischen Kaufmannsfamilie. Als einer der ersten Katholiken erhält er 1762 das Bürgerrecht der Reichsstadt – gegen die Zahlung der stattlichen Summe von 1000 Gulden. Nach dem Tod seiner ersten Frau und Cousine Walpurga Paula Gnosso im Alter von nur 26 Jahren geht der zu diesem Zeitpunkt bereits sechsfache Vater im Jahr 1774 im Alter von 38 Jahren eine zweite Ehe ein, mit der 18-jährigen Maximiliane, Tochter von Sophie von La Roche, einer berühmten Schriftstellerin, und Georg Michael von La Roche, angesehener Kanzler des Erzbischofs und Kurfürsten von Trier. Er tut das nicht zuletzt um seines gesellschaftlichen Ansehens willen. Zwar hat er es zu einem beträchtlichen Vermögen gebracht, ist aber als gebürtiger Italiener stets ein Außenseiter in der guten Gesellschaft Frankfurts geblieben. Durch diese Heirat schafft er Abhilfe.

Er lässt sich von seinem Schwiegervater den Titel eines Geheimen Rates und Residenten des Kurfürstentums Trier besorgen und besteht fortan auf der korrekten Anrede. »Peter ist immer noch Peter«, vermerkt die Frau Rat, Goethes Mutter, trocken. Für sie ist und bleibt er ein Emporkömmling, der »sich zu einem vornehmen Mann wie der Esel zum Lautenschlagen schickt«.²

Macht der Status der Familie von La Roche deren Tochter für den Frankfurter Kaufmann attraktiv, so blickten ihre Eltern mit Wohlwollen auf das Vermögen des Bewerbers, das die Bedeutung von zwei Jahrzehnten Altersunterschied verblassen lässt: »Alle Negoziantenweiber sind glücklich, sagten wir, und gaben unsere Max dem Brentano.«³ Die zeitgenössische Ehe erfüllt vor allem soziale Funktionen und wird daher aus sachlichen Gründen geschlossen. Glück stellt sich sodann, wie nicht nur das Ehepaar von La Roche glaubt, von selbst ein – oder eben auch nicht.

Maximiliane ist künstlerisch vielfältig begabt und klug und teilt die Interessen ihres der Aufklärung zugeneigten, kritisch denkenden Vaters. Für Goethe, der bei den La Roches in Ehrenbreitstein häufig zu Gast ist, ist ihre Erscheinung »nicht anders als liebenswürdig« zu bezeichnen. In ›Dichtung und Wahrheit‹ beschreibt er die 16-Jährige so: »… eher klein als groß von Gestalt, niedlich gebaut; eine freie anmutige Bildung, die schwärzesten Augen und eine Gesichtsfarbe, die nicht reiner und blühender gedacht werden konnte.«⁴ Auch nach der Heirat mit Peter Brentano bleibt man locker in Kontakt. Goethe findet sich zu Besuchen im »Goldnen Kopf«, dem Frankfurter Haus der Familie Brentano, ein und auch ansonsten trifft man aufeinander. »Ihre Max«, schreibt er 1774 an Sophie von La Roche, »habe ich in der Komödie gesprochen, den Mann auch, er hatte alle seine Freundlichkeit zwischen die spitze Nase und den spitzen Kiefer zusammengepackt.«⁵ Neben der schönen Frau sticht ihm der unschöne Gatte doppelt unangenehm ins Auge.

Die Angelegenheit ist für Goethe wohl bitterer gewesen, als es die Art und Weise, wie er die Begegnung mit Maximiliane darstellt, vermuten lässt. »Von Ihrer Max«, so schreibt er ihrer Mutter, »kann ich nicht lassen, solange ich lebe.«⁶ Es scheint zum Eklat zwischen den beiden konkurrierenden Herren gekommen zu sein – besser, man geht sich fortan aus dem Weg.

Goethe wird seiner Verehrung eine literarische Form geben und den Eindruck, den Maximiliane auf ihn machte, in die Gestalt von »Werthers Lotte« einfließen lassen. »Frau von La Roche hatte ihre älteste Tochter nach Frankfurt verheiratet, kam oft, sie zu besuchen, und konnte sich nicht recht in den Zustand finden, den sie doch selbst ausgewählt hatte«, heißt es in ›Dichtung und Wahrheit‹.

Maximiliane bringt in 19 Ehejahren 12 Kinder zur Welt, von denen vier nicht lange überleben werden. Ihr siebtes Kind ist Bettine. Besonders die ältere Tochter Sophie steht unter der Mutter strengem Regiment. Sie soll flicken helfen und nicht etwa lesen – »außer ich erlaube es dir. Und tust du es heimlich, so bist du nicht wert, mein Kind zu sein und ich bin eine unglückliche Mutter.«[7] Unglücklich indes ist Maximiliane sowieso: »Sie kränken uns, ohne es bemerkt zu haben. Und läßt man sich diesen Schmerz merken, so revoltiert sich ihr Stolz über unsere Pretensionen«, schreibt sie über die Männer schlechthin und hat dabei den ihrigen im Auge. Dieser freilich ist kaum besser oder schlechter als andere auch. Er gebärdet sich als herrischer Hausvater und erfüllt somit die ihm zukommende Rolle, wie sie die ihrige erfüllt. Ob sie mit einem anderen besser gefahren wäre? Goethe jedenfalls versteht nicht so recht, wieso die La Roche behauptet, Maximiliane sei unglücklich: »Ob man gleich, da ihr nichts abging und ihr Gemahl ihr nichts verwehrte, nicht wohl einsah, worin das Unglück eigentlich bestünde.«[8] Alles ist also völlig normal. Dies sieht im Grunde auch Maximiliane so: »Wenn jemand wüßte, warum ich traurig bin (…), denn eigentlich fehlt mir nichts. Ich bin wohl, die Kinder auch, mein Mann ist gut. Mein Vater auch, aber mir ist traurig.«

Über trostlose irdische Verhältnisse tröstet traditionell der Himmel hinweg. Im Jenseits wird sich alles, für das im Diesseits kein Platz ist, erfüllen. Einstweilen also gilt es, sich ins Unvermeidliche zu fügen und somit das Leben selbst bis an die Himmelspforte zu vertagen: »Und ich – doch ich will warten, bis der Tod mir Ruhe bringt –, ich sehe ihn als einen Freund, der mich in ein besseres Land bringen wird, wo Selbstzufriedenheit und

Liebe mein Herz in Reinheit und Unschuld bewohnen werden.«[9] So versorgt Maximiliane den Haushalt und das Leben nimmt in vorgezeichneter Bahn seinen freudlosen Lauf – bis es irgendwann endgültig versickert. Die zwölfte Niederkunft überlebt Maximiliane nicht. Bettine ist acht Jahre alt, als ihre Mutter im November 1793 im Alter von 37 Jahren stirbt.

Bettine scheint ihrem Vater besonders nahe gestanden zu haben. Sie ist es, so ihre Schilderung im ›Frühlingskranz‹, die sich zu ihm wagt, als er die Nachricht vom Tod seiner Frau erhalten hat. »Der Vater kann's nicht ertragen, wohin er sich wendet, muß er die Hände ringen, alles scheuet seinen Schmerz. – Die Geschwister fliehen vor ihm, wo er eintritt, das Kind [Bettine] bleibt, es hält ihn bei der Hand fest, und er läßt sich von ihm führen. Im dunklen Zimmer, von den Straßenlaternen ein wenig erhellt, wo er laut jammert vor dem Bilde der Mutter, da hängt es sich an seinen Hals und hält ihm die Hände vor den Mund, er soll nicht so laut, so jammervoll klagen! – (…). – Werde doch auch so gut wie Deine Mutter, sagte in gebrochnem Deutsch der italienische Vater.«[10]

Peter Brentano heiratet, inzwischen 60 Jahre alt, erneut, eine nun um 36 Jahre jüngere Adlige, Friedericke von Rottenhof, die ihn auf der Leiter gesellschaftlichen Ansehens eine weitere Sprosse erklimmen lässt und ihm zwei Söhne gebiert. »Es war einmal ein Kind, das hatte viele Geschwister. – Eine *Lulu* und eine *Meline*, die waren jünger, die andern waren alle viel älter. Das Kind hat alle Geschwister zusammengezählt, da waren's dreizehn, und der Peter vierzehn und die *Therese* und die *Marie* fünfzehn, sechzehn und dann noch mehr, die hat es aber nicht gekannt, denn sie waren schon tot; es waren gewiß zwanzig Geschwister, vielleicht waren es gar noch mehr«[11], schreibt Bettine mit viel Sympathie und feinem Humor, denn angesichts der Brentano'schen Kinderschar kann man selbst als leibliche Schwester leicht den Überblick verlieren. Sie liegt mit ihrer Schätzung goldrichtig, es sind exakt zwanzig Kinder, die Peter Brentano – zuzüglich eines hohen gesellschaftlichen Ranges und eines großen, über die Jahre hinweg erwirtschafteten Vermögens – als Lebensbilanz verbuchen darf. Im Jahr 1797 endet

sein steiler Karriereweg und somit ein erfülltes Kaufmanns-
leben, das in jeglicher Hinsicht von unermüdlichem Fleiß geprägt war.

Bettine also wird 1785 geboren – oder ist das Jahr 1835 ihr
eigentliches Geburtsjahr? Die
Schriftstellerin Bettine von Arnim jedenfalls erblickt 1835, dem
Jahr der Veröffentlichung ihres
Erstlingswerkes ›Goethes Briefwechsel mit einem Kinde‹, das
Licht der Welt. Bettine ist bei ihrer zweiten Geburt bereits fünfzig Jahre alt. Zuvor hat sie – wie
ihre Mutter auch – geheiratet, hat
sieben Kinder bekommen und

*[D]as ganze Leben ist nur einmal
Frühlingsaufatmen, und ob wir
zwanzig oder dreißig oder hundert
Jahr zählen, so lang muß der Atemzug aushalten, aufstrebend ins Leben, mit allen Kräften, in vollster
reichster Blüte den Duft ausbreitend
in die Weite auf schwingenbeladenen
Winden. – Wie kannst Du da nur
um Jugend Dich grämen? – Und wer
anders lebt, der ist kein Lebender im
Geist.*[12]

somit die gesellschaftlichen Normen erfüllt. Dass auf die Jugendzeit und zwei Jahrzehnte Ehe noch ein drittes Leben folgt,
ist die Ausnahme, nicht die Regel. Auch Bettines Mutter wäre
eine solche zweite Geburt zu wünschen gewesen, die all die Begabungen, für deren Entfaltung im Leben kein Platz war, hätte
zutage fördern können. Vergönnt war sie ihr nicht.

»Ihr Leben ist ihr Werk, und auch umgekehrt, ihr Werk ist
ihr Leben«[13], schreibt Gustav Konrad über Bettine, was eigentlich nur zu verstehen ist, wenn man um ihre drei Leben weiß:
Kindheit, Ehezeit und schließlich die Zeit ihres schriftstel-
lerischen und politischen Wirkens. Besonders das erste und
das dritte Leben greifen eng ineinander. Zentrale Passagen der
Werke Bettines gelten der eigenen Kindheit und gehören ohne
Zweifel zum Schönsten, was sie geschrieben hat. Als alte Frau
(was man zu diesen Zeiten mit fünfzig Jahren ist) erschließt sie
sich ihre Kindheit neu und dies auf ihre ureigenste Art und
Weise.

Grundlage ihrer drei Hauptwerke ›Goethes Briefwechsel mit
einem Kinde‹ (1835), ›Die Günderode‹ (1840) und ›Clemens

Brentanos Frühlingskranz‹ (1844) sind Briefwechsel aus der Jugendzeit, die sie frei bearbeitet. Ganz im Geist romantischen Symphilosophierens sind die Rückblicke von vielfältigen Betrachtungen durchwoben, die unter dem Eindruck all der Themen oder aktuellen Zeitfragen stehen, die Bettine, da sie ihre Werke niederschreibt, bewegen. Sie trennt also die zeitlichen Ebenen des ersten und des dritten Lebens nicht. Sich selbst lässt sie in ihren Werken als Bettine, das Kind, auftreten. Dieses Kind ist nicht mit dem realen Kind identisch, aber auch kein literarisches Kunstprodukt, sondern die stilisierend überformte Darstellung des Kindes, das sie einst war. Wenn man die lebensgeschichtliche von der literarischen Ebene trennen will, stößt man rasch an eine unüberwindliche Grenze. Die Originalbriefwechsel des ›Frühlingskranzes‹ und der ›Günderode‹ sind verloren. Aber die Berechtigung dieser Methode bliebe fraglich, auch wenn das nicht der Fall wäre. Sie widerspricht dem spezifischen Charakter, den Bettines Werke haben. Bettine schreibt nicht einfach ihre Lebensgeschichte, sondern sie schreibt – auch hier folgt sie romantischen Idealen – ihr Leben zum Kunstwerk um.

Immer wieder kreist Bettine um das Motiv der »Eigenmacht«, wie sie das Recht (und auch die Pflicht) des Menschen auf Bewahrung und Entfaltung seines innersten Selbst nennt. Das zentrale Thema ihrer Werke ist zugleich das ihres Lebens, sie exemplifiziert es an sich selbst. »Nun, ich gefall mir selbst gut«[14], vermerkt das literarische Kind souverän und fügt nicht minder selbstbewusst hinzu: »Ich bin mir genug und brauch keine Beglaubigung dazu.«[15] Das Kind spricht hier sichtlich mit der festen Stimme, die ihm die Fünfzigjährige leiht. Im Jahr 1835 ist diese nicht mehr bereit, sich von ihrem Umfeld »beglaubigen« zu lassen. Sie tut, was sie für richtig hält, d. h. sie schreibt und veröffentlicht ihr Buch, auch gegen den massiven Widerstand der Familie.

Bettines Werke stehen unter dem Eindruck des zeitgenössischen Geniekultes. Entsprechend betont sie die Autonomie des genialen Kindes, das sich seiner selbst und seiner Begabung sicher ist. Die Angst des realen Kindes Bettine hingegen, seine

Außenseiterrolle und all die Nöte infolge des enormen Anpassungsdruckes, unter dem es steht, bleiben weitgehend unthematisiert. An denjenigen Zeugnissen aus Kindheit und Jugend, die nicht nachträglich überarbeitet wurden, lässt sich ablesen, dass auch Bettine einen Preis für das Abweichen von der Norm bezahlt hat. Ihre Stimme klingt hier weit weniger selbstbewusst – brüchiger, oft genug traurig. *[W]ie kann man Selbst werden als durch Leben? – Und so muß man auch willig das Alter ertragen wollen, und die ganze Lebensaufgabe muß aufgenommen sein und kein Teil derselben verworfen ...*[16] Im Kern freilich ist es dieselbe Botschaft, die aus den Stimmen des realen und des literarischen Kindes spricht. Im Jahr 1800 nimmt Gunda an ihrer Schwester eine »Festigkeit in ihrem Charakter«[17] wahr, die in den Werken Bettines als die Souveränität des literarischen Kindes, als sein unbezähmbarer Wille zu sich selbst thematisiert wird.

Sinnfälligen Ausdruck findet dieser Wille im Schwur, sich selbst die Treue zu halten, den Bettine in zwei Zeugnissen auf ihr Spiegelbild zuspricht. In einem unüberarbeiteten Brief aus dem Jahr 1810, als ihr eine den Begabungen und Wünschen angemessene Lebensperspektive verschlossen ist, legt sie dieses Treuegelöbnis ratlos und unter Tränen ab.[18] Fünfundzwanzig Jahre später, Bettine ist zwischenzeitlich siebenfache Mutter und Witwe, begleitet ein optimistisches Lächeln den in ihrem Erstlingswerk vom literarischen Kind auf sein Abbild zugesprochenen Schwur.[19] So oder so: Bettine hat Wort gehalten.

»Seine Natur darf man nicht verwerfen, sonst klagt man ja Gott selber an. – Das ist's, was Bettine in mir zuerst angriff, als ich in kränklicher Zeit auch dazu neigte, und worüber sie ihr Hadern mit mir nachher immer wiederholte«, schreibt ein jugendlicher Verehrer Bettines und fügt hinzu, »so hab' ich ihr viel zu verdanken.«[20]

Die Forderung, dass man sich selbst gefallen soll, meint nicht Selbstgefälligkeit, sondern den achtsam-liebevollen Umgang mit sich selbst. Selbstliebe ist für Bettine das Herzstück innerer Autonomie und Freiheit. Das ist etwas anderes, als sich nach dem jeweiligen Zeitgeschmack »lieb Kind« machen zu müssen. Einen solch achtsam-liebevollen Blick sendet sie dem Mädchen zu, das sie einst war. Und dieses Mädchen lächelt zurück. Bettines drittes Leben erschließt sich, indem sie ihr erstes Leben nicht verloren gibt. All die Wünsche und Begabungen, für die im zweiten Leben kein Platz war, sind nicht Flausen der Kindheit, sondern die innere Wahrheit ihres Lebens. Und so greift sie die noch zarte Stimme des Mädchens auf und versieht sie mit der Bestimmtheit und all den Erfahrungen der Fünfzigjährigen. Einst wortloses Unglück findet nun Worte. Seelische Überlebensstrategien wandeln sich vom Notbehelf zum Widerstandsmodell. Der eiserne Wille, sich nicht zu verlieren, wird nicht nur gelebt, sondern nun auch durchdacht. Die reife Frau und das Mädchen holen gemeinsam zum Gegenschlag aus – und das mit Macht. Bettine greift all das Widerstandspotenzial des Kindes auf und steigert es zum renitenten Vollbild. Die Geschichte ihrer Jugend wird zur exemplarischen Biografie des Widerstandes – und zum Lesevergnügen, vor allem, wenn man aufsässige, über alle Anstandsstränge schlagende Mädchen mag. Freilich findet hier nicht einfach eine literarische Bearbeitung statt, sondern ein Prozess von wechselseitiger Dynamik. Auch das Mädchen scheint die Fünfzigjährige einer Überarbeitung unterzogen zu haben. Denn in dem Maß, wie sich der Literatin das aufsässige Mädchen erschließt, greift umgekehrt – so der Eindruck, den die dritte Lebensphase vermittelt – dessen Aufsässigkeit auf die Literatin über. Bettines Leben ist eben ihr Werk, und ihr Werk ist ihr Leben.

Zu Beginn ihres dritten Lebens ist Bettine fraglos in die Jahre

> *Weißt Du, was schlecht ist im Alter? – Wenn es ein Aufbau, ein Übereinandertürmen rumpliger Vorurteile geworden, durch das die heilige Anlage der Jugend nicht mehr durchdringt, aber wo der Geist durch alles gehäufte Elend des Philistertums, dieser ganz unwahren aber wirklichen Wahnwelt, durchdringt zur Himmelsfreiheit, zum Äther und dort aufblüht, da ist Alter nur das kräftigste Lebenszeichen der Ewigkeit.*[21]

gekommen. Eigentlich dürfte sie bereits mit dem Lehnstuhl liebäugeln – dem traditionellen Alterssitz –, auf dem man es sich bequem machen kann, um fortan den Ist-Zustand der Welt gegen den Ansturm der Jungen zu verteidigen. Rebellion ist das Vorrecht der Jugend. Vielleicht ist sie auch eine bislang zu wenig erkannte Chance des Alters, denn größere Selbstgewissheit kann auch größere Freiheit gegenüber gesellschaftlichen Zwängen bedeuten. Bettine jedenfalls wird erst auf ihre alten Tage hin so richtig rebellisch. Sie dankt es nicht zuletzt dem Mädchen, das sie einst war. Sie hat ihm ihr Ohr und Wort geschenkt und als Gegengabe dessen Kraft und Lebendigkeit erhalten. So bricht sie nach ihrer zweiten Geburt im Jahr 1835 auf – zu sich selbst und zugleich hinaus in die Welt. Mit einem atembraubenden Arbeitspensum wird sie ihre Werke verfassen, und sie wird sich stets auf Seiten der Schwachen und Verfolgten in die Politik einmischen – »den Philistern zum Trotz und der bleiernen Zeit«[22]. Von ihrer ersten Geburt im Jahr 1785 aus betrachtet, liegt freilich noch ein langer Weg vor ihr.

Die Werke Bettines
Bettine hat ein »unorthodoxes und komplex verschachteltes Werk«[23] verfasst, das sich einer eindeutigen literaturgeschichtlichen Zuordnung entzieht. Es wurzelt im Geist der Frühromantik, deren Konzept der Poetisierung des Lebens Bettine nie aufgibt. So wird man sich mit Einordnungen schwertun. Die häufig verwendete Kategorie »Briefroman« wird Bettines drei Hauptwerken, denen Briefwechsel aus der Jugend zugrunde liegen – ›Goethes Briefwechsel mit einem Kinde‹ (1835), ›Die Günderode‹ (1840) und ›Clemens Brentanos Frühlingskranz‹ (1844) –, nicht gerecht, ebenso wenig wie ›Ilius Pamphilius und die Ambrosia‹ (1847/48), ein Werk, das aus dem Briefwechsel mit Philipp Nathusius besteht.
Bettines Texte umfassen Briefpassagen, Reflexionen,

Tagebuchsequenzen, Träume, Polemiken und Gedichte. Zitate aus Briefen, die sie an andere Personen geschrieben hat, werden eingearbeitet, Zitate aus den Werken anderer Autoren eingefügt. Im Grunde handelt es sich um Kollagen aus unterschiedlichen Formen, assoziativ aneinandergereiht und dabei stets Ausdruck der überbordenden Kreativität Bettines. »Es kommen mir Gedanken und Bilder dahergerennt wie die Hasen und Hirsche auf einer Klapperjagd, ich hab genug zu tun, mein Gewehr schußfertig zu halten«[24] – schreibt sie an Adolf Stahr.

Beide Friedrich Wilhelm IV., dem preußischen König, gewidmete Schriften, ›Dieses Buch gehört dem König‹ (1843) und ›Gespräche mit Dämonen. Des Königsbuches zweiter Band‹ (1852), sind über weite Strecken als fiktive Dialoge angelegt. Verschiedene Texte Bettines lassen sich der Satire zuordnen. Sie schreibt Gedichte und Märchen (›Das Leben der Hochgräfin Gritta von Rattenzuhausbeiuns‹, gemeinsam mit ihrer Tochter Gisela). Manche ihrer Texte wirken pathetisch und versponnen, doch auch der Gegenpol eines schnörkellosen Realismus lässt sich finden. So kommt der Bericht über die Situation der Armen in der Berliner Vorstadt, den sie in ihr ›Königsbuch‹ aufgenommen hat, der Form nach einer frühen Sozialreportage gleich.

Wenn es ein übergeordnetes formales Kriterium für Bettines Schriften gibt, dann ist es ihre Weigerung, sich an Formen zu binden. Auch gegenüber der Form hat Bettine den Vorbehalt, dass sie den kühnen Gedankenflug unterbindet bzw. den Inspirationsfluss hemmt: »Mir hat der Mond diktiert«[25] – um nur eine der vielen Inspirationsquellen Bettines zu nennen. Wer wagte ein solches Diktat umzuarbeiten oder gar den Diktierenden zu unterbrechen? Auch Formlosigkeit ist bei Bettine eine Art des Widerstandes. Es entstehen ausladende Texte, die keinen Gedanken verloren geben und oft genug in kühne Sequenzen von aphoristischer Dichte münden.

Im Übrigen besitzen Bettines Texte eine deutliche Nähe zum gesprochenen Wort, denn eine ihrer Wurzeln ist das Salongespräch. In der thematischen Vielfalt, in Witz, Gedankensprung und assoziativer Reihung sowie im Wechselspiel mit dem jeweiligen literarischen Gegenüber ist unverkennbar, dass eine berühmte Saloniere (nicht spricht, sondern) schreibt. Kühne Kombinationen entstehen: Erhaben-Pathetisches mischt sich mit Volkstümlichem, Lyrisches mit Burleskem, Religionskritik mit Theologischem, Philosophisches mit antiphilosophischen Ausfällen, Königstreue mit frühsozialistischem Gedankengut.

Karl August Varnhagen von Ense berichtet, dass er, nach dem Wesen Bettines befragt, folgende Antwort gegeben hat: »Häufen Sie Widersprüche auf Widersprüche, bergehoch, überschütten Sie alles mit Blumen, lassen Sie Funken und Blitze herausleuchten, und nennen Sie's Bettina.«[26] Varnhagen lässt es an Wertschätzung für die (Geistes-)Funken und Blitze mangeln, die Spannungsfelder brauchen, aus denen sie ihre Energie beziehen. Die Mischung scheint im persönlichen Umgang bisweilen nicht ganz unanstrengend gewesen zu sein – und etwas davon spiegelt sich im kreativen Chaos von Bettines Texten.

Mit ihren politischen Werken steht Bettine dem Jungen Deutschland nahe, einer heterogenen Gruppe von engagierten Literaten (u. a. Heinrich Heine, Karl Gutzkow, Theodor Mundt), deren Schriften 1835 vom Bundestag in Frankfurt verboten wurden, weil sie »die christliche Religion auf die frechste Weise anzugreifen, die bestehenden sozialen Verhältnisse herabzuwürdigen und alle Zucht und Sittlichkeit zu zerstören« beabsichtigen würden. Schon allein dieses Sündenregister trägt den Literaten die Sympathie Bettines ein: »Junges Deutschland, frische Lebensblüte unseres edlen Volks« – lässt sie ihren konservativen Schwager Savigny wissen –, »weil es von den Philistern angespaunzt wird wie von einer Gesellschaft alter Kater (…), so ist mirs schon deswegen heilig.«[27]

Bettine teilt mit dieser Gruppe die harsche Zeitkritik und die Forderung nach demokratischen Rechten, zuzurechnen ist sie ihr allerdings nicht. Vor allem anderen ist Bettine eines: Individualistin und – so Hartwig Schultz – »Einzelkämpferin«, die sich »in keines der gängigen Schemata einordnen läßt.«[28] Allemal trifft ein Zeitgenosse Bettines, der Publizist und Hochschullehrer Joseph von Görres, den Sachverhalt am besten, wenn er über das eigenwillige Werk einer eigenwilligen Frau vermerkt: »Antik ist's nicht, romantisch auch nicht, aber Bettinisch.«

DIE SCHWEBE-RELIGION

Im Jahr 1794 kommt Bettine gemeinsam mit ihren Schwestern Lulu und Meline nach Fritzlar. Sie sollen nach dem Wunsch des katholischen Vaters im Mädchenpensionat der Ursulinen erzogen werden – auch wenn Sophie von La Roche, die evangelische Großmutter, sich wenig begeistert zeigt. Bettine selbst interessieren derlei Animositäten wenig, sie scheint sich dort recht wohl gefühlt zu haben. Nach einem Besuch bei den »drei Kleinen« schreibt die ältere Schwester Sophie: »Wir nahmen Abschied von ihnen, Meline und Lulu weinten sehr, Bettine war wohlgemut.«[1] Über die Nonnen heißt es: »Sie haben die Kinder gerne und gehen recht sanft mit ihnen um, aber auf Ordnung wird gar nicht gesehen.«[2] Insbesondere Letzteres dürfte beträchtlich zur Wohlgemutheit Bettines beigetragen haben.

In ›Goethes Briefwechsel mit einem Kinde‹ berichtet Bettine über die vier Jahre ihres Aufenthaltes in der Klosterschule der Ursulinen im liebevoll-kritischen Rückblick. Spätestens seit dieser Zeit ist Bettine mit den Grundelementen des katholischen Glaubens vertraut – und mit dessen Tücken. Zwar ist der Beistand der Heiligen in der Not eine feine Sache, doch leider nicht immer dazu angetan, die Stimmung der Mühseligen und Beladenen aufzuhellen: »Die vierzehn Nothelfer, die ich aus alter Gewohnheit vom Kloster her noch herbeirief, sind auch keine Gesellschaft zum Lachen, da der eine seinen eignen Kopf, der andre sein Eingeweide im Arm trägt.«[3] Überhaupt steht sie dem Katholizismus kritisch gegenüber: »Ich seh lieber die Lämmer auf dem Kirchhof weiden als die Menschen in der Kirch; und die Lilien auf dem Feld, die, ohne zu spinnen, doch vom Tau genährt sind – als die langen Prozessionen drüber stolpern und sie im schönsten Flor zertreten.«[4] Ganz und gar unerträglich ist Bettine nicht nur die Vorstellung eines Gottes, vor dem sie büßend im Staube liegt, der die Menschen im Interesse der weltlichen und geistlichen Obrigkeit niederhält, sondern auch das ewige Jammern über die angebliche Schlechtigkeit der Menschen und ihre »Sündenregister, [die] wie eine elende Hühnerleiter an die Himmelspforte angelehnt sind.«[6]

Religion hängt nicht von gemischten Ehen, von Ablaß, von Religionswechsel, von sonstigen Gebräuchen und Mißbräuchen ab, sie hängt ab und geht aus von der Befriedigung der inneren Gewissenstimme, die immer höher sich steigert, je mehr sie sich geltend macht, die immer gewaltigere Tiefen dem Forscher nach Weisheit bietet, die immer höhere Flüge wagt ins ungemeßne Gebiet der Freiheit, die immer erweiterte Kreise der Großmut bildet, nichts von Eigensucht weiß, sich keine Fesseln anlegen lässet.[5]

Auch auf die sonntagmorgendlichen Predigten, die »wie Blei auf (den) Augenlidern« lasten, ist Bettine nicht gut zu sprechen. Allerlei Erbauliches und Mahnendes zieht da mit zunehmend unscharfen Konturen an dem mit dem Schlaf kämpfenden Mädchen vorbei: »O je, wie war mir leicht, wenn ich aus der Klosterkirche in den schönen Garten springen konnte, da war mir der geringste Sonnenstrahl eine bessere Erleuchtung als die ganze Kirchengeschichte.«[7] Offenbar findet Bettines religiöse Erziehung im Wesentlichen außerhalb der Klosterkirche statt – durch Nonnen, die großen Eindruck auf sie machen. So berichtet sie etwa von der alten »Mere celatrice«, der »Bienenmutter« des Klosters, die Bettine in die Imkerei einführt. An ihren Schleier hängen sich die Bienen, und die Nonne behauptet fest, »von ihnen gekannt und geliebt zu werden«[8]. In ihrem ›Goethebuch‹ erzählt sie von einer Nonne, die mit der Pflege der Bäume betraut war und deren ganze Sorgfalt einem Myrtenbaum gehörte, der ihr die Mühen mit seiner prächtigen Blüte dankte, sowie von einer anderen jungen Schwester, die sich mit Hingabe im Garten zu schaffen machte: »Ach, die liebe Nonne (...) wie aus dem weiten Ärmel des schwarzen wollenen Gewandes die schöne Hand hervorreichte, um die Bäume zu begießen! (…) Einmal steckte sie ein kleines schwarzes Böhnchen in die Erde, sie schenkte mir's und sagte, ich solle es pflegen, ich werde ein schönes Wunder daran erleben.«[9]

Einen tiefen Eindruck hinterlässt auch die alte Gärtnerin, die lange Jahre den Rosmarin pflegt, den man ihr später aufs Grab pflanzt. »(S)ie war achtzig Jahre alt, und der Tod berührte sie sanft, während sie Absenker von ihren Lieblingsnelken machte, da hockte sie am Boden und hielt die Pflanzen in der Hand, die sie eben einsetzen wollte; ich war die Vollstreckerin ihres Testaments, denn ich nahm die Pflanze aus der erstarrten Hand und setzte sie in die frisch aufgewühlte Erde, ich begoß sie mit dem letzten Krüglein Wasser, was sie am Madlenenbrünnchen geholt hatte, die gute Schwester Monika! Wie schön wuchsen diese Nelken! Dunkelrot waren sie und groß.«[11]

Alles ist göttliche Mitteilung, was wir erfahren, alles Erkennen ist Aufnehmen des Göttlichen, es kommt nur auf die zweifellose unschuldige Empfängnis unseres Geistes an, dass wir auch den Gott in uns empfinden.[10]

Bettine fühlte sich den Nonnen des Klosters Fritzlar ein Leben lang verbunden und schenkte ihnen die Handschrift ihres Goethebuches. Diese allerdings empfingen ihre Gabe nicht mit großer Begeisterung.

»Die guten Schwestern« – so ein Zeitgenosse – »die sich nun selbst wegen ihrer allzu großen Nachsicht gegenüber dem herrischen Naturkind Vorwürfe machten, haben indes den wilden Sprößling von Bettinas Muse prompt dem Feuer überantwortet.«[12]

Am 9. März 1797 stirbt Bettines Vater, der die treibende Kraft für die katholische Erziehung seiner Töchter war. Im selben Jahr wird Fritzlar von den vorrückenden napoleonischen Truppen besetzt. Bettines Halbbruder Franz, der nun ihr Vormund ist, entschließt sich, sie gemeinsam mit den beiden Schwestern aus der Klosterschule zu nehmen. So werden die Töchter Brentano von der wohlmeinenden Priorin mit mahnenden Worten in die böse Welt entlassen, in der – zumal für kleine Mädchen – das Unheil allerorten, ja bisweilen sogar in großmütterlicher Gestalt droht: »Sie schärfte uns ein, ja nicht den katholischen Glauben zu verlassen, wenn wir zu unserer Großmutter kommen, die eine lutherische Dame sei, sondern wir sollten alles dranwenden, sie zu bekehren. Sie sagte das mit so viel Herzenswärme, ich hätte ihr die Hand drauf geben wollen, aber ich wußte nicht, was katholisch sei.«[13] Mit diesem niederschmetternden Wissensstand, das sich unschwer auf die offenbar mit System verschlafenen Predigten zurückführen lässt, enden vier Jahre Klostererziehung. So bleibt die Großmutter evangelisch und die Enkelin für die reine katholische Lehre verloren.

Gott braucht die Denkfreiheit, um in ihr zu wirken?[14]

In einem Brief von 1846 an ihre Schwester Lulu erinnert sich Bettine, wie beide in ihrer Jugend gemeinsam die Kirchenbank drückten, »Du mit sorgsamer Andacht, ich mit leichtsinniger Zerstreutheit, Du mit gewissenhafter Treue für den katholischen Glauben, ich mit gänzlicher Ignoranz und Nichtachtung der Kirche bis auf den heutigen Tag«.[15] Auch Bettines Tochter Maxe bestätigt die Entfremdung ihrer Mutter von der Kirche, betont aber, dass sie dennoch »eine tieffromme Frau«[16] war. In der Tat sind Bettines Texte voller Sequenzen, die ausgezeichnete Kenntnisse der Bibel und der Theologie belegen, wobei man immer wieder auf die Spuren ihres Freundes und Vertrauten Friedrich Schleiermacher und seiner »wohlgelaunten Religion«[17] trifft.

Vor allem anderen ist Bettine an einem Gegenentwurf zur zeitgenössischen »Drohbotschaft« des Christentums gelegen. Sie unterscheidet Christus, den »Seelenschmetterling«, vom »ängstlichen Raupengeschlecht«, das so mühsam nachkriecht. Nicht der Glaube der Kirche, sondern eine »Religion des eigenen Gewissens«[18] ist für sie verbindlich. Kernstück dieser Religion ist nicht der sich selbst verleugnende, sondern der zu sich selbst kommende Mensch. »Ich soll doch mein eigen werden

(…), denn sonst wär ich umsonst«,[19] sagt sie, überzeugt davon, dass Gott genau dies will. »Selbstvertrauen ist Vertrauen auf Gott«[20], kann sie daher schreiben und – nur konsequent – den liebevoll-achtsamen Umgang mit sich selbst als gottgefälliges Werk fordern: »Sei fromm, d. h. liebe Deine eigene Schönheit. (…) Beleidige Deine Schönheit nie, weder durch Gebärde, noch durch Gedanken, nimmermehr durch Handlung. Sei mit Dir selbst wie mit Deiner Geliebten. Wer sich nicht liebt, ist sich verloren.«[21]

Die theologische Querdenkerin fasst einen kühnen Entschluss. »Lasse uns doch eine Religion stiften«, schlägt sie ihrer Freundin Günderrode vor, die »Schwebe-Religion«[22]. Diese wird im unerschrockenen Geistesflug ersonnen und durch spontane Eingebungen erschlossen, denn Geist ist nur »was frei schwebt, und was sich anlehnt, ist nicht Geist«[24]. Entsprechend verfügt die Religionsstifterin, »dass wir keine Bildung gestatten – das heißt kein angebildet Wesen, jeder soll neugierig sein auf sich selber und soll sich zutage fördern wie aus der Tiefe ein Stück Erz oder ein Quell, die ganze Bildung soll darauf ausgehen, dass wir den Geist ans Licht hervorlassen«. Bettine sieht in der Bildung die Gefahr der Fremdbestimmung, sie fürchtet, dass der kreative Prozess der spontanen Entfaltung gestört wird. Ihre sinnenfrohe Religion braucht keine theologisch-dogmatischen Festschreibungen, sondern etwas ganz anderes: »Mir deucht, mit den fünf Sinnen, die uns Gott gegeben hat, könnten wir alles erreichen.«[25]

Sobald der reine Wille in uns liegt, das Göttliche zu suchen, so ist die Religion da.[23]

Die Schwebe-Religion ist eine Religion der offenen Arme. Mit offenen Armen läuft Bettine dem Heiligen Geist entgegen, der sie seinerseits mit offenen Armen empfängt: »Ach, er macht kein Wesen von der Weisheit, von Gottesgelehrtheit, von Tugend, von Religion. – Ich bin ihm recht, wie ich bin.«[26] In der Schwebe-Religion gilt es nicht, die Tugendsprossen der Entsagung, sondern die »Himmelsleiter des Übermuts«[27] zu ersteigen, eine Leiter der Selbstbejahung, die ja – wer wüsste es nicht – auch erst einmal erklommen sein will. »Klemme nicht Deine Flügel ein, fliege so hoch und so weit Dich deine Flügel tragen, ihre Kraft zu proben ist nicht Sünde«[28], sagt Bettine, die aus Gottes Ja zum Menschen das Recht auf Lebensfreude und auf Selbstentfaltung ableitet. In der Schwebe-Religion gibt es eigentlich nur eine »Sünde«, nämlich die Untreue gegenüber dem innersten Selbst. Wenn der Mensch nicht zu sich selbst finden, wenn er sein Innerstes nicht verwirklichen kann, herrschen Schmerz und Lähmung, ja abgrundtiefe Trauer über all das Leben, das ungelebt bleiben muss.

Freiheit ist die strengste Zucht, denn sie greift da ein, wo kein Gebot noch Verbot was wirkt, sie zermalmt das Schlechte in der Wurzel; denn Freiheit ist eine göttliche Kraft, die nur Gutes wirken kann, aber die Menschen verstehen nicht, was Freiheit ist, sie wollen sich ihrer bemächtigen, das ist schon sie ertöten. Der Freiheit kann man sich nicht bemächtigen, sie muß als göttliche Kraft in uns erscheinen, sie ist das Gesetz, aus dem sich der Geist von selbst aufbaut.[30]

Auch der Umkehrschluss der Sündendefinition gilt. »Nichts ist Sünde, was mit ihm [dem göttlichen Selbst] nicht entzweit, jeder Scherz, jeder Mutwill, jede Kühnheit ist durch ihn sanktioniert, er ist die göttliche Freiheit in uns.«[29] Das innerste Selbst trägt im Werk Bettines unterschiedliche Namen. Es ist der gottgewollte Persönlichkeitskern, das eingeborene Ideal, der innere Gott bzw. Genius oder aber der Dämon (Daimonion) im sokratischen also positiven Sinn, der als innere Stimme zum Wohle des Menschen rät. Natürlich entwickelt Bettine keine systematische Theologie. Souverän wechselt sie zwischen den Gottesbildern, von personalen zu impersonalen Vorstellungen, von Gott zum Weltgeist bis hin zur allumfassenden Einheit alles Lebendigen. Religions- bzw. Konfessionsgrenzen stellen selbstverständlich keine Schranken dar – es herrscht »Sympathie für alle Religionen (…), die einander berühren, wie im Winde die schwankenden Bäume des Waldes«.[31]

Stets zielt Bettines Religion auf das Jetzt ab – die Menschen »sollten nicht warten auf einen wohlgepolsterten aufgeputzten

Himmel«[32] – und auf das Hier. Denn das religiöse Erleben ist nicht an sakrale Räume gebunden, sondern an die Offenheit und innere Absichtslosigkeit des Menschen: »Alles ist göttliche Mitteilung, was wir erfahren, alles Erkennen ist Aufnehmen des Göttlichen, es kommt nur auf die zweifellose unschuldige Empfängnis unseres Geistes an, dass wir auch den Gott in uns empfinden.«[33] Im Jetzt und Hier, jederzeit und allerorten, ist Gott erfahrbar – nicht zuletzt in der Kunst: »Gott ist Poesie«[34], kann sie daher sagen, und: »Die Berührung zwischen Gott und der Seele ist Musik«[35]. All dies ist ganz im Sinne frühromantischen

Gott allein ist gerecht, warum? – Weil er verzeiht.[36]

Denkens, in dem nicht zwischen Kunst, Religion und Leben unterschieden wird. Einer Institution wie der Kirche, die für sich beansprucht, das Heil zu vermitteln, bedarf der Mensch in Bettines Schwebe-Religion nicht.

Vor allem anderen aber ist die Natur der Ort, an dem Bettine dem Göttlichen begegnet: »Wurzeln und Kräuter, eine Blumendolde, aus der beim leisen Druck der Samen aufsprang – die waren mir Unterpfand und Beteuerung (…), sie sagten mir immer dasselbe: Frei sein, und jeder Glaubensbefehl leugnet mir das.«[37] Mit die schönsten Texte Bettines sind derlei beseligenden Naturerfahrungen zu verdanken, und dies besonders, wenn es um Blumen geht – wohl weil sie Bettines Lieblinge sind und prächtig zu einer sinnenfroh bunten Religion passen, die Gottes Schöpfung preist: »Und wie liebt er sie! – Wie neigte er sich herab zu ihnen für diese Zärtlichkeit ihm entgegenzublühen! – (…) Tanzen die Blumen nicht? – Singen sie nicht? – Schreiben sie nicht Geist in die Luft?«[38] Blumen sind »die Liebesgedanken der Natur«.[39] »Natur«, jubelt Bettine, »dein Kuß spricht in meine Seele hinein.«[40]

Keine Frage: Derlei inspirierende Küsse waren in der Klosterkirche nicht zu erwarten, und so verschlief Bettine die Predigten und entwischte, so schnell es nur ging, um in Wald, Flur oder Klostergarten umherzustreifen. Unter diesen Umständen musste der Missionsaufruf der Priorin fehlschlagen. Den Blumenableger allerdings, den Bettine der toten Nonne aus der

Hand nahm und in den Klostergarten setzte, scheint sie auch in ihr Herz gepflanzt und mit sich ins Leben getragen zu haben. »Dies Klosterleben«, schreibt sie in ›Clemens Brentanos Frühlingskranz‹, »hat Knospen in mir angesetzt, Ahnungen, die zur Wahrheit müssen reifen.«[41]

Zeitumstände

Bettine lebt in einer Zeit des historischen Wandels. Epochaler Wendepunkt und Ausgangspunkt all der Umwälzungen, die sich anschließen sollten, ist das Jahr 1789, der Beginn der Französischen Revolution. Es folgt die Herrschaft Napoleons, der sich 1804 zum Kaiser der Franzosen krönt und fortan seine Macht in Europa politisch und militärisch ausdehnt. Im August 1806 verzichtet Kaiser Franz II. von Österreich unter dem Druck Napoleons auf die Kaiserkrone und vollzieht somit auch formal das Ende des »Hl. Römischen Reiches Deutscher Nation«, das infolge der napoleonischen Kriege zerschlagen worden ist.

Weite Teile des in zahlreiche Kleinstaaten zersplitterten Reiches stehen nun unter napoleonischer Vorherrschaft. Die Folgen sind doppelgesichtig. Einerseits werden die Errungenschaften der Französischen Revolution ins Deutsche Reich getragen und demokratische Reformen durchgeführt. Andererseits empfindet man die französische Vormachtstellung als bedrückende Fremdherrschaft. Folglich erfasst eine Woge der nationalen Begeisterung die Menschen. Zahllose Freiwillige ziehen in den Befreiungskriegen (1813–1815) gegen Napoleon, aber auch gegen Fürstenherrschaft und Kleinstaaterei, d. h. für ein einiges demokratisches Deutschland, ins Feld.

Der politische Stand der Dinge lässt sich an den Namen der gemeinsamen Söhne von Bettine und Achim von Arnim ablesen. Die Tochter Maxe berichtet, dass der Vater »in dem Namen jedes seiner Söhne die Hoffnung, den

Wunsch ausdrückte, die sich aus der jeweiligen Lage des Vaterlandes ergaben«.[42] So bezieht sich der des Erstgeborenen, Freimund (1812), auf den Wunsch nach Freiheit. Der Völkerschlacht von Leipzig, in der die verbündeten Truppen Österreichs, Preußens und Russlands der Armee Napoleons die entscheidende Niederlage zufügen, verdankt der 1813 geborene Siegmund seinen Namen. Friedmund wird 1815, im Jahr des Zweiten Pariser Friedens, geboren. Mit Kühnemund, der 1817 geboren wird, verleiht Achim dem Wunsch nach Mut und Widerstandsgeist Ausdruck, der angesichts der erstarkenden politischen Reaktion geboten erscheint.

Nationalistisches Gedankengut ist in Deutschland durch die Erfahrungen des Dritten Reiches nachdrücklich diskreditiert, doch im 19. Jahrhundert impliziert es die Forderung nach Selbstbestimmung der Nationen, nach Grund- und Menschenrechten, nach einer Verfassung sowie nach einem gewählten Parlament, das Gesetze beschließt und die Regierung kontrolliert. Nationalistische Töne haben bei Bettine und Achim sowie bei vielen ihrer Zeitgenossen also keine reaktionäre, sondern eine fortschrittliche Bedeutung.

Die Hoffnung auf politische Erneuerung wird bitter enttäuscht. Nach der Niederlage Napoleons läuten die Siegermächte auf dem Wiener Kongress (1814/15) unter der Führung Metternichs das Zeitalter der Restauration ein. Die alte feudale Fürstenordnung in Europa wird wiederhergestellt. Mit dem 39 Mitglieder umfassenden Deutschen Bund (1815–1866), der an die Stelle des erstrebten Nationalstaates tritt, wird ein lockerer Staatenverbund geschaffen, der die Souveränität der Einzelfürsten nicht antastet. Durch zahlreiche restriktive Maßnahmen (Zensur, Spitzelwesen usw.) stellt man die äußere Ruhe wieder her. Viele Bürger, denen Ordnung mehr als Freiheit gilt, fügen sich ins angeblich Unvermeidliche (Epoche des Biedermeier).

Dennoch gelingt es nicht, die demokratische Bewegung auf Dauer zu unterdrücken. Im Jahr 1815 werden die deutschen Burschenschaften gegründet, die sich 1817 auf der Wartburg versammeln. Ihr Fest wird zu einem Fanal der aufbegehrenden, nach demokratischer Erneuerung strebenden studentischen Jugend. Auf dem Hambacher Fest im Jahr 1832 strömen fast 30 000 Menschen zusammen, die Freiheit und nationale Einheit fordern. Es ist die Zeit des »Vormärz«, d. h. die Zeit vor der Märzrevolution 1848.

Alle Hoffnungen Bettines auf politische Erneuerung gehören der Studentenschaft, die »gleich goldnen Blumen auf zertretnem Feld wieder aufsprosset«[43] und der sie wünscht, dass »ein milder Gestirn schützend über Euch hinleuchte«. So steht es im Geleitwort der ›Günderode‹ zu lesen, denn Bettine hat ihr Werk den deutschen Studenten gewidmet. Sie werden es ihr, als ›Die Günderode‹ im Jahr 1840 erscheint, mit einem Fackelzug in Berlin danken.

BEI DER GROSSMUTTER

Sophie von La Roche, Bettines Großmutter, ist die Autorin des 1771 erschienenen Briefromans ›Geschichte des Fräuleins von Sternheim‹. Man zählt ihr Werk zur Epoche der Empfindsamkeit, in der – parallel zur Aufklärung und als deren Gegenpol – der Bereich der Gefühle und des innerseelischen Erlebens betont wird. So schildert der Briefroman die Irrungen und Wirrungen der tugendhaften Heldin, das Leiden und Unrecht, das ihr durch die Nachstellungen schurkischer Adeliger widerfährt, und dann doch die Einschiffung im sicheren Hafen der Ehe, wo sie fortan als vorbildliche Gattin und Mutter wirkt. Das Werk wurde anonym veröffentlicht. Eine Frau, die Romane schreibt, war den Zeitgenossen nicht zumutbar. Bald jedoch war bekannt, dass der Autor, von dem alle ausgingen, in Wahrheit eine Autorin war. Der Roman fand zahlreiche Leser, wurde in mehrere Sprachen übersetzt und gilt als Vorbild für die unterhaltsame Frauenliteratur in den folgenden Epochen. Außerdem gab Sophie die Zeitschrift ›Pomona. Für Teutschlands Töchter‹ heraus, die die klassischen Frauenthemen Mode, Ernährung, Gesundheit sowie allerlei Wissenswertes und Erbauliches behandelte. Auch hier hatte sie den Finger am Puls der Zeit. Selbst die russische Zarin Katharina die Große gehörte zu ihren Leserinnen.

Bettines Großmutter war also eine berühmte Frau. Sie galt als Erzieherin der weiblichen Jugend zu Sitte und Anstand und forderte auch für Mädchen Bildung, die allerdings auf ein

Mindestmaß zu beschränken war. Gelehrsamkeit von Frauen-zimmern ließ die Chancen auf dem Heiratsmarkt dramatisch sinken und war Frau von La Roche daher ein Graus. Andererseits war auch ein Übermaß an weiblicher Dummheit den Herren nicht zumutbar. Hier setzt sie ein und vermittelt, »was teutsche Männer uns nützlich und gefällig erachten«, sodass die Mädchen und Frauen zu angenehm unterhaltsamen Begleiterinnen ihrer Männer werden. »Das wahre Glück ist in der Seele des Rechtschaffenen«, lautet der Titel einer ihrer Erzählungen, der in etwa den Tenor ihrer Schriften wiedergibt. Man mag sich heute über den gefühlig moralisierenden Ton ihrer Texte wundern. Ihr Werk muss jedoch im Kontext einer Epoche gesehen werden, die geistigen Leistungen von Frauen gänzlich ablehnend gegenübersteht. Sie hat den entscheidenden Schritt getan und den Einstieg in die Frauenliteratur als Erfolgsmodell gewagt – artig, etwas geziert und stets belehrend, wie sich das in dieser Zeit eben gehört.

Die geballte Biederkeit der Frau von La Roche war jedoch schon damals im Begriff, sich zu überleben. Goethe, der einst das ›Fräulein von Sternheim‹ gelobt hatte, reagierte jedenfalls nach seinem Besuch von 1797 sichtlich genervt: »Gestern war ich in Offenbach bei Frau von La Roche; sie hat mich mit ihren sentimentalen Sandsäckchen so gebläut, dass ich mit dem größten Mißbehagen wieder fort fuhr und beinahe die herrliche Gegend nicht gesehen hatte. Es ist schrecklich, was eine bloße Manier durch Zeit und Jahre immer unerträglicher wird.«[1] Fast schon despektierlich klingt Joseph von Eichendorff, der Sophie von La Roche mit gewöhnlichem Federvieh vergleicht und ihr ihre Küken, nämlich Clemens und Bettine Brentano, nicht zutraut: »Seltsam, während die Laroche die geistige Ahnfrau jener süßlichen Frauengeschichten geworden, ist sie, wie zur Buße, zugleich die leibliche Großmutter eines völlig anderen genialen Geschlechts und nimmt sich dabei wie eine Henne aus, die unverhofft Schwäne ausgebrütet hat, und nun verwundert und ängstlich das ihr ganz fremde Element umkreist, auf welchem diese sich wiegen und zuhause sind.«

Ende Juli 1797 kommt einer der beiden angehenden Schwäne, nämlich Bettine, gemeinsam mit ihren Schwestern Lulu und Meline nach Offenbach in die »Grillenhütte«, so der Name des Hauses, das Peter Anton Brentano seinen Schwiegereltern finanziert hatte. Seitdem Bettines Großvater, Georg von La Roche, wegen seiner liberalen Gesinnung die Stelle in kurtrierischen Diensten verloren hatte, war das Geld knapp. Auch für die Versorgung der drei Mädchen musste sich Sophie entlohnen lassen … was sie als beschämend empfand.

»Die Großmama hat eine tiefe Seele – andre nennen's Empfindsamkeit«[2], schreibt Bettine, der jegliches Naserümpfen über die altbackene Frau von La Roche fernliegt, denn die berühmte Schriftstellerin ist für sie vor allem anderen eines: die heißgeliebte Großmutter. Sie »nannte mich ›Tochter ihrer Maxe, Kindele, Mädele‹, ringelte mein Haar, während sie sprach, erzählte im schwäbischen Dialekt, was sie nur in heiterer Weichherzigkeit tut und einem Ehrfurcht mit ihrer Liebenswürdigkeit einflößt.«[3] Diese sanfte Grundhaltung ist kennzeichnend für den Umgang mit ihrer Enkelin. Fast immer, wenn sie zu ihr spricht, fällt sie ins Schwäbische. Mit der Bemerkung »Du bist e närrischs Dingle«[4] oder »Du bischt halt e verkehrt's Dingele«[5] ist bereits der äußerste Grad an großmütterlicher Strenge erreicht. Sophie von La Roche schüttelt den Kopf, und Bettine macht weiter wie gehabt.

Sophie von La Roche schwäbelt auch, wenn sie im Garten beschäftigt ist: »Ei kleins Ästele, wo willst du hin«, sagt sie zu den frischen Trieben an der Geißblattlaube, die sie sorgsam zusammenbindet und dabei immer darauf achtet, dass kein Blättchen gedrückt wird, denn »alles muß fein schnaufen können«[6]. Es ist der achtsam-respektvolle Umgang mit allem Lebendigen, den die Großmutter durch ihr tätiges Vorbild vermittelt. »Es gibt doch keine edlere Frau wie die Großmutter!«[7], da ist sich Bettine sicher.

Entsprechend groß ist das Entsetzen, als sie bei ihrer Heimkehr einmal feststellen muss, dass die heiß geliebten hohen Pappeln, die sie immer emporklettert, abgesägt wurden. Auch die Großmutter ist todunglücklich, denn man hat ihren »Lieblingen den Hals abgeschnitten«. Die alte Frau grämt sich still, die Enkelin ist wütend und zutiefst überzeugt, dass man dies hätte verhindern müssen: »Alles Erhabene und Schöne ist Eigentum der Seele, die es erkennt, und durch die Erkenntnis ist sie schutzverpflichtet.«[8] Und weil dem so ist, läßt sie auf den tiefen Satz eine gleichermaßen bedenkenswerte Konsequenz folgen: »Alle Kraft ist man der Welt schuldig und dem der uns am nächsten steht, am ersten.«[9] Respekt und Verantwortung gegenüber allem Lebendigen finden hier ihren Ausdruck – ebenso wie Bettines zupackender Pragmatismus, der sich nicht mit Wortgeklingel begnügt, sondern gleichsam als Motto über Bettines politischem Wirken stehen könnte. Offenbar lässt sich eine solche Haltung auch in Großmutters Garten erlernen – man muss die Erfahrung von einst nur bewahren, sie ins Erwachsenenalter hinüberretten und ihr Rechnung tragen. Und dann tätig werden.

Die Natur ist kindlich, sie will verstanden sein, und das ist ihre Weisheit, daß sie solche Bilder malt, die der Spiegel unserer inneren Welt sind, und wer sie anschaut, in ihre Tiefen eingeht, dem wird sie die Fragen innerer Rätsel lösen; wer sich ihr anschmiegt, der wird sich in ihr verstanden fühlen; sie sagt jedem die Wahrheit, dem Verzweifelnden wie dem Glücklichen. Sie beleuchtet die Seele und bietet ihren Reichtum dem Bedürftigen; sie reizt die Sinne und entzückt den Geist durch übereinstimmende Bedeutung.[10]

Im Kloster hat Bettine die typische Mädchenbildung erfahren. Sie lernt Lesen und Rechnen, wird in Musik und Zeichnen unterrichtet. In beiden Disziplinen ist Bettine sehr begabt und wird sie – zumal dies dem romantischen Ideal von der Einheit der Künste, der Forderung nach deren wechselseitiger Durchdringung entspricht – ein Leben lang betreiben. Es sind Kompositionen von ihr überliefert, Bilder in Öl, vor allem aber Zeichnungen. Ihr ehrgeizigstes Projekt stellt der Entwurf eines Goethe-Denkmals dar, der sie noch am Ende ihres Lebens beschäftigen, aber nie zur Verwirklichung gelangen sollte. Ihre Tochter Maximiliane schreibt später über Bettines umfassende Begabung: »Unsere Mutter konnte eigentlich alles. Musikalisch hochbegabt, hat sie auch den Generalbaß studiert und viel komponiert. Den Entwurf ihres Goethemonuments hat sie selbst gezeichnet – so gut, dass die Künstler darüber staunten.«[11]

Bei der Großmutter wird nun – wie auch später in Frankfurt – der Unterricht unsystematisch (eine systematische Ausbildung ist für Mädchen als angehende Hausfrauen nicht vorgesehen) durch Privatlehrer fortgesetzt. Bettine erhält Geschichts-, Sprach- und Musikstunden sowie rudimentären Unterricht in den Naturwissenschaften. All dies findet sich vor allem im ›Frühlingskranz‹ und in der ›Günderode‹ thematisiert, wobei man kaum etwas über Bettines Lernerfolge erfährt, sondern eher darüber, wie man sich mit Erfolg vor dem Lernen drückt. Bettines Bildungsverweigerung ist Teil ihrer Selbststilisierung als geniales Kind. Für den Leser allerdings sind die Texte, die dieses Thema behandeln, vor allem eines: eine vergnügliche Lektüre. All diejenigen, denen ihr Interesse an Geschichte durch langweiligen Unterricht vergällt wurde, treffen hier auf eine Gleichgesinnte. Denn der unangefochtene Spitzenreiter auf Bettines persönlicher Skala des Widerwillens ist der »Geschichtskot der Langenweil«[12], in dem von großen Männern, großen Taten und großen Schlachten, d. h. von Geschichte als »Mordlitanei«[13], berichtet wird. »Geschichte studieren! (…) Sie ist vorbei, gedürrte Quetschen, schmackhaft zwar, aber was soll ich mit Backobst! – Was soll ich mit euch – ihr krüppeliges Winterausdauerungsprodukt, bin ich ein Hamster, der beide Backentaschen voll in seine Vorratskammer aufspeichert?«[14] Der Vorwurf, dass die Geschichte bereits vergangen ist, lässt sich tatsächlich nur schwer entkräften, und so trifft der Lehrer mit der Stiftung Babyloniens durch Nimrod nur auf verhaltene Begeisterung: »Ich wollte nicht fragen, wer der Nimrod war, aus Furcht, er möcht mir's sagen.«[15] Nicht anders verhält es sich mit dem Alten Ägypten: »Die Geschichte Ägyptens ist in den ersten Zeiten dunkel und ungewiß«, doziert der Lehrer. »Das ist ein Glück, sonst müßten wir uns auch noch *darum* kümmern«[16], erhält er zur Antwort, die sämtliche pädagogischen Bemühungen im Keim erstickt.

Auch die ansonsten hochgeschätzte Freundin Günderrode muss pädagogische Niederlagen einstecken, denn leider ist die

Beschäftigung mit Philosophie Bettine aus gesundheitlichen Gründen nicht zumutbar. Der »überreizte Widerwillen gegen die Philosophie« hatte »starkes Erbrechen« zur Folge, »daraus sich ein galliges Nervenfieber gebildet«[17] hat. Man könnte vermuten, dass es sich um eine allergische Reaktion auf einen speziellen Philosophen – »Die Günderrode hatte mich geplagt mit Philosophie; ich mußte ihr Schelling vorlesen, das hat mich krank gemacht.«[18] – handelt. Doch auch hier scheint das Problem von grundsätzlicher Natur zu sein: »Alle Philosophie erstickt, umstrickt, und zwar mit groben Stricken, den ungebundenen Geist.«[19]

Der Großmutter zuliebe beginnt Bettine, Latein zu lernen, »obschon die Sprache nichts enthält für Mensch und Vieh, sie ist hölzern und eingebildet, mit einer Wohlbeleibtheit, die in ihrer langen Toga sich auf den Bauch schlägt, um auf ihre Würde anzuspielen«.[20] Auch für die Altphilologie ist Bettine also verloren. Wenn man es recht bedenkt, ist eigentlich kein Fach nach ihrem Geschmack: »Mit dem Lernen wird's nichts, ich kann's nicht brauchen, was soll ich lernen, was andere schon wissen.«[21] Und so können Bettine und die Bildung nicht zueinanderkommen, dieser Graben ist einfach viel zu tief. Bettine im Unterricht ist und bleibt Bettine im Widerstand.

In den Briefen aus der Kinder- und Jugendzeit schreibt sie hingegen, was alle braven Kinder schreiben, nämlich dass sie fleißig lerne. An Savigny, der sich zeitweise um den Unterricht Bettines kümmert, sendet sie »einen treuen Bericht von meinem Lernen (…), welches ich denn um so lieber tue, da ich gewiß weiß, daß mein Fleiß und Eifer viel Freude machen wird«[22]. So viel Artigkeit muss misstrauisch machen, und tatsächlich holt die reife Bettine – die eigenen Kinder vor Augen, die sich mit dem Lernen quälten – lustvoll zum Rundumschlag in Sachen Bildung aus. Von sich selbst behauptet sie, dumm und unbegabt zu sein, es handele sich bei ihr um einen hoffnungslosen Fall: »Ich bin so froh, daß ich unbedeutend bin, da brauch ich keine gescheiten Gedanken mehr aufzugabeln.«[23] Offenbar ist diese Art von Dummheit der guten Laune nicht abträglich – ganz im Gegenteil. Allemal klingt das Motiv der Narrenfreiheit an, wobei Bettine erhobenen Hauptes die Narrenkappe trägt.

Dass sie, die stolz die Fahne der Dummheit vor sich schwenkt, in Wahrheit hochgebildet ist, dass die erklärte Antiphilosophin ihre Werke mit philosophischen Betrachtungen durchwebt, steht also nur scheinbar im Widerspruch. Die vehemente Bildungsfeindin wird sich im Weiteren als passionierte Vertreterin eines *Natur ist lehrsam, wer ihre Lehrstund nicht versäumt, der hat zu denken genug, er kriegt die trocknen Lebenswege gar nicht unter die Füße, auf denen andern die Sohlen brennen.*[25] neuen, unkonventionellen Bildungskonzeptes erweisen, fernab von jedem »Philistergeist«[24]: »Alles, was man lernen muß, hüllt den Verstand in eine Nebelkappe, dass die Wahrheit uns nicht einleuchte.«[26] Für Bettine ist nicht nur jeglicher Besitz belastend, es belasten auch die durch fleißiges Lernen erworbenen Bildungsgüter, denn sie verstellen die Seelenräume, die frei, leer und offen sein müssen, damit der Mensch zu sich selbst kommen und damit er kreativ werden kann. »Den Mantel umgeschwungen und damit zum Fenster hinaus und alles Gerümpel dahinten gelassen, das ist meine Sinnesart.«[27]

Lernen erzeugt für Bettine Konformität des Denkens. Entsprechend weist das literarische Kind souverän die Bildungsansprüche der Gesellschaft als Versuche, es nach den Vorgaben des Zeitgeistes zu (ver-)bilden, zurück. Im Bild vom wurzellosen Pflänzchen freilich lässt sich noch die Not des realen Kindes spüren, seine Ambivalenz und Angst: »Aber ich – mein Kopf ein Feld, das brach liegt – ich wandle zwischen Hecken, seh jede Erdscholle benutzt, der Salatkopf in der Mitt, die Bohnenstangen oben drüber, und mir bangt, dass ich nicht angepflanzt bin, ich denk, daß Du [die Günderrode] Dir Müh gibst mit mir, daß es nichts hilft. Nachts denk ich als, wenn die Sonn aufgeht, will ich lernen, am Tag wollt ich, die Nacht käm doch, daß ich allein wär und könnt mich selbst verstehen, ich armes Käuzlein kleine.«[28] Stärker als das Gefühl der Wurzel- und Heimatlosigkeit ist die Sorge, ins falsche Erdreich eingepflanzt zu werden.

Wem dies geschieht, der muss verkümmern – kleine Pflänzchen nicht anders als kleine Kinder. Hier Angst zu haben ist also nur allzu berechtigt.

Sophie von La Roche nimmt weitreichenden Einfluss auf ihre Enkelin. Sie bringt sie mit der Literatur der Empfindsamkeit in Kontakt, macht Bettine ihre umfangreiche Bibliothek zugänglich. Zahlreiche Geistesgrößen, Adlige und französische Emigranten sind bei ihr zu Gast. Bettine erfährt hier eine frühe Erziehung zur Geselligkeit und somit eine Art des Lernens, die sich nicht über Bücher, sondern von Mensch zu Mensch vermittelt. Weit wichtiger allerdings werden das persönliche Beisammensein mit der Großmutter, die gemeinsamen Gespräche und das sich gegenseitige Vorlesen gewesen sein. Die konservative Großmutter steht für Sitte und Anstand und ist natürlich eine erklärte Gegnerin der Französischen Revolution. Wieland, Schiller und Herder gehören zu ihren – auch der Enkelin anempfohlenen – Lieblingsautoren. Das Werk Goethes allerdings hält sie unter sittlich-moralischen Aspekten für bedenklich. Insbesondere mit den venezianischen Epigrammen und den Römischen Elegien (»Laß dich, Geliebte, nicht reun, daß du mir so schnell dich ergeben!«[29]) hatte er sich bei Frau von La Roche unbeliebt gemacht. »Auch Wilhelm Meister und Werther waren keine Bücher die [Goethe] bei meiner Großmutter empfahlen, die ihre eigenen Romane für viel geeigneter hielt uns die Pforten des Lebens zu öffnen«[30], berichtet Bettine Jahrzehnte später in einem Brief an einen Freund. Selbstverständlich ist die Großmutter auch auf die Werke der Romantiker nicht gut zu sprechen, liest aber, wie die vorwitzige Enkelin herausgefunden hat, in aller Heimlichkeit – »sie wollte aber gar nicht, dass ich es wissen sollte, sie legte es auch sorgfältig unter andre Bücher«[31] – ein Buch von Clemens Brentano.

Von ihrem 19-jährigen Halbbruder Clemens Brentano[32], den sie im Oktober 1797 als Zwölfjährige kennenlernt, erhält Bettine neue Impulse. Dieser ersten Begegnung hat sie im ›Frühlingskranz‹ eine liebevolle Darstellung gewidmet: »Meine alte Puppe vor zwei Jahren! Heut hat's mich geplagt, ich mußte sie wieder einmal betrachten, mit der ich mich zum letztenmal unterhalten hatte, als Du zum erstenmal hierherkamst, Clemente! Du weißt noch, wie ich sie geschwind unter den Tisch warf, als Du hereintratst, und ich sah Dich an und kannte Dich nicht und hielt Dich für einen fremden Mann, der mir aber so wohlgefiel mit seiner blendenden Stirne und Dein schwarz Haar so dicht und so weich, und Du setztest Dich auf den Stuhl und nahmst mich auf einmal in Deine zwei Arme und sagtest: ›Weißt Du, wer ich bin? Ich bin der Clemens!‹ Und da klammerte ich mich an Dich, aber gleich darauf hattest Du die Puppe unter dem Tisch hervorgeholt und mir in den Arm gelegt, ich wollte aber die nicht mehr, ich wollte nur Dich. Ach, das war eine große Wendung in meinem Schicksal, gleich denselben Augenblick, wie ich statt der Puppe Dich umhalste.«[34]

»Alles Bettine!
dem liebend Dein schaffender Geist
sich genährt,
Was Deine segnende Hand,
was Dein Gedanke berührt,
Blühet schöner ein Freiheit verklärendes Leben.«[33]
(Clemens Brentano)

Und auch Clemens findet liebevolle Worte für die Begegnung mit seiner Schwester, die wie er die italienischen Wurzeln nicht verleugnen kann: »Aber da sitzt noch so eine Rabenschwarze in dem Winkelchen, es dämmert schon in der Stube, und ich hätte sie übersehen, mit ihren Locken der Nacht, wenn ihre schönen Augen nicht leuchteten und milde, schöne Blicke aus ihnen stiegen, wie Strahlen zweier einsamen Sterne am Himmel.«[35]

Der ältere Bruder nimmt in Bildungs- und Lektürefragen wichtigen Einfluss auf seine kleine Schwester: »Es würde mich freuen, wenn Du etwas Geschichte läsest, und außerdem meistens *Goethe*, und immer *Goethe*«[36], sagt Clemens, der ihr insbesondere die Lektüre des ›Wilhelm Meister‹ empfiehlt. Es ist also er, dem Bettine die für ihr weiteres Leben so entscheidende Begegnung mit dem Werk Goethes zuzuschreiben hat. Sophie von La Roche kommt freilich zu Ohren, dass Clemens seiner kleinen Schwester »aus philosophischen Gründen die Gleichgültigkeit gegen Ordnung, Fleiß und anständiges Betragen«[37] gepredigt habe, was ihm einen großmütterlichen Verweis einträgt. In der Tat hat Clemens Bettine in die Welt der Frühromantik eingeführt und deren revolutionäre Ideen den konservativen Werten der Großmutter entgegengestellt. Bettine verdankt ihrem Bruder viel. Dennoch ist ihr Verhältnis zu Clemens – wie sich noch zeigen wird – nicht von Ambivalenzen frei.

Gänzlich ungetrübt dagegen ist die Beziehung zur Großmutter, die von den alten Zeiten erzählt und natürlich von Maximiliane, ihrer früh verstorbenen Tochter: »Sie sprach viel von der Mama, von ihrer Anmut und feinem Herzen, sie sagte: ›Alles, was ihr Kinder an Schönheit und Geist teilt, das hat eure Mutter in sich vereint‹; und dann hat sie zu sehr geweint, um von ihr weiter zu sprechen, die Tränen erstickten ihre Stimme.«[38] Die Zeit bei der Großmutter neigt sich langsam dem Ende zu. Gern wäre Bettine geblieben, gern hätte sie noch mehr von der verstorbenen Mutter erfahren. »Was hätte sie mir alles von der Mama erzählen können, von der ich so wenig weiß.«[39]

Und wehmütig ist auch die Großmutter, die ahnt, dass sie wohl nicht mehr lange am Leben sein wird. So wie der Garten zeitlebens ihre Freude war, so ist er nun ihr Trost: »So viel der schönen Blüten sind mir abgeblüht, so viel Früchte gereift, jetzt wo das Laub abfällt, da bereitet sich der Geist vor auf frische Triebe im nächsten Lebenskreislauf.«[40] Sophie von La Roche, nun alt und gebrechlich, lässt ihre Enkelin ziehen: »Nein, gut Mäuschen, hast lang genug hier ausgehalten, wann kommst du wieder?«[41] Sie gab Bettine das, was sie damals am meisten brauchte: vielfältige Eindrücke und Anregungen, ihr Vorbild und vor allem einen von zärtlicher Sorge umgrenzten Rahmen, in dem sie die wilde Enkelin – Sitte hin und Anstand her – springen lässt. Vielleicht war es auch die Großmutter, die am ehesten hinter die Fassade zu blicken vermochte und die Nöte, in denen Bettine steckte, erahnte: »»Mädele, was starrst – sollt man glauben, Du wärst außer der Welt entrückt.‹ – Ich fuhr auf – da lacht sie. – ›Gutes Kind, wo bischt? – bischt beim Schutzengel?‹ – und zieht meine Hand an ihre Brust – so sagen die Schwaben, wenn einer so in sich verstummt.«[42]

Bettine drückt ihre Dankbarkeit in dem liebevollen Bild aus, das sie von der Großmutter zeichnet – »mit ihren großen silberweißen Locken ihr ums Gesicht spielend, in dem langen schwarzen Grosdetour-Kleid mit langer Schleppe, noch nach dem früheren Schnitt, der in ihrer Jugendzeit Mode war, lange Taille mit einem breiten Gurt. Ei, wie fein ist doch die Großmama, alle Menschen sehen gemein aus ihr gegenüber, die Leute werfen ihr vor, sie sei empfindsam, das stört mich nicht.«[43] Wie könnte es auch? Schließlich ist es das eherne Recht aller Großmütter der Welt, etwas altmodisch zu sein.

Romantik, Vernunft und Aufklärung
»Romantik« steht heute für Gefühl. Wer sich von romantischen Vorstellungen leiten lässt, verkennt die Realitäten des Lebens. Unverbesserliche Romantiker sind weltfremde Träumer und hierin den Utopisten sowie den zwischenzeitlich etwas außer Mode geratenen Weltverbesserern verwandt. Außerhalb der romantischen Nischen steht der Begriff »Romantik« für Irrationalität – ein Etikett, das oft genug auch auf die Epoche der Romantik übertragen wird. Insbesondere die Frühromantiker stehen jedoch nicht in Opposition, sondern in Kontinuität zur vorangehenden Epoche der Aufklärung. »Ein grobes Mißverständnis wäre es«, so Lothar Pikulik, »sie vernunftfeindlich zu nennen. Sie bekämpfen nur jene Haltung, die es sich an der platten Oberfläche des Daseins genug sein läßt.«[44]
  Die Romantik, die sich als Literaturepoche in Deutschland vom Ende des 18. Jahrhunderts bis weit in die erste Hälfte des 19. Jahrhunderts erstreckt, ist die Gegenbewegung zu einem Zeitgeist, der vom aufstrebenden Bürgertum und seinem Besitzstandsdenken geprägt wird. Sie ist stark von der Französischen Revolution beeinflusst, wobei die romantische Revolution in den Köpfen der jungen Dichter und Intellektuellen stattfindet. Ihr Hauptangriffsziel ist ein

zum schieren Nützlichkeitsdenken verflachtes Vernunft-prinzip. Nicht der Rationalität an sich, sondern dem Rationalismus gilt also die frühromantische Kritik, d. h. einer mechanistischen Welterklärung, die glaubt, alles auf das Kausalitätsprinzip zurückführen zu können. Nach Theodor W. Adorno (›Die Dialektik der Aufklärung‹) gerät die entmystifizierende Weltsicht der Aufklärung selbst zum Mythos, der eine universell erklär- und folglich verfügbare Welt zum Inhalt hat.

Das beginnende industrielle Zeitalter denkt sich die Welt als Weltmaschine, die mit dem Instrument der Vernunft analysier- und bedienbar ist. Vor allem das aufstrebende Bürgertum versteht Vernunft im Sinne einer »Lehre von der alleinseligmachenden Nützlichkeit«[45] (Eichendorff). Nützlichkeit, das bedeutet Ausbeutbarkeit, und eben hierauf zielt die bürgerliche Entzauberung der Welt. Frühromantisches Denken gibt all dem Raum, was eine herrsch- und profitsüchtige Vernunft als Unvernunft ausgrenzt: dem Gefühl, dem Traum, der Sehnsucht, der Fantasie, der Poesie und neuen Formen der Spiritualität. Romantik ist also keine Flucht vor der Wirklichkeit, sondern deren Ergänzung um all das, was ausgegrenzt wurde.

Ergänzt wird auch das Wissen – nämlich um das Nichtwissen: »Je mehr man schon weiß, je mehr hat man noch zu lernen. Mit dem Wissen nimmt das Nichtwissen in gleichem Grade zu, oder vielmehr das Wissen des Nichtwissens.«[46] (Friedrich Schlegel) Denn hinter jeder Antwort, die gegeben wird, stehen neue Fragen auf, so dass die Welt eben nicht immer erklärbarer und folglich beherrschbarer wird. Romantisches Denken verweigert die völlige Entzauberung der Welt und somit den auf universelle Verfügung zielenden Zugriff. In letzter Konsequenz geht es somit um die Ganzheit des Menschen und seiner Welt, um die Überwindung der Spaltung in die Bereiche des sogenannten Rationalen und Irrationalen: »Klarer Verstand mit warmer

Fantasie verschwistert ist die echte, gesundheitsbringende Seelenkost.«[47] (Novalis)

Und es geht um die Überwindung der Grenze zwischen Leben und Kunst: »Die romantische Poesie ist eine progressive Universalpoesie. Ihre Bestimmung ist nicht bloß, alle getrennten Gattungen der Poesie wieder zu vereinigen, und die Poesie mit der Philosophie und Rhetorik in Berührung zu setzen. Sie will, und soll auch Poesie und Prosa, Genialität und Kritik, Kunstpoesie und Naturpoesie bald mischen, bald verschmelzen, die Poesie lebendig und gesellig, und das Leben und die Gesellschaft poetisch machen.«[48] (Karl Friedrich Schlegel)

Schon die Epoche der Romantik berief die Fantasie an die Macht und setzte an die Stelle der äußeren Anhäufung von Gütern den inneren Reichtum. Dies bedeutet nicht, dass sich der Mensch aus der Welt zurückzieht, sondern dass er innerlich verwandelt auf eine Welt trifft, an deren Reichtum er sich freuen kann, ohne sich bereichern zu müssen. »Romantik«, so Rüdiger Safranski, »macht neugierig auf das ganz andere«[49] und ist somit für alle, die nicht gewillt sind, sich mit der Oberfläche zu begnügen und alles angeblich Unumstößliche zu akzeptieren, unverzichtbar – ganz gleich, in welcher Epoche sie leben.

AUF DEM HEIRATSMARKT

———

Ich habe unlängst den *Franz* gebeten, Dich nach Frankfurt zu nehmen; er täte es gern, nur macht er mancherlei Einwendungen, er begehrt, daß Du der *Toni* gehorchen, reinlich, fleißig und häuslich sein sollst, das ist nun freilich in etwas gegen Deinen Freiheitssinn, der in Dir von der Großmutter ordentlich erzogen wurde«[1], schreibt Clemens im ›Frühlingskranz‹. Bettine soll bei den Frankfurter Verwandten, ihrem Bruder und Vormund Franz, der als Nachfolger seines Vaters zu einem angesehenen Kaufmann und Bankier geworden ist, und dessen Frau Antonia in die Pflichten der angehenden Hausfrau eingeführt werden. Franz ist voller Zuversicht: »Bettine kann gut werden, wenn sie einfach und natürlich bleibt und nicht eigne Länder entdecken will, wo keine weibliche Glückseligkeit zu entdecken ist … sobald's sein kann, nimmt sie Toni zu sich und teilt ihre Zeit in Besorgung des Hauswesens und weibliche Arbeit, dieses ist einzig Balsam für Bettine.«[2]

Im November 1802 erfolgt der Umzug nach Frankfurt. Für Bettine ist es mit dem freien Leben bei der Großmutter, also mit der schönen Jugendzeit, vorbei: »Wenn ich an Frankfurt denke, wirds mir übel.«[3]

Bettine lebt nun in wohlgeordneten Verhältnissen, d.h. im wohlmeinenden, aber spießigen Umfeld: »Ich bin ihnen auch gut und habe sie alle recht herzlich lieb, aber die Dächer und Straßen und Langeweile und besonders mein Dortsein ist mir unerträglich.«[4] Etwa ein halbes Jahr nach dem Umzug klingt auch Franz nicht mehr allzu optimistisch: »Bettine ist ein herzensgutes Mädchen, aber (…) leichtfertig bis ins Unbegreifliche, sie hasset so ganz alles, was nur eine entfernte Ähnlichkeit mit sittlichem Zwang hat.«[5] Bettine will weg oder wenigstens auf Reisen gehen. »Du weißt«, so Franz, der als Vormund in Reiseprojekte einzuwilligen hat, »wie ich das Herumschwärmen von Mägde in der Welt hasse, welches in den Augen aller vernünftigen Menschen für unanständig gehalten wird.«[6] Bettine ist unglücklich. Es fehlt ihr eben das Talent, sich ins Unvermeidliche zu fügen und – wie es ihr zukünftiger Schwager Savigny formuliert – sich »kleine Stuben- und Taschenhimmel zu erbauen«.[7]

> *Ich glaube: mit uns selbst ins Gericht gehen, oder wenn Du willst, Krieg führen mit allen Mächten, ist das beste Mittel, höherer Gedanken teilhaftig zu werden. Es gibt eine Art Lumpengesindel auch im Geist, das alle Befähigung zur Inspiration unterdrückt und sich wuchernd ausbreitet; dahin gehören die Ansprüche aller Art nach außen: wer etwas von außen erwartet, dem wird es in dem Innern nicht kommen, aller Reiz, der nach außen zur Versündigung wird, kann im Innersten konzentriert zur Tugend werden.[8]*

Man beginnt nun, an die Verheiratung Bettines zu denken. Mitte des Jahres 1803 empfiehlt sich Johann Isaak von Gerning gleichsam von selbst. »Dieser Mann hat über 10 000 Gulden jährlicher Einkünfte« – so der begeisterte Bruder Franz zur entgeisterten Schwester: »Ich schimpfte wie ein Rohrspatz, machte dem Franz bitterste Vorwürfe, mir so einen Esel als Mann anzutragen.«[9] Auch Clemens wird in Sachen Heirat tätig und hat seinen Studienfreund, den Rechtsgelehrten Karl Friedrich von Savigny, als geeigneten Kandidaten ausgespäht. »Wenn Sie das Mädchen nicht lieben können, adieu Savigny, so sind Sie ein gar armer Schelm.« Wie die in den leuchtendsten Farben Angepriesene zu dieser Verbindung steht, ist eher nebensächlich. Im Übrigen ergeht auch an Bettine der Bericht des brüderlichen Heiratsvermittlers: »Ich habe heute Morgen den Savigny persuadieren wollen, Dein Bild anzusehen und es schön zu finden, ich machte einen Versuch, ihn zum Sprechen zu bewegen, allein er sagte partout nichts.« Es wird kaum verwundern: Des

Bruders mit dem Holzhammer vorangetriebene Heiratspläne zerschlagen sich. »Er (Savigny) fürchtet sich vor ihr«[10], so die Einschätzung des Postillon d'Amour, der sich nun in eine andere Richtung orientiert. Clemens wird in Sachen Schwesternanpreisung bei seinem offenbar etwas weniger schreckhaften Freund, Achim von Arnim, vorstellig: »Etwas, was Dir nicht entgehen soll, weil es mein Teuerstes ist (…), ist meine Schwester Bettine, Du kennst sie, (sie) wird täglich lieber.«[11] Vorerst bleibt Clemens auch hier ohne Erfolg.

Im April 1804 heiratet Savigny Bettines brave Schwester Gunda. Im Jahr 1805 macht ihre Schwester Lulu mit dem Bankier Johann Karl Jordis eine, jedenfalls in finanzieller Hinsicht, glänzende Partie: »Dem Luster (Lulu) sein Bräutigam ist gut«, so Bettine an Savigny, »aber dumm.« Dass nun gar die jüngere Schwester vor ihr heiratet, wirft auf Bettine ein wenig schmeichelhaftes Licht: »Der Budin wird in der ganzen Stadt ausgelacht, weil er sitzen zu bleiben scheint.«[12] Budin ist der Name, den sich Bettine im Briefwechsel mit Savigny gibt. »Kein Mädchen und kein Bub, ein treu Wesen«, schreibt sie im September 1804, »ich bin Dein treuer guter Budin.«[13]

Natürlich ist Bettine kein halber Bub, sondern ein ganzes Mädchen – freilich eines von der besonderen und im Augenblick von der gleichermaßen tapferen wie unglücklichen Art. Auf die Entfaltung ihrer Begabung, geschweige denn auf Verwirklichung einer ihrer Begabung entsprechenden Lebensperspektive besteht keine Aussicht. Die einzige Aussicht, die besteht, nämlich die Ehe[14], ist alles andere als erstrebenswert. Ein/e »Budin« ist ein Wesen, das immer dort entsteht, wo die Geschlechterrollen der Vielfalt des (männlichen und weiblichen) Menschseins nicht entsprechen. Da die Norm richtig ist, muss der Mensch falsch sein und folglich der Norm angepasst werden. Ein reiches Betätigungsfeld z. B. für besorgte ältere Brüder, so auch Bruder Franz, der die Gelegenheit zum mahnend-aufmunternden Hinweis nutzt, sich an der erfolgreichen Lulu zu orientieren: »… und dann meint er ganz gutherzig, dass, wenn ich ebensoviel häusliche Tugenden geäußert hätte, ich gewiß auch einen Mann bekommen haben würde«[15]. Noch ist ja nicht alles verloren, man muss sich nur anstrengen, denn die Zeit beginnt zu drängen.

»Lieber tot als übrig sein!«[16], heißt es in Bettines Erstlingswerk kurz und prägnant. Sie leidet freilich weniger an der Tatsache, keinen Mann zu haben, als an den gesellschaftlichen Folgen.

... ich muß auf mich warten um zu mir selbst zu kommen.[17]

Da es keine Perspektive auf ein eigenständiges Leben gibt, sind Sitzengebliebene auf das (auch finanzielle) Wohlwollen ihrer Verwandten angewiesen, machen sich hier und da nützlich und stehen doch stets in Gefahr, als unnützes Beiwerk belächelt oder gar lästig zu werden. Bettine muss vorerst bei ihrer Familie bleiben und somit in einem Umfeld, das – wie es Clemens einmal formuliert – durch »geldklangtaube Ohren«[18] charakterisiert ist.

Man hat kein Verständnis für die ruhelose und prätentiös wirkende Bettine: »Als ich das erste Mal nach Frankfurt kam, war sie ein kurzes untersetztes wildes Mädchen, die jüngste und am wenigsten angenehme Enkelin der Frau von La Roche. Sie wurde stets als ein grillenhaftes unbehandelbares Geschöpf angesehen. Ich erinnere mich, dass sie auf Apfelbäumen herumkletterte und eine gewaltige Schwätzerin war«[19], schreibt ein englischer Reisender. »Solche Lebhaftigkeit, solche Gedanken- und Körpersprünge (denn sie sitzt bald auf der Erde, bald auf dem Ofen), so viel Geist und so viel Narrheit ist unerhört«[20], vermerkt denn auch Wilhelm von Humboldt, der Bettine wenige Jahre später in München kennenlernt. Wo das literarische Kind munter und behende hüpft, springt und tanzt, fällt das reale Kind durch seine schier unerträgliche Unruhe auf: Wird ihr der Boden unter den Füßen zu heiß? In frühen Zeugnissen ist jedenfalls nicht von heiterer Ausgelassenheit, sondern von Traurigkeit als Grund der Unruhe die Rede: »(D)enn mich befiel oft eine unerträgliche Trauer, dass ich nicht an einer Stelle vermögend war zu bleiben.«[21]

Zu diesem Zeitpunkt bedeutet das Leben im familiären Umfeld vor allem eines: Isolation und Einsamkeit. Eine tiefe Fremdheit herrscht zwischen Bettine und ihrer Familie – mit Ausnahme von Clemens und phasenweise Karl Friedrich von Savigny. Die Distanz, die man zueinander hat und auch in Zukunft haben wird, macht Meline sinnfällig, die ihr Verhältnis zu Bettine so beschreibt, als existierten die Schwestern in Parallelwelten: »Die Bettine und ich passen gar nicht zusammen; ich bin ihr in allem, bis auf die geringste Kleinigkeit ganz entgegengesetzt; wie *Du sagst, du gäbest gerne zu, dass ich besser sei als Du, und Du habest nie daran gezweifelt? Niemand ist besser als der andre, alle kommen und schöpfen aus der reinen Güte, sie ist das Wasser des Lebens.*[22] sollte sie daher wissen können, was mir nöthig tut; ich kenne die Bettine nur wenig, sie kennt mich nur wenig: Ich bin ihr durchaus nichts im Leben, so wie sie mir nichts. Wir lieben uns gegenseitig, weil wir uns nicht im Wege stehen, so wie wir uns gegenseitig nicht lieben würden wenn dies der Fall wäre. Ich habe die gröste Achtung für ihren Verstand, den ich verehren aber nicht begreifen kann.«[23] Die im Vergleich zu Bettines sonstigen Brieffluten nur tröpfelnde Korrespondenz mit den engsten Verwandten legt von der inneren Distanz zur Verwandtschaft beredtes Zeugnis ab.

Wo sie nur kann, sucht sich Bettine dem Frankfurter Umfeld zu entziehen. Ab 1805 hält sie sich im Marburger Haushalt der Savignys auf. In den Jahren 1806 und 1807 besucht sie die vornehme Schwester Lulu nebst ihrem begüterten Ehemann: »Nun sitze ich hier in Kassel schon vier Monat, nur um nicht in Frankfurt zu sein, wo mich die Luft drückt wie die Menschen, wo ich immer miserabel aussehe und blaß werde. (…) Hab schon ein paar Köpfe in Öl gemalt aus Verzweiflung über die Langeweile, die ich ertragen muß.«[24] Ab 1808 kommt mehr Bewegung in ihr Leben. Savigny erhält einen Ruf an die Landshuter Universität, wohin Bettine das Ehepaar begleitet. Sie lebt einige Zeit in München und versorgt dort die Kinder der Savignys, die nach Landshut vorgereist sind. Auch nach der Abreise der Kinder zu ihren Eltern bleibt sie in München und versteht es, ihre neugewonnene Freiheit zu nutzen. Insbesondere erhält sie Gesangsunterricht bei dem berühmten Komponisten Peter von Winter. Sie knüpft zahlreiche Kontakte, lernt die Philosophen Friedrich Heinrich Jacobi und Friedrich Schelling kennen, Franz Baader, den Theologen und Philosophen, sowie den Theologen und späteren Regensburger Bischof Johann Michael Sailer. In diese Zeit fällt auch die Bekanntschaft mit dem romantischen Dichter Ludwig Tieck, den sie fast täglich besucht und pflegt, da er schwer gichtkrank ans Bett gefesselt ist. Im September 1809 siedelt sie sodann nach Landshut um, wo sie im studentischen Umfeld der Savignys geselligen Umgang pflegt und mancherlei geistige Anregungen hat. Gemeinsam mit den Savignys sind nun auch Reisen möglich. In Wien schließlich lernt sie Beethoven kennen – eine Begegnung, die sie tief beeindruckt.

Trotz des abwechslungsreicheren Lebens im Gefolge der Savignys bleibt eine traurige Grundstimmung, die immer wieder aus den Briefen Bettines hervorbricht, bestehen. Sie fühlt sich eingesperrt, einsam und ohne Aufgabe. Dass die sprichwörtliche Redensart »sich zu Tode langweilen« eine Todesart beschreiben kann, kann man sich nur schwer vorstellen. Tatsächlich aber handelt es sich um einen quälenden Zustand von schleichend zunehmender Schwere, der nahtlos in die düstere Melancholie übergeht. Schwermütiger Trübsinn droht alles zu ersticken. »Die Zeit geht trocken, in trägen Pulsschlägen vorüber.«[25] Der Lebensstrom dümpelt vor sich hin und droht in Aussichtslosigkeit zu versickern.

»Dass ich traurig bin«, so Bettine 1804 in einem Brief an Savigny, »kannst Du Dir wohl leicht erklären. So viel Lebenskraft und Mut zu haben und keine Mittel, ihn anzuwenden! Wie mag es einem großen Krieger zu Mut sein, dem das Herz glüht zu großen Unternehmungen und Taten, und der in der Gefangenschaft ist, mit Ketten beladen, an keine Rettung denken darf. Mir überwältigt diese immerwährende rastlose Begier nach Wirken oft die Seele und bin doch nur ein einfältig Mädchen, deren Bestimmung ganz anders ist. Wenn ich so denke, dass gestern ein Tag war, wie heute einer ist und morgen einer sein wird und wie schon viele waren und noch viele sein werden, so wird es mir oft ganz dunkel vor den Sinnen und ich kann mir selbst kaum denken, wie unglücklich mich das machen wird, nie in ein Verhältnis zu kommen worinnen ich meiner Kraft gemäß wirken kann.« Und sie fügt hinzu: »Ich habe Dir hier deutlich geschrieben, warum ich traurig bin, ganz ohne Überspannung und ohne Verwirrtheit«[27] – gleichsam um der Einordnung ihrer Aussage in die entsprechende Kategorie vorzubeugen. Natürlich ist Bettine nicht überspannt, sondern traurig aus triftigem Grund – wie alle anderen auch, die ein Leben leben sollen, das der innersten Bestimmung ihres Wesens zuwiderläuft. »Es macht nichts den Geist schwächer, als wenn er in seiner Eigentümlichkeit unaufgefordert bleibt«[28], schreibt sie Jahre später. Zu diesen Zeiten bleibt Bettine nicht nur auf dem Heiratsmarkt unaufgefordert, das Leben selbst scheint sie zu übergehen. »Zwei und zwanzig Jahr bin ich alt, und das Schicksal hat mich noch keines Blickes gewürdigt«[29], heißt es in einem Brief aus dem Jahr 1807. Einstweilen findet das, was für Bettine den Namen Leben verdient, ohne sie statt.

Und ich weiß keine höhere Anweisung an den Geist als: frag dich selber! Und wenn da einer nicht das Rechte findet, so ist er ein Esel.[26]

Die Wolkenschwimmerin

»»Auch im Geist kann man sich versteigen, mein Kind«, sagte [die Großmutter] und erzählte mir die Geschichte des Kaisers Max auf der Martinswand; sie sagte: ›Die Engel sollen ihn da wieder heruntergetragen haben, aber nicht immer sind diese bereit, wenn man sich so mutwillig versteigt.‹ ›Was brauch ich denn herunter, liebe Großmama, wenn ich mich oben erhalten kann? Könnte ich denn nicht auch ein Wolkenschwimmer werden‹ ›Kind meiner *Max*‹, sagte sie, ›was hast du vor wunderliche Gedanken‹.«[30]

So lautet der denkwürdige Dialog zwischen der besorgten Großmutter und ihrer absonderlichen Enkelin. Bettine, die Wolkenschwimmerin, schwebt im Reich der Fantasie und Träume. Der Berufswunsch »Wolkenschwimmerin« mag für ein Kind noch angehen, aber was wird aus der jungen Frau? Die Angst der Großmutter ist so unberechtigt nicht. Wolkenschwimmer können auch abstürzen. Bettine gilt als »Hauskobold«[31], hat »Anlagen zum Veitstanz«[32] und zu aller Art von Narretei. Bisweilen gebärdet sie sich wie eine Verrückte und will – gleich und gleich gesellt sich gern – zum verrückten Hölderlin reisen. Man lässt sie nicht: »Wahnsinn steckt an.« – »Ja«, so eine Freundin der Familie mit einem Seitenblick auf Bettine, »besonders wenn man so viel Anlage hat.«[33]

Auch ein so seltsamer Vogel wie Bettine kann auf Dauer nicht über der Realität leben. Das Kind hat sich ins Wolkenkuckucksheim zurückgezogen, in die Welt des Traums gerettet. »(U)nd was Traum war, muß mit der Wirklichkeit vermählt werden«[34], sagt Bettine, die Literatin. Als reife Frau wird Bettine den Traum von einem besseren Leben in die Welt tragen und dort verwirklichen. Die junge Bettine allerdings bekommt erst einmal keinen Fuß auf den Boden.

In einem Brief an ihren Bruder Clemens aus dem Jahr 1809 sind es nicht nur die sie umgebenden Menschen, die sie »für ungezogen, für bizarr scheinen wollend, für verwirrt, ja zuweilen für sittenlos erklären«. Auch der eigene Verstand »wirft mir in einzelnen Augenblicken vor: daß ich an den Wahnsinn grenze, dass ich gegen den Strom schwimme und noch dazu alle Schleusen aufreiße ... Wohinaus ich will: wahrlich, das weiß ich selbst nicht«[35], bekennt die junge Bettine. Sie ist sich selbst fremd, fühlt sich verloren und vor allem ohne Perspektive. Bei der Lektüre des Monologs von Goethes Iphigenie, speziell »bei den Worten: ›zu Haus und in dem Kriege herrscht der Mann‹ – da ward mir's oft klar, dass ich ein Opfer werden sollte, und dass ich die Schwingen meines Geistes nimmer entfalten würde in diesem Leben, dass auch über mich das Rad der Zeit hingehen würde und mich zermalmen, und nimmer nimmer wollt ich's dulden!«[36] Und doch will ein solcher Schwebezustand, in dem man nur weiß, was man nicht will, erst einmal ertragen sein. Wäre es nicht vielleicht doch besser, auf den Boden der Realität zurückzukehren und sich zu fügen? Dies hieße allerdings, den Freiheitsdrang (auch wenn die Richtung noch unklar ist), das Fünkchen Hoffnung (auch wenn es noch keinen Inhalt hat) und in letzter Konsequenz sich selbst zu verraten. Die Wolkenschwimmerin harrt in der Höhe aus. Ihr Blick schweift in die leere Ferne. Was soll bloß aus ihr werden?

CLEMENS BRENTANOS
FRÜHLINGSKRANZ

———

E twa vierzig Jahre sind seit der Jungmädchenzeit und all
ihren Nöten vergangen, als im Jahr 1844 der ›Frühlingskranz‹ erscheint. ›Clemens Brentanos Frühlingskranz aus Jugendbriefen ihm geflochten‹ besteht aus dem Briefwechsel der
Geschwister, den Bettine bearbeitet und zusammenstellt, »…
wie er selbst schriftlich verlangte«. Die Fortführung des Titels
weist Bettine als treue Wahrerin der brüderlichen Interessen
aus, was – wie stets, wenn derartige Hinweise nötig werden –
nur ein Teil der Wahrheit ist. Clemens war am 18. Juli 1842 gestorben und zuvor noch stramm katholisch geworden. Vom
»Veitstanz des freiheitstrunkenen Subjekts«, wie Joseph von
Eichendorff das frühromantische Denken nennt, hatte er sich
verabschiedet, ganz im Gegensatz zu seiner Schwester: »Bettina
jubelt noch bis heute eigensinnig fort in ihrer Eigenmacht«[1],
was der ebenfalls gut katholische Eichendorff natürlich äußerst
kritisch sieht.

Kurzum: Die Wege der Geschwister gingen auseinander.
Clemens' Weg führte zur stigmatisierten Anna Katharina Emmerich, deren Visionen er aufzeichnete, Bettines Weg mündete
unter anderem in die Verwunderung über den Bruder: »Er
geht«, so Bettine im August 1823 an ihren protestantischen
(und protestantisch bleibenden!) Ehemann Achim, »von Frankfurt aus wieder nach Dülmen zu seiner Nonne, von Dir spricht
Clemens mit Begeisterung, weil die Nonne behauptet, Dich
fortwährend en vision zu haben, und dem Clemens die feste

Versicherung gegeben hat, Du würdest katholisch.«[2] Nicht ohne Grund erscheint der ›Frühlingskranz‹ nach Clemens' Tod, denn das Werk hätte er kaum gutgeheißen. Bettines ›Goethebuch‹ jedenfalls war ihm ein Dorn im frommen Auge: »Wird dem Ganzen dadurch irgendwie ein Nutzen gebracht, dass alle Menschen in Europa wissen, dass Du nicht wohlerzogen auf dem Sofa sitzen kannst und Dich übelerzogen auf eines Mannes Schoß setztest?«[3]

Nach seinem Tod ist der fromme Bruder der frommen Verwandtschaft immer noch nicht fromm genug, weswegen man um der katholischen Geradlinigkeit willen auch gern sein Werk vom freiheitlichen Geist der Frühromantik bereinigt – und die Neuedition der Gesammelten Schriften um das Frühwerk ›Godwi‹ erleichtert – hätte. Vor diesem Hintergrund ist zu verstehen, dass Bettine die Veröffentlichung ihres Briefwechsels mit Clemens selbst in die Hand nimmt. »(I)ch bitte Dich mit Tränen in den Augen, und im Namen sämtlicher Geschwister hier, verschone die Asche u. das Andenken Deines frommen Bruders« – so der sonst eher robust wirkende Bruder Franz, der mit dem Druck auf die Tränendrüse seinen letzten Trumpf ausspielt: vergeblich!

Weitere Probleme ergeben sich aus der Tatsache, dass das »literarische Kind«, das im wirklichen Leben auf die Sechzig zugeht, auch politisch kein Blatt mehr vor den Mund nimmt. Die frühromantische Aufbruchstimmung ist bereits weitgehend in reaktionärem Denken oder in unpolitischem Stillhalten versandet. Bettine hingegen fühlt sich den freiheitlichen Idealen des Vormärz verpflichtet. Wenn sie dem literarischen Kind Ausführungen über die Französische Revolution in den Mund legt und somit die Ideale von »Freiheit, Gleichheit und Brüderlichkeit« ins Gedächtnis zurückruft, so ist dies auf die vorrevolutionäre Situation im Jahr 1844 gemünzt. Entsprechend ergeben sich Probleme mit der Zensur – für Bettine Schikanen der »Zensurhanswursten« und »Polizeihanswursten«.[4] Die Widmung des Buches an den preußischen Prinzen Waldemar wird als »Majestätsbeleidigung« geahndet, dumm nur, dass der Prinz diese Widmung zuvor bereits angenommen hatte. Die hochverwickelte Angelegenheit trägt Züge einer Arbeitsbeschaffungsmaßnahme für eifrige Beamte und löst sich sodann final in Luft auf. Am 19. Juni 1844 wird das Buch freigegeben.

Der ›Frühlingskranz‹ beeindruckt durch Feuerwerke des romantischen Symphilosophierens, durch Sequenzen von großer poetischer Kraft und durch seinen witzigen, bisweilen volkstümlichen Ton. Gemeinsam mit ›Die Günderrode‹ und ›Goethes Briefwechsel‹ gehört er zu Bettines Hauptwerken, die im »Grenzbereich von Briefedition und gestaltetem Briefroman«[5] anzusiedeln sind. Mit den Briefen ihres Bruders ist Bettine, soweit dies heute noch nachvollzogen werden kann, pfleglich umgegangen. Insbesondere hat sie unveröffentlichte Gedichte und Sequenzen aus Clemens' Jugenddichtungen in ihr Werk aufgenommen – und somit den Bruder geehrt, indem sie sein frühromantisches Erbe bewahrte. Ihren eigenen Part gestaltet sie virtuos und lässt ein literarisches Kind erstehen, das wehr und sieghafter, frecher und selbstbewusster ist als das Kind, das sie einst war. Bettines Rückerinnerungen an die Jugendzeit sind von ihrem feinen Humor geprägt, der stets schlagfertig und treffend, bisweilen beißend, aber nie lieblos ist. Erstes Opfer ihrer Attacken ist Clemens, der als würdiger Vertreter der Gattung »älterer Bruder« aus Prinzip alles besser weiß, speziell wenn es darum geht, was für Mädchen bzw. junge Frauen wünschenswert und richtig ist. Clemens wirkt gleichermaßen gutwillig wie übergriffig und trifft in Bettine auf ein ebenbürtiges Gegenüber, das ihm mit zärtlicher Bestimmtheit entgegentritt: »Mit meinem Mund geb ich Dir einen Kuß auf Deinen, in welcher Sprache kann ich gebieterischer ausrufen: ›*Halt's Maul, geliebter Bruder!*‹«[6]
Immer wieder fordert er sie auf zu schreiben, allerdings in der Form, die er für richtig hält. Sie soll sich Bildung erwerben – in dem, was ihm wissenswert erscheint. Natürlich trifft er auf eisernen Widerstand, wie in allem, in dem »Du mich vernünftig machen willst für die Welt«[7]. Bettine hat sich mit einem jüdischen Mädchen namens Veilchen angefreundet, das mit Goldstickereien den armen Großvater ernährt. Bettine hilft ihr dabei

und verbringt mit der Freundin manch vergnügliche Stunde. Eines Morgens allerdings werden beide beim gemeinsamen Fegen der Gasse, also »vor der Haustür eines Juden auf offener Straße kehrend«[8] gesichtet – ein ungeheuerlicher Vorfall. Tante Luise Möhn, die geschiedene Tochter der Großmutter, ist außer sich vor Wut über die nun auf der ganzen Familie lastende Schande und wird, da dies vornehmer klingt, auf Französisch ausfallend. Auch Clemens hält die Freundschaft für unpassend, geht allerdings etwas geschickter als die tobende Tante vor. Er lobt erst einmal die karitative Ader seiner Schwester. Bettine zitiert Clemens: »Sie mag ein gutes Geschöpf sein, zu der *ich* hinabsteige mit meiner Vertraulichkeit!« – »Wer bin ich denn«, entgegnet sie ihm, »dass ich mich herablasse, wenn ich mich zu einem *guten Geschöpf* vertraulich wende? – Bin ich ein Engel?«[9] Anders als der bereits vom judenfeindlichen Ungeist infizierte Bruder denkt die Schwester glasklar, urteilt unbestechlich und hält folglich der Freundin und damit sich selbst die Treue: »Ihr verbietet mir mit einem Judenmädchen Umgang zu haben; und ich will Umgang haben mit allem was zugleich mit mir auf dieser Welt lebt. (…) Fordere nun nicht mehr, ich soll Dir treu bleiben; ich bleib Dir in allem treu, was meine Natur nicht verleugnet.«[10]

»Clemens! – Ich weiß, dass eine ganz eigne Polizei existiert, womit man die jungen Mädchen verfolgt. – Und das nennt man in der Ordnung.«[11] Clemens, der einst die biederen Werte der Großmutter infrage stellte, fügt sich zunehmend in die Reihe der Ordnungshüter, auch hier in der etwas diplomatischer verkleideten Variante. Er rät, dass »Du das Auffallende in deinem Betragen etwas unterdrückst, denn durch dies Auffallende kannst Du leicht einstens viel Verdruß haben, nicht als wäre es deswegen schlecht an sich, nein, es ist nur hinderlich und steht oft und bei dem Weibe fast immer im Wege, Gutes zu wirken.«[12] Entsprechend gilt es insbesondere, das lose Mundwerk zu bezähmen: »(S)cheine stets in der Gesellschaft lieber dumm als vorlaut«[13], rät er, womit er – als Bruder müsste er es eigentlich wissen – von einer gebürtigen Frankfurterin, noch dazu mit italienischen Wurzeln, Unmögliches fordert.

Eine willkommene Gelegenheit, um mit gutem Benehmen, weiblichem Liebreiz und strahlender Schönheit zu glänzen, ist ein Ball, der für Clemens natürlich auch deswegen wie gerufen kommt, weil er die Chance wittert, die Schwester »an den Mann« zu bringen. Also wird die glückliche Braut in spe zwangsrekrutiert … was irgendwie der Motivation abträglich gewesen zu sein scheint, wie ihre Beschreibung des gesellschaftlichen Großereignisses belegt:

»Soll ich dir sagen, wie es mir ergangen ist an jenem Abend? – Als wir eintraten in den Saal, da stand ein ganzer Trupp langer, dünner, kurzer, dicker, breiter, alle schwarzgekleideter Tanzherrn in der Mitte, die soviel Raum zum Tanz ließen zwischen sich und den Wänden, an denen die jungen Mädchen zwischen Mamas aufgereiht waren wie allerlei Marktfrüchte, worunter Schoten, Rüben und Zwiebeln nicht die wenigsten waren, hier und da ein angenehmer Blumenkohl, nur selten ein Borsdorfer Apfel, worunter ich zu zählen; jetzt holten die Herrn diese Rübchen, Zwiebelchen und Schotenbukettchen zum Tanz. Alle hatten Uhrketten mit allerlei Berlocken, manche zwei aus der Tasche hängen; diese Berlocken machten ein Glockenspiel wie eine Herde. Ich saß da dicht am Musikantenbalkon und vertrieb mir die Zeit, mit beiden Händen meine Ohren zuzuhalten, um nichts von der Musik zu hören; dabei sah ich mir die Menschen an, die da herumhüpften, und hatte die Empfindung, als ob sie alle toll seien, und endlich mußte ich lachen, ich ließ die Hände los, da brauste mir der Walzer seinen vollen Strom ins Gehör! – Dann machte ich ein zweites Experiment; ich klappte die Ohren auf und dann wieder zu, so kam ich stückweis zu einer ganz aparten Musik, die ich mir aneinanderflickte, wie eine Harlekinjacke! – So vertrieb ich mir die Zeit. Endlich kam Grunelius, der lange, und tanzte einen Walzer mit mir, ich aber nicht mit ihm, denn er hielt mich schwebend, und ich kam nicht dazu, eine Fußspitze auf die Erde zu setzen. Zu diesem Kunststück mit mir wie mit einer Porzellanurne herumzutanzen, brauchte er alle Kneifgewalt seiner langen Finger, die er wie Krallen in mich einschlug; denn wär ich heruntergefallen, so konnte ich den Hals brechen; da hätte man ihm vielleicht Vorwürfe machen können. Wer war froher als ich, da ich wieder an meinem Platz war; nun schob ich mich ganz unter den Balkon, hinter einen Haufen Schals und Flöre; ich lehnte mich in ein Eckchen und hatte ein heimatliches Gefühl, noch ein Weilchen konnte ich mit Mühe mich wach erhalten, aber wie es kam, dass ich dem Drang zu schlafen nachgab, weiß ich nicht zu sagen, genug, der Kampf war kurz, der Schlaf siegte, aber als edler Feind, denn nie hab ich süßer geschlafen, (…) Auf einmal erwachte ich zu meinem Erstaunen, da zu sein, wo ich bin, (…) Ach Gott! – Ach lieber Gott, Du hast so viele geflügelte Boten, schick mir doch einen, der mich hier wegträgt.«[14]

Wieder ist eine Gelegenheit, sich in geordneten Bahnen dem anderen Geschlecht anzunähern, ungenützt verstrichen. Alle anderen Bahnen sind selbstverständlich ihrer Gefährlichkeit wegen zu unterbinden, jedenfalls sofern es die Schwester und nicht den Bruder betrifft: »Nochmals bitte ich Dich herzlich, ja sogar ernstlich, um Vermeidung aller männlichen Gesellschaft, außer in Gegenwart von Franz und Toni.«[15] – »Tue Deine Pflicht mit Ernst – das Leben nehme leicht«, lautet das brüderliche Motto für das von Bettine fortan in Treu und Redlichkeit zu führende Leben. Die jedoch nimmt's gelassen: »Seh ich mich um nach meiner Pflicht, so freut mich's recht sehr, dass sie sich aus dem Staub macht vor mir, denn erwischte ich sie, ich würde ihr den Hals herumdrehen!«[16] Hier hilft nur noch eines: die überschüssigen Energien in praktische Tätigkeiten umzulenken, wie z. B. »der Agnes helfen in der Küche«[17], was auf junge Mädchen traditionell einen günstigen Einfluss hat und zudem auf den weiteren Lebensweg vorbereitet. Ganz in diesem Sinne gibt Clemens als Letztes, nicht ohne eine gewisse Heimtücke ersonnenes Heilmittel Handarbeiten in Auftrag – »ein halb Dutzend Paar leinerne Stiefelstrümpf, an denen ich ein halb Dutzend Jahre knotteln soll, um mich zu kurieren«[18] – und sucht auf diese Weise Bettine zu beschäftigen. Der besorgte ältere Bruder hat es wahrlich nicht leicht mit seiner kleinen Schwester … und sie nicht mit ihm.

Für Bettine ist Clemens die »Weck- und Schreckposaune!«[19], ein aus der Art geschlagener Enterich: »Du hast mich nach

Frankfurt promoviert – jetzt, wo ich da bin, läufst Du wie eine Glucke am Ufer, wo das Entchen schwimmt, und glucksest Dich ganz müde vor Angst.«[20] Und sie gibt ihm zu bedenken, was eigentlich bei aller Art derart umfassender Fürsorge mitbedacht sein sollte: »Dein Brief ist so voll sorgender Liebe zu mir und doch so ohne Zutrauen, dass ich eigentlich nicht weiß, ob ich mich freuen soll oder nicht.«[21] Dennoch: Es sind Scharmützel voller Sympathie, und der Bruder zeigt sich in Momenten, da er über den Tellerrand der Sorgensuppe, die er sich mit seiner überbordenden Fantasie zusammengerührt hat, hinausblickt, durchaus einsichtig: »Lieb gut Kind, ich habe Dir da eine rechte Seelenschererei mit meinem hitzigen guten Willen gemacht, so geht es, wenn der Bruder ein Poet ist.«[22] Eine tiefe geschwisterliche Verbundenheit findet im ›Frühlingskranz‹ ihren Ausdruck. Freilich verschieben sich die Kräfte, und das geballte brüderliche Wohlmeinen trifft auf ein immer selbstbewussteres Gegenüber.

Denn Bettine, die passioniert aus der Reihe tanzt, folgt nicht fremdem Rat, sondern ihrer Tanzlust – wohl wissend, dass das Ende des Tanzes ihr eigenes Ende bedeuten könnte: »Aber meine Seele ist eine leidenschaftliche Tänzerin, sie springt herum nach einer inneren Tanzmusik, die nur ich höre und die andern nicht. Alle schreien, ich soll ruhig werden und du [Clemens] auch, aber vor Tanzlust hört meine Seele nicht auf Euch, und wenn der Tanz aus wär, dann wär's aus mit mir. Und was hab ich denn von allen, die sich witzig genug meinen, mich zu lenken und zu zügeln? Sie reden von Dingen, die meine Seele nicht achtet, sie reden in den Wind. Das gelobe ich vor Dir, dass ich nicht mich will zügeln lassen, ich will auf das Etwas vertrauen, was so jubelt in mir, denn am End ist's nicht anders als das Gefühl der Eigenmacht, man nennt das eine schlechte Seite, die Eigenmacht. Es ist ja aber auch Eigenmacht, dass man lebt!«[23] Bettines »Lebenseigenmacht«[24] bedeutet die Generalmobilmachung des Individuums gegen eine die Freiheit unterdrückende Gesellschaft. »Eigen-Sinn« bezieht sich auf das im Leben zu entfaltende innerste Selbst des Menschen, ist also positiv als »innere Unantastbarkeit«[25], als wehrhafte Sensibilität für das

Ureigenste zu verstehen. Denn erst in der Treue zum Ureigensten, das durch die Stimme tief im Innern des Menschen spricht, kann das Leben gelingen: »Wer der Stimme in seiner Brust folgt, der wird seine Bestimmung nicht verfehlen, dem wächst ein Baum aus der Seele, aus dem jede Tugend und jede Kraft blüht, und der die schönsten Eigenschaften wie köstliche Äpfel trägt, und Religion, die ihm nicht im Weg ist, sondern seiner Natur angemessen, wer aber dieser Stimme nicht horcht, der ist blind und taub und muß sich von andern hinführen lassen, wo ihre Vorurteile sie selbst hinverbannen.«[26] Und weil dem so ist, kann Bettine auch nicht der Ratschlagkaskade des Bruders folgen[27], so wohlwollend diese auch gemeint sein mag. »Da regt sich ein ungeheures Selbstgefühl! – Clemens! Ich glaub wohl, es gibt Menschen, die sich lenken lassen von dem Geiste anderer, ich auch, sobald dieser Geist in dem meinen widerhallt, sobald also er den meinen zur Übereinstimmung weckt.« Und sie vergisst nicht hinzuzufügen: »Diesmal tut er das nicht.«[28]

An Bettines Beziehungshorizont ist zwischenzeitlich ein anderer Stern aufgegangen: die Günderrode, ihr »Widerhall«[29], wie sie die Freundin nennt. Sie ist ein Gegenüber, das Bettine nicht fremdbestimmt, sondern zu sich selbst hin fördert, zur Verwirklichung der innersten Anlagen, die Geschenk, aber auch Auftrag sind: »Ich soll doch mein eigen werden, (...) denn sonst wär ich umsonst.«[30] Alle Art von Übergriffigkeit ist hiermit unvereinbar ..., zum Beispiel die, dass die Schwester auf dem Heiratsmarkt wie Sauerbier angepriesen wird. »Ich bitte Dich um Gottes willen«, so Bettines abschließendes Urteil, »gebe doch auch Deine Stoßseufzer auf um einen lieben Mann, den Du mir herbeiwünschest (...) (G)laube, dass ich keiner Stütze im Leben bedarf! – ich bedarf, dass ich meine Freiheit behalte. Zu was? – dazu, dass ich das ausrichte und vollende, was eine innere Stimme mir aufgibt zu tun.«[31]

Auch in der ›Günderode‹ denkt Bettine, das literarische Kind, nur mit Schrecken an den »Mottenfraß der Häuslichkeit«, daran »dass man in einer glücklichen Häuslichkeit Sonntags immer die Dachziegel gegenüber vom Nachbar zähle«, und folgert daraus, »dass ich lieber nicht heiraten will.«[32] Im Jahr 1811 wird

Bettine die Ehe mit Achim von Arnim eingehen. Das ist eben der Unterschied zwischen Dichtung und Wahrheit – oder besser ausgedrückt: zwischen Dichtung als Freiraum der inneren Wahrheit und einer Realität, deren Zwängen Folge zu leisten ist, auch wenn dies der inneren Wahrheit nicht entspricht.

Lindengespräche[33]
Während die Schwestern spazieren gehen, durchstreift Bettine allein die Wiesen, legt sich ins hohe Gras und betrachtet das Abendrot. Sie lauscht den Fröschen, die im fernen Burggraben quaken ... und der Duftsprache der Linden. »Die Linden blühen, *Clemente*, und der Abendwind schüttelt sich in ihren Zweigen. Wer bin ich, dass ihr mir all euren Duft zuweht, ihr Linden? Ach! sagen die Linden, Du gehst so einsam zwischen unsern Stämmen herum und umfaßt unsre Stämme als wenn wir Menschen wären, da sprechen wir Dich an mit unserm Duft.«
Hat die Linden Bettines Einsamkeit gerührt?
Als es spät am Abend ist und Bettine allein in ihrem Zimmer sitzt, sprechen die Linden wieder zu ihr: »Sie haben mir ihren Atem zum Fenster hereingehaucht, ich mußte sie wieder anduften mit meinen Gedanken, da kamen die Vögel zur Nachtherberg in ihr Gezweig, und ich hätt auch da schlafen mögen, sanft bebend umschmeichelt vom flüsternden Laub, wie angenehm da schlafen.« Statt vom Laubbett zu träumen, schreibt Bettine das Gehörte in einem Brief an ihren Bruder Clemens nieder.
Was die Linden vor dem Fenster gesagt haben?
»Grün, grün ist die zarte Farbe der Seelenruh, grün im Abendschein ist die Wiege der Träume! Und jeder Halm wiegt einen Traum, und mein Geblätter raschelt im Netz der Träume, und es winkt dir!« – Eine Linde flüstert raschelnd die uralte Lehre von der Alleinheit: Alles, was im lebendigen Farbenspiel sich vielfältig entfaltet, ist vom gleichen

Geist beseelt, vom gleichen Denken gedacht, vom *alleinen* Prinzip geschaffen, getragen und durchwirkt. »Denken beseelt, alle Wesen färben sich im Gedankenlicht. (…), und alles Wesen erklingt in eigner spielender Farbe in seinem Licht, wodurch alles lebt und sich unsterblich glaubt, und doch hängen sie nur vom Geiste ab, der das Denken ist. Wir glauben uns selbst zu erkennen als lebend, und die geheime Freude des Werdens in uns ist doch, weil wir erklingen im Geist, der uns denkt!‹ – Sag ich wieder: So denke mich, Linde, denn schöner möcht ich nicht im Gedanken reifen als in dem grünen Schimmer deiner Blätter, den der Abendschein küßt, und möcht nicht edler meinen Geist hinaufgetragen wissen als im Duft deiner Blüten. Die Linde rauscht im Wind und schüttelt sich, es kitzelt sie, dass ich so artige Worte mit ihr geredet hab, es passiert ihr nicht alle Tag.«

Und weil alles Lebendige demselben Ursprung entstammt, ist es miteinander verwandt und untereinander verwoben. Daher können Linden mit ihrem Duft sprechen, und Gedanken können grünen. Vor allen Dingen steht in dieser Welt, die vom gleichen Urgrund genährt und in ihm verbunden ist, niemand außerhalb. Alles ist in der Ordnung des Ganzen geborgen – Linden wie Mädchen. Das also hat die Linde gesagt, und ein junges Mädchen, das in seiner Einsamkeit die Lindensprache erlernt hat, konnte die Linde verstehen. Die Frau, die aus dem Mädchen wurde, hat ihr Erlebnis treu im Gedächtnis bewahrt, und als sie erfahren genug war, hat sie die Lindenworte in Menschensprache übersetzt.

Da hat die Linde schon recht: So etwas passiert nicht alle Tage.

DIE GÜNDERODE

———

M it dem Günderödchen bin ich alle Tage, es treibt mich sehr an zum Lernen«,[1] berichtet Bettine im April 1805 an ihren Schwager Savigny. Weit wichtiger als der Unterricht ist für sie jedoch die neugewonnene Freundin. »Mein Gott! ich habe niemand, mit dem ich ernstlich sprechen könnte, ohne dass er mir gerade ins Gesicht sagen würde: ›Du sprichst Kinderei, Du lügst, Du bist gespannt, Du extravagierst‹«[2], lässt sie die Günderrode im November 1805 wissen. Bettine ist überglücklich, in ihr eine neue Freundin gefunden zu haben.

Karoline von Günderrode (ihr Name schreibt sich im Gegensatz zur Namensfassung, die Bettine verwendet, mit zwei r) wird 1780 in Karlsruhe geboren. Der Vater stirbt früh und hinterlässt seine Familie in Armut. Ab 1797 lebt Karoline im evangelischen Damenstift in Frankfurt – kein Kloster im eigentlichen Sinne, eher eine Verwahranstalt für adlige Damen, die unverheiratet geblieben sind. Hier wird ihnen ein zwar bescheidenes, aber standesgemäßes Leben ermöglicht. Eigentlich ist Karoline für dieses Leben zu jung, aber sie hat hier erst einmal ein geregeltes Auskommen. Doch anstatt sich günstig zu verheiraten, studiert sie Philosophie, Geschichte, Literatur und Mythologie. Und die hochgebildete junge Frau dichtet. Ab dem Jahr 1804 gibt sie ihre Werke heraus – unter dem männlichen Pseudonym »Tian«, denn auf dichtende oder gar denkende Frauen reagieren die Zeitgenossen sensibel.

»Mit der Weiblichkeit ist es nun doch vorbei«[3], kommentiert Friedrich Schlegel das Romanvorhaben seiner Schwägerin Karoline. Joseph von Eichendorff sieht später ›Die deutsche Salonpoesie der Frauen‹ (1847) mit Sorge, denn das Dichten ist mit der weiblichen Natur unvereinbar: »Ja, das Anormale und Pikante ihrer Poesie besteht eben darin, dass sie gegen die natürliche Bestimmung und Beschränkung beständig rebelliert, und doch nimmermehr heraus kann.«[4] Und auch Clemens Brentano äußert sich zum Thema Frauen mit gewohnter Vollmundigkeit: »Große Handlungen eines Weibes sind mir immer durchaus fatal gewesen, wenn sie nicht von dem Geschlechtstriebe oder der Mütterlichkeit ausgehen, das Weib kann nie menschlich groß sein, ohne mir das ekelhafte Geheimnis der Unfruchtbarkeit zu verraten.«[5] Kurzum: Vor Begabung, Können und Fleiß ist zu diesen Zeiten von einer Dichterin vor allem eines gefragt – Robustheit. Letzteres fehlt Karoline: eine problembehaftete Kindheit, schwere Verluste im familiären Umkreis, eine Augenkrankheit, quälende Kopfschmerzen und sich zerschlagende Ehepläne belasten sie ebenso wie das klassische Frauenleiden der Epoche, das vor allem die Hochbegabten anfällt: »Mein Leben ist so leer, ich habe so viele langweilige und unausgefüllte Stunden.«[6]

Karoline und Bettine sind bereits seit 1799 flüchtig miteinander bekannt, bevor sie sich im Jahr 1804 anfreunden. Karoline ist fünf Jahre älter als die neunzehnjährige Bettine, ein in diesen jungen Jahren nicht unerheblicher Altersunterschied. »Es war die erste Epoche, in der ich mich gewahr ward«, schreibt Bettine rückblickend im ›Goethebuch‹ und erinnert sich an die schöne Freundin: »Sie war so zaghaft; eine junge Stiftsdame, die sich fürchtete, das Tischgebet laut herzusagen; (…) wie gern ging ich zu ihr! Ich konnte sie keinen Tag mehr missen, (…) sie war so sanft und weich in allen Zügen wie eine Blondine. Sie hatte braunes Haar, aber blaue Augen, die waren gedeckt mit langen Augenwimpern; wenn sie lachte, so war es nicht laut, es war vielmehr ein sanftes gedämpftes Girren, in dem sich Lust und Heiterkeit sehr vernehmlich aussprach; – sie ging nicht, sie wandelte, wenn man verstehen will, was ich damit auszusprechen meine; – ihr Kleid war ein Gewand, was sie in schmeichelnden Falten umgab, das kam von ihren weichen Bewegungen her; – ihr Wuchs war hoch, ihre Gestalt war zu fließend, als dass man es mit dem Wort schlank ausdrücken könnte; sie war schüchtern-freundlich und viel zu willenlos.«[7]

Bettine freut sich über die neu gewonnene Vertraute, die sich – wie sie Savigny berichtet – während einer Krankheit rührend um sie kümmert, die ihr ihre Gedichte vorliest, mit der sie Gespräche über Literatur und Philosophie führen und Pläne für »eine kleine Fußreise nach Persien«[8] schmieden kann. Die Freundinnen sprechen nicht nur miteinander, sie träumen sich gemeinsam aus Frankfurt fort. Schon in den noch erhaltenen Originalbriefen ist Bettine um die traurige Freundin besorgt: »Du sprichst mir von Schwermut in deinem kleinen Brief, ich bitte Dich, prüfe Dich doch, ob es nicht aus Mißmut über Deine Lage ist, ob es nicht Kleingläubigkeit ist, ob es nicht Mangel an einer der drei göttlichen Tugenden [Glaube, Liebe, Hoffnung] ist.« Insbesondere die Hoffnung legt sie ihr ans Herz: »In dem letzten Augenblick, wo das Licht zu verlöschen scheint, kann es ja noch herrlich und groß entflammen und das Leben von allem Unrat und Schwarz reinigen.«

Bettine setzt der »bleiernen Zeit« ihren Überlebenswillen und Optimismus entgegen und gibt erst einmal Durchhalteparolen aus: »Ich will die Zeit zu Rate ziehen, ich will warten, ich will klug und listig sein.« Und sie fügt eine zu diesem Zeitpunkt fast prophetisch anmutende Aussage hinzu: »So werde ich Dich einstens mit der Wahrheit meines Daseins überraschen.« Mehr als alles andere wünscht sie sich, den Weg in eine bessere Zukunft – »Wir müssen doch miteinander eine große Freiheit erringen«[9] – gemeinsam mit Karoline zu gehen. Fast beschwörend wirken Bettines Worte. Es scheint, als ob sie das Unheil ahnt, das sich über der Freundin zusammenbraut. Die genauen Hintergründe freilich kennt sie nicht.[10]

Im Sommer 1804 trifft Karoline in Heidelberg auf den Altertumswissenschaftler Georg Friedrich Creuzer, der – aus Pflichtgefühl, wie er sagt – mit der dreizehn Jahre älteren Witwe seines einstigen Professors verheiratet ist. Ein leidenschaftliches Liebesverhältnis beginnt. Bisweilen will er sich scheiden lassen, bisweilen auch nicht. Schwüre der Entsagung und das erneute Aufeinanderzufliegen lösen sich ab, dann folgt der finale Absturz. Creuzer erkrankt und lässt sich von seiner Frau pflegen. Immer mehr neigt er der pragmatischen Seite in seinem gespaltenen Herzen zu, zumal nun auch – wie er Freunden berichtet – ein hilfreich herbeigeeilter Engel ihn darüber aufgeklärt habe, »wie sträflich sein Verhältnis mit der Günderode und wie unrecht er seiner Frau tue.«[11]

Die weitere Abwicklung der himmlischen Entscheidung überlässt er seinem Freund Carl Daub, der wiederum eine gute Freundin der Günderrode einschaltet, mit der Bitte, ihr die Botschaft »schonend« zu überbringen: »Creuzers bestimmt und entschieden erklärter Wille ist es, dass das bisher zwischen ihm und der Fräulein Karoline bestandene Verhältnis aufgehoben, dass es vernichtet sei, (...)

»Seh ich das Spätroth,
o Freund, tiefer erröthen im Westen
Ernsthaft lächelnd voll Wehmuth,
lächelnd und traurig verglimmen,
O dann muß ich es fragen, warum
es so trüb wird und dunkel
Aber es schweiget und weint perlenden
Thau auf mich nieder«[12],
(Günderode an Creuzer)

Er selbst verlangte von mir die Bitte an Sie, dem Fräulein, diese Nachricht mitzuteilen.«[13]

Die intensive Phase der Freundschaft zwischen Bettine und Karoline dauert nur ein Jahr. Dann bricht Karoline mit Bettine und lässt deren Versuche, zu retten, was zu retten ist, ins Leere laufen. »Du hast zur Clodin gesagt«, so Bettine im Juni 1806, »ich wüßte, warum Du Dich mit mir entzweit hättest. Ich weiß es aber nicht.«[14] Das klärende Gespräch, um das sie bittet, wird verweigert. Bettine vermutet zu Recht Creuzer als die im Hintergrund treibende Kraft. »Dass das Weinen der Bettine Dir schmerzlich war«, schreibt er, um Karolines Bedenken zu beschwichtigen, »begreife ich und ich fühle, wie ich Veranlassung bin. Aber in sich verstehe ich dies Weinen nicht. Zum Weinen hätte sie freilich Ursache genug. Sie könnte darüber weinen, sollte es sogar, dass sie eine Brentano geboren ist, (...) dass sie egoistisch ist und kokett und faul und entfremdet von allem, was liebenswürdig heißt.«[15]

Im Juni 1806 fordert Bettine ihre Briefe – »ich hab mein Herz hinein geschrieben« – zurück und lässt Karoline trotzig wissen: »Ich habe mir statt Deiner die Rätin *Goethe* zur Freundin gewählt.«[16] In ›Goethes Briefwechsel mit einem Kinde‹ heißt es über die Folgen des Bruchs: »Einen Augenblick hatte mich der Schmerz übermannt, aber gleich stand ich wieder auf den Füßen; (...) ich war heiter, ich war lustig, ich war überreizt, aber in Nächten weinte ich im Schlaf.«[17] Vordergründig wirkt sie gefasst, wie es in ihrem Innern aussieht, steht auf einem anderen Blatt. Doch wie stets, wenn ihr Schmerzliches widerfährt, sucht sie tapfer nach neuen Wegen. »Liebe Bettine«, heißt es in einem der Briefe Achims, »was hast Du für eine unglaubliche Kunst, Dir selbst alles gut zu machen.«[18] Ganz in diesem Sinne geht sie nun bei ihrer neugewonnenen mütterlichen Freundin, der Frau Rat Goethe, ein und aus.

Doch dann – nur vier Wochen sind vergangen – »der Tod, der fürchterliche Tod von der Günderode«, die sich am 26. Juli 1806 in Winkel am Rhein umgebracht hat. »Du weißt vielleicht wohl jetzt schon, was mich bisher so ganz eingenommen hat, dass ich nicht auf rechts, noch auf links acht hatte«[19], schreibt sie an Savigny. »Mit dem einzigen Dolchzücken« – so an Achim von Arnim – »traf sie ihr eigen Herz und warf das, was ihr wert sein sollte, weit von sich und traf mich auch mit dieser Untat, ich werde den Schmerz in meinem Leben mit mir führen, und er wird in vielen Dingen mit einwirken, es weiß keiner, wie nah es mich angeht, wie viel ich dabei gewonnen und wie viel verloren habe. Ich habe Mut dabei gewonnen und Wahrheit, vieles zu tragen und vieles zu erkennen; es ist mir auch vieles dabei zu Grund gegangen, ich werde mich nicht so leicht mehr an den einzelnen fesseln, ich werde mich wohl an nichts mehr fesseln, und um dieses werde ich oft mit Schmerz und Trauer zu ringen haben.«[20] In der Tat wirkt Bettine seit dieser Zeit gezeichnet. Sie wird sich zwar liebend auf andere Menschen beziehen, ihr Herz allerdings gibt sie nicht mehr aus der Hand.

Nach drei Jahren – wie alle Trauernden ist Bettine treu – verübelt sie sich den Schorf, der sich über die Wunde zu legen beginnt: »O dass ihr Andenken mir ein bleicher Schatten geworden ist, das kränkt mich, diese Liebe konnte ich auch nicht festhalten! – Ich bin nicht gut, ich bin nicht stark.«[21] Ein furchtbarer Verdacht schleicht sich ein. Hätte sie vielleicht alles verhindern können, wenn sie mehr geliebt hätte, stark genug gewesen wäre? Der sogenannte Freitod mag denjenigen, die ihn wählen, die ersehnte Freiheit bringen. Die Zurückbleibenden allerdings schlägt er in Fesseln aus Gefühlen der Trauer und Schuld: »Günderrode, warum hast Du mir dies getan?« Noch Jahrzehnte später muss sich die im Traum erscheinende Freundin diese Frage gefallen lassen – »da hat sie geschwiegen, hat den Kopf gesenkt und hat sich, traurig, nicht verantworten können«.[22]

»Sie geht aus dem Nicht-Leben, nicht aus dem Leben«, schreibt Christa Wolf über diesen Selbstmord, dessen Anlass (nicht seine Ursache) eine unglückliche Liebschaft ist. Karolines Fluchtversuch an die Seite Creuzers – einen Ort, den sie um den Preis des Selbstverlustes zu erkaufen bereit ist – scheitert, ja muss scheitern. Als schmückendes Beiwerk und hauptberufliche Beglückerin taugt sie eben nicht, denn sie ist – sie selbst mag es zeitweise bedauert haben – zu begabt und klug. ›Kein Ort, Nirgends‹ betitelt Christa Wolf ihre das Schicksal Kleists und der Günderrode zusammensehende Erzählung und beschreibt somit, was dieses Leben so ausweglos macht.[23]

Fast fünfunddreißig Jahre sind vergangen, als Bettine, die Mutter von sieben Kindern und zwischenzeitlich verwitwete Frau von Arnim, in einem Schrank »von Arnim sorgfältig verpackt und eingesiegelt (...) an 30 Briefe der Günderrode, noch mehrere von mir«[24] entdeckt, so der Bericht an Clemens. Bettine sichtet das Material und macht sich an die Arbeit, in deren Verlauf die verstorbene Freundin wieder Gestalt gewinnt: »Die Günderode steht vor mir, und sie ruft mich oft, wenn am Abend das Licht brennt von meinem Platz«, so Bettine an Julius Döring, »und da wickle ich mich in den Mantel, weil ich nicht widerstehen kann, ihr in Gedanken zu begegnen.«[25]

Die Anziehungskraft der Freundin reicht über den Tod hinaus. Doch ist, da sie nun in der Erinnerung erscheint, ihre kühle Präsenz nur schwer zu ertragen. Auch in ›Goethes Briefwechsel mit einem Kinde‹ fällt die Annäherung schwer. Bettine beschreibt das letzte Bild, das sie von ihr vor dem inneren Auge hat, und – »Hier hab ich abgebrochen und hab viele Tage nicht geschrieben; es stieg so ernst und schwer herauf, der Schmerz ließ sich nicht vom Denken bemeistern« – macht sich schließlich schreibend auf den Weg zu dem Platz, »da kein Gras mehr wächst«[26]. Nur zögernd wagt sie sich voran: »Ich hab geweint; nicht über sie, die ich verloren habe, ich hab geweint um mich, mit mir.« Am liebsten möchte sie umkehren, als der Nebel die Gestalt der Freundin anzunehmen scheint, fürchtet sich vor dem Ort, wo die Freundin gestorben ist: »Ich hab' … gebetet zu und um ihre Seele und hab' mich vom Mondlicht reinwaschen lassen und hab' es ihr laut gesagt, dass ich mich nach ihr sehne.«[27]

Bettines im Jahr 1840 erschienenes Werk ›Die Günderode‹ ist nicht Nachruf, sondern Anruf. Schreibend ruft sie die Freundin ins Leben zurück. Die Zeit der Jugend ersteht neu und mit ihr ein literarischer Raum für all das, wofür einst im Leben zu wenig Platz war. Vieles, was noch zu sagen gewesen wäre, wird nun gesagt, was noch zu bedenken gewesen wäre, nun durchdacht. Bettines »Ja« zum Menschen und zum Leben, ihr wehrhafter Optimismus und ihr zur Theorie verdichteter Überlebenswille erfahren hier ein besonderes, vom biografischen Kontext beglaubigtes Gewicht. Sie sind dem »Nein« des Todes entgegengeschrieben. »Fühlst Du das auch, das Glücklichsein, bloß weil Du atmest (…)? Ist das ganze Leben nicht Lieben? – Und Du suchst, was Du lieben kannst? – So lieb doch das Leben wieder, was Dich durchdringt, was ewig mächtig Dich an sich zieht, aus dem allein alle Seligkeit Dir zuströmt; warum muß es doch grade dies oder jenes sein, an das Du Dich hingibst? – Nimm doch alles Geliebte hin als eine Zärtlichkeit, eine Schmeichelei vom Leben selbst, häng mit Begeistrung am Leben selbst, dessen Liebe Dich geistig macht; – denn dass Du lebst, das ist die heiße Liebe des Lebens zu Dir.«[28]

Die Liebe zum Leben ist keine Frage des Alters, wie Bettine selbst nur allzu gut weiß. Aus der reizvollen Verbindung von jugendlicher Kraft und reifer Erfahrung (wiederum mischen sich die Lebensepochen, sodass Bettine, die im Werk als Zwanzigjährige auftritt, mit der Stimme der über Fünfzigjährigen spricht) entwickelt sie ihr Konzept des Lebensfrühlings. Sie gibt es der Günderrode zu bedenken, die das Alter fürchtet und früh aus dem Leben zu scheiden wünscht: »Wer ewig zum Leben begeistert ist, der ist immerdar Lebensfrühling.«[29] Und somit ist auch die Jugend keine Frage des Alters, sondern der Öffnung zum Leben, zum Hier und Jetzt: »Sieh, junge Günderode, Deine Jugend ist die des heutigen Tages.«[30]

Der eigentliche Widerpart des Lebensfrühlings ist nicht das Alter, sondern die Philisterei, das »Übereinandertürmen rumpliger Vorurteile, durch das die heilige Anlage der Jugend nicht mehr durchdringt«[31]. Philister sind Greise, unabhängig davon, wie alt sie sind. Aber auch die Schwermut, das herbstlich verhangene, allmählich in Winterkälte erstarrende Gemüt, kapselt den Menschen ab, zuerst von der Hoffnung und in letzter Konsequenz vom Leben selbst. Das versucht Bettine der müden Freundin zu vermitteln. »Ich fühle wohl, dass ich hier weit mehr recht hab wie Du und dass ich Dir Trotz bieten kann«[32] – und ihr Trotz lässt die Einfälle sprudeln. Sie brennt ein Feuerwerk der Lebensfreude vor ihr ab, breitet ihre ganze Sprachmacht wie einen Blütenteppich aus, sie schreibt, um aufzurütteln, sie schreibt, »dass ich Dich mir wach erhalte, dass du mir nicht stirbst.«[33]

Es gehört zu den anrührendsten Zügen dieses Werkes, wie sich Bettine noch einmal auf den bereits vor Jahrzehnten verlorenen Posten begibt, um die Todessehnsucht der Günderode niederzuringen: »Verlaß Dich auf mich! – Wenn's Dich ergreift – als woll es Dich in den Abgrund stoßen, ich werde Dich begleiten überall hin – kein Weg ist mir zu düster.«

Noch einmal streckt sie die Hand aus, als gäbe es die Grenze zwischen Leben und Tod nicht, als sei alles möglich, jeglicher Abgrund überwindbar: »Ich dacht, ich wollte Dich tragen auf meinen Armen ans End der Welt und dort Dich an einen schönen moosreichen Platz niedersetzen, da wollt ich Dir dienen und nichts Dich berühren lassen, was Dir weh tun könne.«[34] Schmerzliche, aber auch schöne Erinnerungen steigen in Ge danken auf. Im sanften Licht einer Mondnacht »fielen Blüten auf Dich und mich, und da sah ich mich um nach Dir, da lächeltest Du«. Es war, »als sei ich im Port meines Lebens angelangt und als brauche ich keine fremde Wege mehr zu suchen« – und Bettine ist sich sicher, »daß ich immer Dir verbleiben wollt«[35]. Nicht biografische Fakten sind Bettines Thema, sondern die innere Wahrheit, die sich bei der Bearbeitung der alten Briefe erschließt. Die innigen Gefühle von einst beginnen unter ihrer Feder zu blühen und wachsen sich mehr und mehr zu dem aus, was die Begegnung mit Karoline von Günderrode für die junge Bettine war: ihre erste große Liebe.

Bettine webt kunstvoll Erinnerungen und Reflexionen ineinander, wobei wiederum die für ihr Denken so zentrale Bildungsthematik in den Vordergrund rückt. Sie entwickelt am Beispiel des Verhältnisses zur Freundin ihr Konzept von Bildung und lässt die Günderrode als exemplarisch Lehrende auftreten. Falls man mit einem guten Lehrer eifrige Lernstoffvermittlung, geballtes pädagogisches Wohlmeinen und fleißiges Ermahnen assoziiert, wird man sich jedoch über die Lehrerin Günderrode, die all dies unterlässt, wundern: »Und nie hat sie eingegriffen in meine Eigentümlichkeit, die doch so absonderlich war (…), sie schritt vor, wo mich etwas verletzen konnte, sie waltete über mir, nicht um mich zu lenken, nein, dass kein andrer mir die Zügel sollte umwerfen, dass kein Eingriff mich stören sollte, (…) keine Erziehung, keine unverständige Einrede, kein falscher Reiz berührte mich. Denn in ihrer Zusicherung und in meiner raschen und kühnen Natur lag eine gewaltige Gegenmacht *Wissen ist Handwerker sein, aber wissend sein, ist Wachstum der Seele.*[36] gegen alles, was meine Eigentümlichkeit gefährdete.«[37] Anders als der zur Fremdbestimmung neigende Bruder Clemens lehrt die Günderrode also nicht, indem sie eingreift, sondern indem sie aufgreift, d. h. das Ureigenste schützt und verstärkt: »Du bist eben gar nicht wie ein Mensch, der mich fassen und halten will, Du bist wie die Luft, der Sonnenstrahl fährt nieder durch Dich in meinen Geist, so hell bist Du.«[38]

Der Albtraum einer jeden ordentlichen Lehrkraft, nämlich für die Schüler wie Luft zu sein, geht hier in Erfüllung – und dies sogar als pädagogisches Qualitätsmerkmal. Bettine schätzt am Element der Luft besonders die Durchlässigkeit. Durchlässigkeit wohin? – Zu jener Instanz, die in ihrem Werk unterschiedliche Namen trägt: Stimme des Geistes, des Genius, Gottes, bisweilen auch Stimme der Sterne, die in der Nacht, wenn die tausend von außen kommenden Stimmen verklungen sind, in das Herz hineinsprechen. Immer klingt diese Stimme mit der des innersten Selbst zusammen, und immer ist sie eines: Refugium der Wahrheit im gesellschaftlichen Verblendungszusammenhang. [39]

Im Verständnis der Frühromantik zielt Bildung nicht auf die Aneignung von äußeren Wissensinhalten ab, sondern dient allemal dem Zweck, dass der Mensch zu sich selbst findet. Und so lässt sich sogar die notorisch aufsässige Bettine etwas sagen: »… weil ich Dich als meinen Genius anerkenne – nein, nicht Du – aber er nimmt Deine Stimme an.«[40] Wird hingegen das innerste Selbst, die Persönlichkeitsmitte, nicht gefördert, droht sie zu verkümmern – und mit ihr der ganze Mensch. »Jeder ungebildete Mensch«, kann Friedrich Schlegel daher sagen, »ist die Karikatur von sich selbst.«[41]

Die erste Aufgabe aller Lehrenden (man erinnere sich, dass hier eine siebenfache Mutter spricht) ist somit nicht, festgelegte Inhalte zu vermitteln, sondern Spiel- und Freiräume zu eröffnen, in denen sich der auf dem Weg zu sich selbst befindliche Mensch erfahren kann. Gerade das Gegenteil eines zielgerichteten Bildungsweges wird gefordert, dessen Geradlinigkeit – so die Überzeugung Bettines – in Wahrheit zur Stromlinienförmigkeit erzieht. Zum Spiel- und Freiraum der Bildung gehören hingegen der Mut zum Ungeordneten, das Bauen von Luftschlössern, das freie Assoziieren und Fantasieren, kurzum – alle Arten der Entfaltungsmöglichkeit von Kreativität. All dies ist bei der Günderrode möglich: »Mit Dir ungestört zu sein, da fühl ich das junge Grün, wie das aus mir hervorkeimt (…), so bin ich zufrieden und blüh all meine Gedanken heraus vor Dir.«[42] Wo die Familie Druck ausübt, lässt sie Raum, auch und gerade für all die angeblichen Exaltiertheiten, die aus Bettine hervorsprudeln – »und wenn ich's auch selbst nicht einmal versteh, so bin ich doch gestärkt durch Deine ruhigen klugen Augen.«[43] Gestärkt, um weiterzumachen, auszuprobieren, zu verwerfen und bewahren – bis irgendwann mit Unterstützung der sanft lenkenden Freundin das Richtige gefunden ist. Bildung, so verstanden, passt nicht an, sondern befreit den Menschen.

»Entstehen, sich bilden ist nichts anders als frei werden«[44], doziert denn auch die Frau Rat Goethe ganz im Sinne Bettines. Der Mensch, der zu sich selbst kommt, wird frei – auch dafür, für die Freiheit der anderen zu kämpfen. Auch hierin sind sich die beiden älteren Damen einig, denn individuelle Freiheit ist für sie ohne politische Freiheit nicht denkbar. Als Bettine jung war, hat all dies die Günderrode in ihr geordnet, gefördert und bestärkt, und so beschenkt sie sie mit dem schönsten Lob, das

Beachte keiner, was ihm als Bildung aufgeprägt, sondern nur, was ihm als Wahrheit eingeprägt ist, da wird's bald Licht werden in ihm.[45]

Lehrende erhalten können: »Der Sinn der Welt ist mir einleuchtend geworden durch Dich«[46] – was im Denken Bettines nicht nur intellektuelles Verstehen meint, sondern auch, ganz wörtlich, dass die Welt zu leuchten beginnt. »Ja, ich zweifle nicht, es ist ein Kern, ein edler in mir, der wurzelt, und der mich mir selber wiedergibt. Du hast diesen Kern in mir gebildet, Mut! Umsichtige Heiterkeit sind seine ersten Blüten gewesen, und jeden Tag will er mehr Blüten treiben, wie der Baum inmitten wohltätiger Natur! – Alles Schicksal nehm ich hin wie Wind und Wetter, und kann's tragen, denn Du hast mich gesund gemacht.«[47] Lebensbejahung, Heiterkeit und Mut verdankt sie der Freundin, die doch selbst so traurig und mutlos und an der Welt heillos erkrankt war.

Bettine dankt es ihr mit ihrem wohl bedeutendsten und zugleich persönlichsten Werk, »wie denn überhaupt mein Briefwechsel mit der Günderode« – so Bettine in einem Brief an Adolf Stahr – »mein ganzes Innere viel gründlicher betätigt, als der mit Goethe es vor den Augen der Welt tun kann, die darunter allerhand leidenschaftliche Gefühle vermutet, welche nicht waren.«[48] So oder so handelt es sich um ein beeindruckendes literarisches Monument der Liebe und Wertschätzung, um ein Hohelied auf das Leben – mit traurigen Tönen unterlegt und gerade deshalb glaubhaft.

Letztendlich hat Bettine, die gleichermaßen tapfer wie aussichtslos gegen den »fürchterlichen Tod« kämpft, doch noch einen Sieg errungen, indem sie das Andenken an die Freundin lebendig erhielt. Eigentlich war Karoline von Günderrode schon vergessen. Hierzu hatte Friedrich Creuzer, der um sein gesellschaftliches Überleben kämpfte, seinen Teil beigetragen. Das letzte gemeinsame Projekt mit Karoline, die Veröffentlichung des ihm anvertrauten Werkes ›Melete‹, musste aus Gründen der Diskretion entfallen – »Daub hat mich nämlich durch siegende Gründe überzeugt, dass die Unterdrückung dieser Schrift durchaus nötig sei«[50] –, Briefe wurden vernichtet, in seinen Memoiren blieb die Günderrode unerwähnt.

›Die Günderode‹, die im Jahr 1840 erscheint, war Bettines zweites großes Werk, in dem das zwischenzeitlich hochberühmte »Kind«, das mit Goethe Briefe wechselte, die Aufmerksamkeit der Zeitgenossen auf Karoline von Günderrode lenkte – und auf ihre Lyrik und Prosa, denn Bettine fügte sowohl publizierte als auch unbekannte Texte ein. Es ist Bettine zu verdanken, dass 1857 eine erste Ausgabe der Werke der Dichterin erschien und dass der Name Karoline von Günderrode trotz aller Vertuschungsversuche nicht in Vergessenheit geriet.

Philister

»Ein Philister ist ein steifstelliger, steifleinener oder auch lederner, scheinlebendiger Kerl, der nicht weiß, dass er gestorben ist, und ganz unnötigerweise sich länger auf der Welt aufhält«[51], schreibt Clemens Brentano in seiner Abhandlung ›Der Philister vor, in und nach der Geschichte‹.

Im Alten Testament sind die Philister ein mit Israel verfeindeter Volksstamm, dessen Ruf seitdem gründlich ruiniert ist. Noch zur Zeit der Romantik sind sie höchst unbeliebt, obwohl sich der Begriff bereits weit von seinem biblischen Ursprung entfernt hat. Der Philister bezeichnet nun den Nicht-Studenten, was wohl auch Clemens noch nicht als grundsätzlich ehrenrührig angesehen hätte, aber er ist auch zu einem Schreckensbild an borniertet Unbelehrbarkeit und Verspießerung geworden. Als zentrales Motiv der Romantiker kann man das Ungenügen an der Normalität beschreiben und der Philister gilt ihnen als der Normale schlechthin. Oder – um mit Novalis zu sprechen: »Philister leben nur ein Alltagsleben.«[52] Der Philister sieht keinerlei Veranlassung, sich vom Lehnstuhl seiner Vorurteile zu erheben. Er weiß sich mit der öffentlichen Meinung einig und ist von großer Selbstzufriedenheit erfüllt: »Eine Gans, mit einem papierenen Haarbeutel promenierend, hat viel vom Philister.«[53] Sein liebstes Kleidungsstück ist die »weiße baumwollne Schlafmütze«, die er tags unsichtbar über dem Kopf, nachts »unverrückt« über die Ohren gezogen trägt, »denn ein Philister rührt sich nicht im Schlaf.«[54] Mehr als alles andere lieben sie Ordnung, sowohl im privaten (»Sie korrigieren in alle Bücher, die sie lesen, hinten die Druckfehler hinein«) als auch im öffentlichen Leben (»Die Häuser möchten sie alle weiß anstreichen«).[55]

Der Philister ist eine, so Friedrich Schlegel, »vernünftige Auster«, denn an dem, was Philister unter Vernunft verstehen, beißt man sich die Zähne aus. Vernunft, die einst den Menschen aus seiner »selbstverschuldeten Unmündigkeit«

(Kant) führen sollte, mutiert zum baren Nützlichkeitsdenken. Was den auf Erwerb beschränkten Gesichtskreis
des Philisters übersteigt, ist ihm suspekt. Genau betrachtet – glaubt man Clemens Brentano – besitzen Philister gar
keinen Gesichtskreis, sondern ein »Gesichtsviereck, (...)
denn sie begreifen nur viereckige Sachen«[56]. Philiströse
Vernunft macht die Welt handhab- und verwertbar. Der
Sinn für alles, was nicht in Heller und Pfennig zu Buche
schlägt, geht den Philistern ab: »Alle Begeisterten nennen
sie verrückte Schwärmer, alle Märtyrer Narren und können
nicht begreifen, warum der Herr für unsre Sünden gestorben und nicht lieber zu Apolda eine kleine nützliche
Mützenfabrik angelegt hat.«[57]

Letztendlich ist der Philister die inkarnierte Banalität in
einer gnadenlos banalisierten Welt, »ein Mensch, der« – so
Joseph von Eichendorff – »das Gemeine wichtig und das
Große gemein nimmt«.[58] Quadratisch-praktisches Denken
ist insbesondere für die Untergattung der ordnungs- und
systemverliebten Vernunft- und Bildungsphilister kennzeichnend. Die eine viereckige Erkenntnis fügt sich nahtlos
zur nächsten, und Philister ruhen nicht, bis die gesamte
Wirklichkeit ummauert ist. Philister besitzen auf alles eine
Antwort, was den charakteristischen Trugschluss eines von
Clemens erwähnten Philisters erklären mag, der glaubte,
Paulus sei, »weil er gesagt: ›Unser Wissen ist Stückwerk‹,
ein Kanonier gewesen.«[59]

Nur scheinbar im Gegensatz zum Vernunftphilister steht
der Gemütsphilister. Gemütsphilister gibt es in vielen Va-
rianten, unter anderem auch in Katergestalt. So E. T. A.
Hoffmanns Murr, ein Kater in den besten Jahren, der literarisch tätig ist. Er unterrichtet seine Leser nicht nur
über so wichtige Themen wie den täglichen Speiseplan
und seine Erfolge bei der Damenwelt, sondern vor allem
auch über sein reiches Innenleben. Als Gemütsphilister ist
er hehren Idealen verpflichtet und folglich tief ergriffen

von der Not seiner armen Mutter Mina. Er eilt ihr – ein Kater, ein Wort – mit einem Heringskopf entgegen, der allerdings (»Feindliches Verhängnis! O Appetit, dein Name ist Kater!«[60]) nie seinen Bestimmungsort erreichen wird. Gemütsphilister neigen zu periodischen Gefühligkeitsattacken, die sie als Inseln der Sentimentalität aus dem alltäglichen Leben ausgrenzen, um sodann unbeeindruckt zur Tagesordnung, d.h. zur Beförderung ihres Eigennutzes, überzugehen.

Nach ihrer Rückkehr aus dem feindlichen Leben (da die Welt bekanntlich schlecht ist, dürfen Überlegungen zur eigenen Schlechtigkeit entfallen) lieben Philister die Gemütlichkeit. Spätestens an dieser Stelle ist die für das traute Heim (– Glück allein!) und die Erziehung der Jungphilister zuständige Philisterin zu nennen. »Und drinnen waltet/Die züchtige Hausfrau,/Die Mutter der Kinder,/und herrschet weise/Im häuslichen Kreise,/Und lehret die Mädchen/Und wehret den Knaben,/Und reget ohne Ende/Die fleißigen Hände,/Und mehrt den Gewinn/Mit ordnendem Sinn« (Das Lied von der Glocke). Schillers Hausfrauenidyll belegt, dass der erfolgreiche Philister ohne die Unterstützung der rührigen Philisterin an seiner Seite nicht denkbar ist.

Auch Clemens widmet sich der weiblichen Philisterei, rät allerdings zur Ehe, um das Weib vor zwei philiströsen Abwegen zu bewahren: – »der eine ein sündlicher, und der andere ein toller, die sich häufig durchschneiden oder ineinanderführen; der sündliche ist ehelose Verkäuflichkeit (…); der tolle Weg aber ist eine falsche Tendenz aus der Genialität des Fleisches in die des Wortes, und wir finden sie häufig in gelehrten Frauen«.

Clemens Brentano hat seine »scherzhafte Abhandlung« für die »Deutsche Tischgesellschaft« verfasst, die Frauen und Juden ausschließt. Auch schwere judenfeindliche Ausfälle tragen zur allgemeinen Erheiterung der stramm national gesinnten Herrenrunde bei. Offenbar ist es zu diesen

Zeiten möglich, flammende Reden gegen die Philisterei zu halten, ohne sich selbst vom Lehnstuhl der Vorurteile erheben zu müssen. Philister sind eben immer die anderen, weswegen auch der gegen das Philistertum wetternde Philister als vorläufiger Höhepunkt auf der nach oben offenen Philister-Skala festzuhalten bleibt. »Wann wird die Zeit anbrechen, wo Wir dem innern Drang folgend, nicht mehr blödsinnig die geebnete Straße der Philister beschreiten!«[61], fragt sich Bettine, und man ist geneigt, ihren Stoßseufzer zu teilen. Wer wollte es bezweifeln – die Erfolgsgeschichte des heimtückischen Übels dauert an.

DIE HAUBE DER FRAU RAT

———

Die Haube ist das traditionelle Symbol der »unter die Haube gekommenen« Ehefrau und zugleich ein wichtiges modisches Accessoire. Welche Haube zu welcher Gelegenheit zu tragen sei, ist also eine diffizile Frage, so im Fall der Ausfahrt ins Kirschenwäldchen, wozu man die Frau Rat geladen hat. Denn das gute Lieschen, ihre Hausangestellte, hat Einwände gegen die bewährte Haube mit den Spitzen. »Ei, wollen Sie net die mit den Sternblume aufsetzen, die steht schöner!« – »Nein, die will ich nicht aufsetzen, man muß bescheiden sein in der schönen Natur und sie nicht überstrahlen wollen, es gelingt einem doch nicht.« Ein weiser Entschluss! Allerdings tragen auch pragmatische Überlegungen dazu bei, sich gegen die blumenverzierte Variante zu entscheiden: »So könnt mich ja der Brummelochs mit einem einzige Maul voll Dotterblume, die er vom Weidanger mit seiner lange Zung in einem Hui zusammenrafft und wegschnappt, in die größt Beschämung versetze, dass er frißt und verdaut, was die Frau Rat in Papier nachgemacht zum Putz auf dem Kopf trägt.« Also fällt die Wahl doch auf die Spitzenhaube, »dann die Filethandschuh ohne Daumen, dass ich sie nicht brauch auszuziehen beim Kirschenessen, das Körbchen nehm ich mit, dass ich kann Kirschen mitbringen – die kleine schwarze Salopp und den Sonneparaplü, denn um die jetzig Sommerzeit kommt häufig so ein klein erquicklich Regenschauerchen mitten durch den Sonnenschein. Da lacht's und flennt's zu gleicher Zeit am Himmel«[1] … womit die Vorbereitungen zum Ausflug in die Sommerfrische abgeschlossen wären und man zugleich ein schönes Bild von der Frau Rat mit Haube, Netzhandschuhen, Mantel und Regenschirm vor Augen hat. Die »goldnen Tabatiere«[2] mit einem Bild ihres Sohnes, aus der sie hin und wieder eine Prise nimmt, muss man sich dazudenken, denn die hat sie heute daheim gelassen.

... und wenn doch einer nicht immer dächt, es müßte lauter unverständige Hieroglyphen sein, aus denen man Erkenntnis schöpfen könnt; nein, es sind die einfachste Anschauungen, die einem die Wahrheit predigen.[3]

Die Haube ist im Übrigen nicht allein ein gleichermaßen praktisches wie formschönes Kleidungsstück, sondern kann auch zum Anlass für tiefergehende Betrachtungen dienen. »Warum setzen die Frauen Putz auf den Kopf und die Männer nicht? – Weil der Mann den Sitz der Eitelkeit *im* Kopf aufgeschlagen hat und die Frauen oben drauf«[4], so die Meinung der Frau Rat, die wie stets kein Blatt vor den Mund nimmt.

Catharina Elisabeth Goethe (1731–1808), geborene Textor, war mit Johann Caspar Goethe verheiratet, mit dem sie sechs Kinder hatte. Zwei von ihnen überlebten: der älteste Sohn Johann Wolfgang, 1749 geboren, und die ein Jahr später geborene Tochter Cornelia. Frau Aja, wie ihr Spitzname lautete, war in Frankfurt eine bekannte Frau, die allenthalben als lebensfroh und warmherzig beschrieben wird – so auch von ihrem Sohn: Vom Vater hab ich die Statur,/Des Lebens ernstes Führen,/Von Mütterchen die Frohnatur/Und Lust zu fabulieren.[5]

Anfang Juni 1806 entdeckt Bettine bei der Großmutter in Offenbach die Briefe – »voll Liebe zu meiner Mutter«[6] –, die Goethe einst Sophie von La Roche schrieb. Sie begibt sich mit ihrer Schwester Meline auf den Weg zur Frau Rat Goethe, um weiteres über ihren Sohn zu erfahren. Rasch entwickelt sich eine enge Beziehung zwischen der 21-jährigen Bettine und der 75-jährigen Frau Rat. Bettine kann eine neue Freundin gut gebrauchen, denn gerade hat die Günderrode mit ihr gebrochen. »»Frau Rat‹, sagte ich, ›ich will Ihre Bekanntschaft machen, mir ist eine Freundin in der Stiftsdame Günderode verloren gegangen, und die sollen Sie mir ersetzen.‹ – ›Wir wollen's versuchen‹, sagte sie.«[7]

Fortan ist Bettine fast täglich zu Besuch bei der Frau Rat. Sie gehört für sie in die Reihe weiblicher Bezugspersonen, die sie nicht *Amüsiere Dich recht gut und sei lustig, denn wer lacht, kann keine Todsünd tun.*[8]
fremd zu bestimmen versuchen, – »Sie läßt mich machen, wie ich will«[9] – und von ihr gerade deshalb als Autorität anerkannt werden. Im Übrigen scheinen der mütterlichen Freundin Bettines Nöte und vor allem ihre Einsamkeit nicht verborgen zu bleiben. »[S]ie hat hier im eigentlichen Verstand niemand wie mich«, schreibt sie an ihre Schwiegertochter Christiane von Goethe, »alle Tag die an Himmel kommen ist sie bey mir das ist ihre beynahe einzige Freude.«

Bettine bemüht sich um ihre neue Freundin und macht Geschenke: »eine prächtige porzelänerne Schocolade Taße weiß und gold« und »2 Schachtelen – mit 2 Süperben Blumen auf Hauben so wie ich sie trage«[10] –, Letzteres ist als Geschenk ein Volltreffer, wie man eigentlich nicht eigens zu erwähnen braucht.

»Am Freitag war ich im Konzert, da wurde Violoncell gespielt, da dacht ich an Dich, es klang so recht wie Deine braunen Augen. Adieu, Mädchen, Du fehlst überall Deiner Frau Rat«[11], steht im ›Goethebuch‹ zu lesen. Dass Bettine schöne braune Augen hat, ist nicht nur der Frau Rat aufgefallen. Doch diese muss ihr besonders tief in die Augen geschaut haben, um einen Ausdruck zu erkennen, der dem warm-erdigen Klang eines Cellos gleicht … und tatsächlich gut zu Bettines warmherzignaturverbundenem Wesen passen würde. Hat ihr die Frau Rat wirklich dieses schöne Kompliment, das nicht allein den Augen, sondern auch der Seele gilt, gemacht? Sicher ist, dass die Wärme des Tons in den literarischen Bearbeitungen der Wärme des Tons in den Originalbriefen entspricht: »Liebe – Liebe Tochter!«, heißt es im Brief vom 13. Juni 1807, »nenne mich ins künftige mit dem mir so theuren Nahmen Mutter – und du verdinst ihn so sehr, so gantz und gar.«[12]

Und so verbindet Bettine und die Frau Rat eine große Nähe miteinander, zumal beide verwaist sind. Die verwitwete Frau Rat hat einen Sohn in der Ferne, Bettine ein an ihrer Person desinteressiertes familiäres Umfeld. Die Verbindung beider Frauen reicht tief und ist keinesfalls auf Goethe als den gemeinsamen Bezugspunkt beschränkt, auch wenn er in den Gesprächen natürlich eine wichtige Rolle spielt. Also sitzt Bettine auf dem Schawell (Schemel) zu den Füßen der Frau Rat und lauscht, was die alte Dame zu erzählen hat. In einem Brief an Savigny schreibt sie: »Ich bin täglich bei der Göthe, sie hat mir das ganze junge Leben ihres Sohns erzählt und soll es mir erzählen, solange sie lebt. Es gibt nichts Schöneres auf Gottes Welt, von dem Moment, als er auf die Welt kam, wie er nachher anfing zu schreiben, wie er in die Schweiz reiste, Berlichingen schrieb, Egmont, Werther, bei jedem Buch besondere Anekdoten, was er sprach, dachte, wie und was er tat, was er für Urteile fällte.«[13]

Mit der Zeit sitzt auf dem Schawell eine Goethe-Spezialistin, die ihre Kenntnisse aus erster Quelle bezieht – und nicht nur das. »(S)ie hat ein großes Buch dort liegen«, so Clemens an seine Frau, »und schreibt aus dem Mund der Mutter, die Geschichte der Mutter und des Sohnes in der bekannten kräftigen Manier auf.«[14] Bettine erfährt viel von dem, was meist nur die Mütter wissen. »Ein buntes Röckchen, mit Streifen und Blumen durchwirkt« und »ein Flormützchen, mit silbernen Blümchen geschmückt«, trug er zu seiner Taufe. Bettine weiß von seiner ersten Liebe und davon, wie penibel er war: »In seiner Kleidung war er nun ganz entsetzlich eigen, ich mußte ihm täglich drei Toiletten besorgen.«[15] Blau gewürfelt waren die Vorhänge im Zimmer seiner Geburt. Sie wird sie lange genug angestarrt haben, als sie sich drei Tage lang mit seiner Niederkunft quälte. Sodann schien es, als ob das Kindlein tot wäre: »Deine Großmutter stand hinter dem Bett, als Du zuerst die Augen aufschlugst, rief sie hervor: ›Rätin, er lebt!‹ ›Da erwachte mein mütterliches Herz und lebte seitdem in fortwährender Begeisterung bis zu dieser Stunde!‹ sagte sie mir in ihrem fünfundsiebzigsten Jahre.«[16]

Am 28. August 1808 schreibt die Frau Rat einen traurig-nach-denklichen Brief an Bettine. »Keiner denkt daran dass ich Mut-ter bin heunt«, und auch »meine Bettine«, die fern von Frank-furt ist, ist nicht da; – »denn die hätt mir gewiß den schönsten Strauß heunt gebracht – so ein recht herrlicher Strauß wie im vorigen Jahr.« Der 28. August ist ein besonderer Tag, der Geburts-tag ihres Sohnes. Die Frau Rat ist allein (natürlich ist das Lieschen, *»Grad weil der Geist die Welt aus den Angeln zu heben vermag«, grad darum muß er's auch versuchen lernen, und müssen ihm nicht Händ und Füß gebunden sein, daß er's nicht probieren kann.*[17]

die gute Seele ihres Haushaltes, da) – und in wehmütig-weicher Stimmung. Aber zugleich ist sie dankbar – »dass ich Gott auch für dich dank als meine Beste Freud hier auf Erden in der mir alles genossene aufs neue lebendig geworden ist; das ist, Ers-tens« – denn es ist Bettine, vor der sie ihr Leben Revue passieren lässt, sodass sie sich noch einmal jung fühlen darf. – »[U]nd dann zweitens hab ich dich in mein Herz geschlossen; apart, weil du nicht zum Narrenhaufen gehörst und hast dich zu mir retirirt als weil ich allein einen rechten Verstand von dir hab denn du gehörst zu der Art die mir Seel und Blutsverwandt ist.«

Seelenverwandtschaft, das meint vereinte Querköpfigkeit, denn die Unangepasstheit, mit der Bettine überall aneckt, weiß die Frau Rat zu schätzen. Und dann ist da noch ein weiterer Grund für Wertschätzung und Dankbarkeit, nämlich dass das junge, lebenslustige Ding das Alter und die Nähe des Todes nicht meidet: »So nehme doch meinen Dank dass du deinem Weg-weißer der Gott ist gehorsam warst, und hast dich nicht gewehrt bei einer alten Frau, so jung wie du auch bist dein Lager auf-zuschlagen – (...) Behalt Lieb deine dich ewig liebende Mutter Goethe.«[18]

Weniger als drei Wochen später stirbt die Frau Rat am 13. September 1808. Bettine ist zwischenzeitlich wieder in Frankfurt und bei ihr. »Als ich zurückgekommen war«, so ihr Bericht an Goethe, »verbrachte ich noch die letzten Tage mit Deiner Mutter, wo sie freundlicher, leidseliger war als je. Am

Tag vor ihrem Tod war ich bei ihr, küßte ihre Hand und empfing ihr Lebewohl in Deinem Namen.«[19] – »Es ist meine Unsterblichkeit, dass ich in deinem Herzen fortwachs, wenn ich schon lange begraben bin unter der Frankfurter Erd«[20], hat die Frau Rat einmal zu Bettine gesagt.

Also wohin der freie lebendige Geist führt, das ist was wir noch nicht wissen, und darum sollen wir's erfahren wollen.[21].

Und die hat Ernst gemacht mit dem Fortwachsen im Herzen und damit, dass die Frau Rat durch sie unsterblich wird. Im Jahr 1843, fünfunddreißig Jahre, nachdem die Frau Rat Goethe gestorben war, erscheint ›Dieses Buch gehört dem König‹, in dem Bettine ihrer mütterlichen Freundin ein Denkmal gesetzt hat. Die Frau Rat ist die bestimmende Figur dieses Werkes, die unter anderem im Gespräch mit Königin Luise, der in Preußen tief verehrten Gattin Friedrich Wilhelms III., gezeigt wird, sodass zwei hoch angesehene Frauen aufeinandertreffen und über Zeitfragen diskutieren. Und die Frau Rat ist mit dem Herrn Bürgermeister und dem Herrn Pfarrer im Dialog, soweit man die Belehrungen, die die Frau Rat den honorigen Herren zukommen lässt, als Dialog bezeichnen kann. Wie die reale Frau Rat ist auch die literarische Frau Rat warmherzig, geistreich und witzig, bisweilen derb, dabei aber stets tiefsinnig. Vor allem ist in ihr der Widerspruchsgeist zur Altersblüte gelangt. Ansonsten schnupft sie Tabak, ist trinkfest und wehrhaft, sodass man sich besser nicht mit ihr anlegt, zumindest dann, wenn man der Obrigkeit angehört.

Bettine lässt die Frau Rat als stolze, freiheitlich gesinnte Frankfurterin auftreten – »Frankfurter Bürgertum ist der best Adel«[22]. Sie nennt Bettine »Mädercher«[23], denn sie spricht Mundart und nur im äußersten Notfall ein paar Worte Hochdeutsch. Etwa wenn der Herr Pfarrer naht. Bettine und die Frau Rat lassen sich gerade gestohlene Birnen schmecken, als der Vertreter der geistlichen Obrigkeit seine Aufwartung macht: »Horch! – er kommt heraufgedappt. Schmeiß die Birnschäle zum Fenster hinaus, da ist er, jetzt hock dich hier auf die Schawell hinter mich und schneid keine Gesichter, und lach nicht, wenn ich hochdeutsch spreche. So ein geistlichen Herrn muß man mit Anstand anreden. Hm! – Ah, Herr Pfarrer! Das freut mich!«[24]

Sowohl mit dem Anstand als auch mit dem Hochdeutsch ist es allerdings bald vorbei. Im Folgenden liest sie dem geistlichen Würdenträger – dieses und jenes Schnäpschen lindert zwar den Schmerz, mindert aber auch die Würde – gehörig die Leviten. Auch der Herr Bürgermeister wird ihr wie ein Schuljunge lauschen, denn Bettine zeichnet sie als Frau von hoher mütterlicher Autorität. Zudem hat sie das Herz am rechten Fleck. Ein französischer Soldat ist für sie kein Feind, sondern ein »Bub«[26], den man zu Kanonenfutter macht – nicht anders als die deutschen »Buben« auch. Überhaupt lässt sie auf die Franzosen, von deren siegreicher Revolution auch die Deutschen profitierten, nichts kommen: »O Frankreich, du edler Bruder Deutschlands, der sein Blut für beide vergossen hat.«[27]

... und hat Sie mir nicht gesagt, das Schicksal hänge an einem Haar und daran knüpfe sich oft eine ganze Weltumwälzung und deswegen müsse man so viel erzwecken in der Welt als möglich, denn die Unterlassungssünde trüge oft größere Folge als manche andre ...[25]

Im Übrigen hegt die Frau Rat eine starke Abneigung gegen Gelehrte aller Art, insbesondere aber die Philosophen. »So ein Forscher« ist eben ein »alter lahmer Raubvogel, der aus seim langweiligen Verdauungsschlaf sich aufrappelt, um alles gelehrt Federvieh in Einklang zu bringen mit seinem allesverschluckenden System«.[28] Natürlich hält sie das nicht vom Philosophieren ab, was sich also – wie das ›Königsbuch‹ letztgültig belegt – auch auf Frankfurterisch bestens bewerkstelligen lässt. Die Bevormundung durch die Kirche bringt sie in Rage, »denn wer über eine Sach nachdenkt, der hat allemal ein größeres Recht an die Wahrheit, als wer sich von einem Glaubensartikel aufs Maul schlagen läßt«[29], und noch wütender machen sie »die guten Christen, die nicht einmal verstehn, einen Laib Brot nach Recht und Gerechtigkeit auszuteilen«[30]. Vor allem anderen jedoch ist sie der Überzeugung, dass man nicht nur klug reden soll, sondern beherzt handeln: »Weltumwälzungen sind grad nur dem möglich, der's probiert.«[31] Diese und jene Bouteille hat der Herr Pfarrer mit der Frau Rat geleert, sieht aber noch klar genug, um festzustellen, »dass Sie eine gefährliche Feindin sind so manches Bestehenden, vor dem wir Ehrfurcht hegen«[32] – was die Frau Rat als Kompliment mit Wohlwollen zur Kenntnis nimmt.

Frei und ganz offen! dies ist die bezauberte Waffe, die unverletzbar macht und nie ihren Gegner fehlt.[33]

»Die rheinfränkische Frankfurter Mundart heimelte mich an, wenn sie erzählte: sobald sie tiefere Gedanken aussprach, redete sie Schriftdeutsch dazwischen«[34], sagt Moritz Carriere – nein, nicht über die Frau Rat, sondern über die Bettine. Denn die Frau Rat und Bettine sind nicht nur in allem einer Meinung, sie sprechen auch die gleiche Sprache: Frankfurterisch/Hochdeutsch im kühnen Mix. Wenn es noch eines Beweises bedurft hätte, dass die beiden ein Herz und eine Seele sind, so ist er hiermit erbracht.

Mit der Frau Rat, einer gleichermaßen weisen wie volkstümlichen Frau, hat Bettine ihre wohl stärkste halb biografische, halb literarische Gestalt geschaffen. Unverkennbar trägt sie Züge ihres Alter Ego, denn was Bettine denkt, spricht die alte Dame aus, und dies in nicht unbedingt damenhaft zu nennender Art und Weise. Vor allem ist die Frau Rat nämlich eines: unverblümt …

Hoffnung und Erinnerung sind auch zwei spiegelnde Fernen, aus denen webt sich der Mensch seine Lebenstage zusammen.[35]

ganz im Gegensatz zu ihrem bevorzugten Kopfputz. Man wird also im biederen Häubchen eine Art Tarnkappe zu erkennen haben, auf einem klugen Kopf, der voll unkonventioneller Ideen steckt, und dies zu einer Zeit, da Frauen angeblich die Vernunft für derlei Fragen fehlt: »Die Welt wird immer hinkend bleiben« – so die Frau Rat zu diesem Thema –, »wenn der Verstand auf dem Mann seiner Seit hinüber hinkt.«[36]

Ein Akt der Mildtätigkeit

Karitative Damenkränzchen sind ganz nach des Herrn Pfarrers Geschmack. Kommen doch die sinnvoll beschäftigten Damen auf keine dummen Gedanken, und das Christentum hat auch was davon. Nicht ohne Stolz betont er, dass das Engagement der Vereine für das Seelenheil weit über das Veranstalten von Betstunden hinausgehe. »Ach ja! Richtig!«, fällt ihm die Frau Rat ins Wort, »so was hab ich erfahren! Eine Mission nach Sibirien! wo der fürchterliche Schnee liegt, wo die vielen Wölfe all die Menschen fressen, die dahin sind verwiesen worden, da sollen nun Frauenzimmer hin, die Bären und Wölfe zu zivilisieren, zu waschen, zu kämmen, zu rasieren und ihnen ein wenig menschliche Gesinnung einflößen. – Ja wahrhaftig, so was hab ich gehört, oder hat mir's geträumt?«

Der Herr Pfarrer stellt den kleinen Irrtum sogleich richtig. Es handelt sich nicht um Bären und Wölfe, sondern um Kaffern, die nicht in Sibirien, sondern in Afrika leben, wo es auch nicht schneit, sondern heiß ist, weswegen die Missionsdamen Hosen aus großblumigem Kattun (ein Sonderposten konnte günstig erworben werden) auch nicht wegen der Kälte schicken, sondern wegen der Sittsamkeit – »dass ein getaufter Kaffer unmöglich könne mit unbekleideten Beinen mehr vor Gott, der alles sieht, herumlaufen.«

Also machen sich die Damen gemeinschaftlich daran, die Hosen zu schneidern, um so die Kaffern – um des schönen Geschenkes willen – zur Taufe zu bewegen: »Sie haben sich alle miteinander an einen langen oblongen Tisch plaziert, mit grünem Tuch beschlagen; sie haben die Brillen aus dem Futteral gezogen und auf die Nas geklemmt, Fingerhut und Nadelbüchse und große Schneiderschere, damit haben sie die ganze Nacht gezackert hin und her in den Blumenteppichen; denn da es ein Werk der Schamhaftigkeit war, so wollten sie's nicht beim hellen Tag, sondern bei Mondenschimmer und bei Talglichtern betreiben!«

Durch den Fleiß der vielen frommen Helferinnen wurden Tausende von Hosen für das bedürftige Afrika geschneidert und sodann unter Segenswünschen, Glockengeläut und Gebeten in Schiffe verladen und in die Ferne geschickt. Angekommen erwiesen sich die Hosen als Missionsrenner, und die Kaffern »sind zu Haufen zur Tauf herbeigestürzt und haben mit Tanzen und großen Luftsprüngen sich taufen lassen, auf den Kopf gesetzt die bunten Blumenhosen, auf beiden Seiten hingen die blumigen Beine herab, und der christliche Glaube und alles geht herrlich und in floribus in dem Afrika her!«[37]

BETTINE UND ACHIM VON ARNIM

―――

Im Jahr 1801 lernen sich Achim von Arnim und Clemens Brentano während ihrer Studien an der Universität Göttingen kennen, zwei »Herzensbrüder«, die ihre Begeisterung für Literatur und Poesie zusammenführt. Ein Jahr später macht auch Bettine die Bekanntschaft Achims. Zwischen 1801 und 1804 unternimmt Achim die zu diesen Zeiten für adlige junge Männer übliche »Kavalierstour«, eine Bildungsreise, die ihn quer durch Europa führt. Diese unterbricht er im Jahr 1802, um sich gemeinsam mit dem Dichterfreund Clemens auf die berühmte Rheinreise zu begeben. Eine Zeit der Inspiration und des literarischen Pläneschmiedens beginnt. Dem patriotischen Zeitgeist entsprechend, fasst man den Entschluss, die alten deutschen Weisen, Lieder, Märchen und Sagen zu sammeln, und so entsteht der Plan zur romantisierten Volksliedsammlung ›Des Knaben Wunderhorn‹, die 1805 und 1808 von den Freunden in drei Bänden herausgegeben wird.

Auch Bettine stößt auf der Rheinreise hinzu. Hier trifft sie auf Achim, »schlampig in seinem weiten Überrock, die Naht im Ärmel aufgetrennt, (…) die Mütze mit halb abgerißnem Futter, das neben heraus sah«, – einen jungen Mann, der eine Art Kontrastprogramm zum adretten Bruder »mit rothem Mützchen«[1] auf den schwarzen Löckchen darstellt, Bettine also nur bedingt positiv ins Auge sticht. Sie begleitet die Freunde einen kleinen Teil der Strecke, bis sich beim nach Mainz abgehenden Schiff die Wege trennen: Während Bettine zurück in die Frankfurter

Enge muss, zieht Achim wieder hinaus in die weite Welt. Bereits zu diesem Zeitpunkt hätte der ewig treusorgende Bruder eine Verbindung zwischen dem Dichterfreund und der Schwester begrüßt. Doch neun Jahre sollten vergehen, bis die Ehe zustande kommt. In der Zwischenzeit ist man befreundet und unternimmt – 1805 lebt Achim einige Monate in Frankfurt, um die Drucklegung des ›Wunderhorn‹ zu beaufsichtigen – gemeinsame Besuche und Ausflüge. Im selben Jahr werden sie Paten von Bettina, dem ersten Kind der Savignys. Bettine und Achim unterhalten einen ausgedehnten Briefwechsel, schreiben sich als Freunde und Vertraute.

Achim hat im Jahr 1807 das Schicksal in Gestalt der Auguste Schwinck ereilt oder besser: gestreift. Sie hat ihn nicht gewollt. Er ist am Boden zerstört und schildert Bettine das Desaster. Sie ist es, die ihm wieder auf die Beine hilft, wenn auch noch mit zittrigen Knien: »Dabei freu ich mich, dass Maria Stuart, Helena, Kleopatra tot sind, dass ich mich nicht in sie verlieben brauche.« Und er fügt – man ist noch per Sie – hinzu: »In Ihrem Schutze finde ich doch allein Ruhe.«[2] Bettine techtelt einstweilen mit Ludwig Tieck. In das Jahr 1807 fällt die Begegnung mit Goethe, den sie schwärmerisch verehrt. Und in Landshut lernt sie schließlich Max Prokop von Freyberg, einen Studenten ihres Schwagers Savigny, kennen, mit dem sie zahlreiche Briefe wechselt. Die zarten Bande, die beide miteinander knüpfen, werden eine ernsthafte Konkurrenz zur Beziehung mit Achim.

Dennoch steht Bettine nicht, wie bisweilen zu lesen ist, zwischen verschiedenen Männern. Eigentlich steht sie nirgends. Die Frage: Wo ist mein Ort in der Welt?, bleibt weiter ungeklärt, zumal Wunsch und Wirklichkeit weit auseinanderklaffen. »Lieber Freund«, schreibt sie 1810 an Max Prokop von Freyberg, »weißt Du, was meine Sehnsucht, mein Begehren auf dieser Welt war? ich hätte mögen als Held dies Leben verdienen doppelt und 3fach oder es abschüttln; wenn ich sah, dass die Völker in den Krieg zogen, da fragt ich mich hundert mal, wie ich so ruhig bleiben könne. (…) Oft hab ich zum Arnim gesagt: wenn Du in den Krieg ziehst, so geh ich mit, er dachte es sei aus Liebe zu ihm, es wars auch, aber noch mehr wie dies.«

Hätte sie die Wahl gehabt, so hätte sie sich nicht für Heim und Herd, sondern für das Heldentum im Kampf gegen die napoleonische Fremdherrschaft entschieden: »Dir gesteh ich's allein, du lachest mich nicht aus, darum weil ich ein schwaches Mädgen bin.«[3]

Achim indes beneidet sie um die Möglichkeit des Reisens, ja, allzu gern würde sie gemeinsam mit ihm hinaus in die Ferne ziehen. »Ich wollt ich wär Ihr Bruder oder Freund«[4] – das klingt nach Wertschätzung, Vertrauen und Verbundenheit, nach Liebe und Leidenschaft klingt es nicht: »Ich bin dem Arnim gut, wie ich der Welt, wie ich allem gut bin, in dem Moment wo und wie sich Gott darin spiegelt.«[5] Freilich lässt sich an den Freundschaftsbriefen auch eine zaghafte Annäherung ablesen, ein vorsichtiges Abtasten, inwieweit ein »Mehr-als-Freundschaft« möglich ist. Bei-sich-Sein und Miteinander-Sein bilden für Bettine keine Gegensätze. Achim hingegen reagiert irritiert auf Bettines »Klarheit durch sich selbst« und schließt daraus: »Sie kann ewig nur durch *sich* froh werden und traurig. (…) Die ganze Richtung unserer Kräfte« – lässt er Clemens wissen – »treibt entgegengesetzt.«[6]

Ob es sich wirklich so verhielt, dass Bettine niemanden als sich selbst brauchte? »Ich glaubte Sie Ihrer Freundin nicht so nah verbunden, wie Ihre Güte und der Schmerz Ihnen gern einredet«[7], antwortet Achim auf Bettines Bericht vom Selbstmord der Günderrode. War das ein Versuch zu trösten? Auf jeden Fall hat er die Bindung Bettines an die Freundin unterschätzt, und so bleibt fraglich, ob er die Bedeutung dessen ermessen kann, was Bettine ihm ein Jahr später schreibt: »Seien Sie den Herbst hier, wir haben ein Gut am Rhein, ich war noch nicht da, es war der Günderrode ihr Sterbeplatz, aber in Ihrer Begleitung will ich hingehen.«[8] Auch Bettines Forderung, dass »Du mich nicht lieb haben *sollst* wie *andre*, sondern ganz allein wie *mich*«[9], sorgt für Irritation. Achim bekennt, »dass ich das noch nicht verstehe«, ja, er macht sich grundsätzliche Gedanken über die schwierige Kommunikation zwischen den Geschlechtern und kommt zu dem Schluss, »dass ihr uns nicht versteht, dass wir euch nicht verstehn«[10].

Auch Bettine ist verwundert: »Aber Arnim, wie sind denn die Mädchen, denen Du deiner Idee nach gut sein kannst, (…) Ich habe mir nie ein Bild gemacht von Männern noch von Weibern, die ich hätte lieben

Verstehen ist lieben; was wir nicht können, aber ich dachte oft; *hätt* *lieben, das verstehen wir nicht.*[12] *ich nur jemand!*«[11] Offenbar hatte sich Achim andere Vorstellungen von seiner zukünftigen Frau gemacht. Doch wider Erwarten keimt eine tiefer gehende Zuneigung in ihm auf, die ihn fest- stellen lässt, »dass ich Dir gut bin, ungeachtet Du ganz anders bist, als ich der Idee nach in mir Mädchen, denen ich gut sein könnte, dachte.«[13]

Der Sinn der Liebe besteht für Bettine darin, dass sich der Mensch in ihr findet, nicht dass er sich in ihr verliert. Ob die Liebe also hilft, die Flügel der individuellen Anlagen zu ent- falten oder ob sie die Flügel stutzt, entscheidet über ihr Gelin- gen. Und so stellt sie ihm die Gretchenfrage: »Hast Du auch die Mädchen gern, die wie die Schwalben sind?«[14] Wesentli- che Fragen sind angerissen, geklärt sind sie nicht. Unbändige Heiratslust macht sich jedenfalls weder bei Achim noch bei Bettine breit. Achim durchstreift weiterhin die Lande, während Bettine unter familiäre Aufsicht gestellt bleibt und sich in die ungeliebte Warteschleife zum ungeliebten Ehestand begibt.

Der entscheidende Anstoß zur Heirat erfolgt von außen durch Achims Großmutter Caroline von Labes. Diese hatte – Achims leibliche Mutter war kurz nach seiner Geburt verstorben – ihren Enkel bei sich aufgenommen und erzogen: »Sie hat mir viel Gutes getan, und ich ehre dankbar ihr Andenken; unsre Gesin- nungen hatten in dieser Welt keine eigentliche Berührung. Ihr Vermögen hätte mich (…) reich gemacht, wenn sie nicht durch eine Fideicommißeinrichtung, die sich erst zum Besten meiner Kinder auflöst, mich und meinen Bruder und Onkel be- schränkt hätte.« Offenbar hat die Großmutter den dichtenden Enkel schon lange in Verdacht, es an mannhafter Strebsam- keit und Pflichterfüllung fehlen zu lassen. Insofern bietet der traurige Anlass des eigenen Ablebens die schöne Gelegenheit, die Drückebergerei zu beenden und einen finalen Rückruf zu Sitte und Anstand zu starten. Caroline von Labes setzt in ihrem Testament nicht Achim, sondern dessen Kinder (d. h. Söhne) als Erben und Achim zu deren Vermögensverwalter ein.

Da also die von ihrer Urgroß-mutter so großzügig Bedachten noch nicht existieren, besteht amouröser Handlungsbedarf. »(S)o war mein Entschluß nach der Eröffnung des Testamentes bald gefaßt, das Meinige zu tun, um rechtmäßige Kinder zu haben.« Keine Frage: Beim angehenden Bräutigam handelt es sich um eine ehrliche Haut, weswegen man ihm auch die weiteren Gründe glaubt, die ihn dazu bewegen, die Freundin und Vertraute zu seiner Braut machen zu wollen: »Da brauchte es nicht langer Zweifel, ich wußte niemand auf der Welt, von der ich so gern ein Ebenbild besessen hätte, da kein Maler Dich mir ordentlich dargestellt hatte, und auch keine, mit der ich auch ohne diese Verdoppe-lung so gern mich erfreut, gestritten, gewacht und geschlafen hätte, als Dich.«[16]

... das Ende einer jeden Kenntnis sind wir selbst, die Menschen und unser erhöhtes Talent, sie zu lieben ...[15]

Nun ist es an Bettine, das Ihrige zu tun. Lange genug hat sie ihr zukünftiges Schicksal in der Schwebe gehalten. Sie ist 25 Jahre alt, nach zeitgenössischer Auffassung wird es höchste Zeit, auf dem Boden der Tatsachen zu landen. Und wenn sie nun schon landen muss, wählt sie sich Achim zur Landung. Es ist keine Liebesheirat, aber auch nicht die zu diesen Zeiten übliche Vernunftehe, die beide miteinander eingehen. Eher ist es eine Heirat aus Zuneigung und Wertschätzung für einen Mann, der vielfach als Mensch von gewinnendem Wesen ge-schildert wird: »Er war eine edle, echt vornehme Gestalt«, so Heinrich Steffens, der Naturphilosoph und Schelling-Schüler, »er sprach wenig, erschien durchaus ruhig, ja zurückhaltend, und dennoch war sein mildes Wesen so anziehend, daß er in jeder Rücksicht Vertrauen erwarb.«[17] Und noch ein weiteres bleibt zu erwähnen. »Achim Arnim – ach im Arm ihm!«[18], soll nach dem Bericht Maxes, der ältesten Tochter Achims und Bettines, eine Dame beim Anblick ihres Vaters geseufzt haben.

Es heißt, Achim sei ein ausnehmend schöner Mann gewesen, was ganz gewiss nicht ausschlaggebend, aber sicher auch kein Fehler war.

Wer liebend auf seinem Weg weiter geht bis ans Ende, der hat die Wallfahrt nach seiner Heimat recht als ein Kind mit aller Andacht vollendet und kommt auch als Kind an das End seines Lebens![20]

Im Dezember 1810 ist Verlobung, am 11. März 1811 die Trauung. »Gott macht die Liebe, und der Teufel die Heiraten«[19], hatte Achim noch 1809 an seinen Freund Clemens geschrieben: ein gründlicher Irrtum, jedenfalls was seine eigene Heirat betrifft, die schließlich nicht auf höllische Mächte, sondern auf eine ordnungsliebende Großmutter zurückgeht. Und geirrt hat er sich auch über die emotionalen Folgen der Ehe, die in diesem Fall nicht das Ende der Liebe gewesen zu sein scheint, sondern deren Anfang. Dies jedenfalls ist der Eindruck, den man aus der Lektüre der frühen Ehebriefe gewinnt. Auf sein pragmatisches Werbeschreiben als Junggeselle lässt der Ehemann nämlich eine der schönsten Liebeserklärungen folgen, die man sich vorstellen kann:

»Der schwarze Stein an der Kaaba, den alle Muselmänner verehren soll das Ja aller Kreaturen enthalten, das sie aussagten, als der Herr fragte wie ihnen die Schöpfung gefalle, am jüngsten Tag wird er denen zum Vorwurf aufgebrochen, die sich über die Welt beschweren; Du bist mein schwarzer Stein mit Deinen dunklen Augen, Du enthältst auch mein Ja zur Schöpfung und Dich will ich küssen, um dieses Jas wieder erinnert zu werden.«[21]

In rascher Folge werden die Kinder geboren: Freimund (1812), Siegmund (1813), Friedemund (1815), Kühnemund (1817), Maximiliane (1818), Armgart (1821) sowie – »manchmal befällt mich der Wahn, ich sei schwanger, und dann erfüllt mich eine unsägliche Angst, die ich gern mit einer anderen Krankheit umtauschen möchte«[22] – die Nachzüglerin Gisela (1827). Bettines Schwangerschaften sind schwer, den Entbindungen sieht sie mit großer Sorge entgegen. »Schon 14 Tage habe ich in beständigem Wechsel von Ohnmachten und Erbrechen zugebracht und es ist kein Zweifel mehr, dass ich im Oktober dieses Jahres die Welt um ein Kind vermehren werde«, so lautet im Februar 1818 die nur bedingt frohe Botschaft, zumal »wenn ich an das neue Quartier denke und an den Platz, wo das Bett steht, worauf ich mich werde quälen müssen, dann schaudert mich.«[23]

Ende des 18. Jahrhunderts stirbt jede zwölfte Frau im Kindbett. Bettines Angst ist also nur allzu verständlich und auch die Sorge Achims, dessen Mutter bei seiner Geburt ihr Leben ließ. »Du armer geplagter Engel, (…) bin ich, sind die Kinder so vieler Sorgen und Schmerzen wert? Ich nicht, mögen es die Kinder sein! Der Himmel lege Dir meine Tage zu, lege meine Freuden in Dein Herz, es wird Dich doch nicht schadlos halten, wo finde ich etwas in der Welt, um Dir zu lohnen für alles, was Du für mich leidest.« Er klagt, dass in ihrer beider Fall der Himmel aus jedem ehelichen Scherz gleich Ernst mache, und schließt mit einem Stoßseufzer über die ungleiche Lastenverteilung bei der Bewältigung der Scherzfolgen: »Wenn ich nur für Dich einmal niederkommen könnte.«[24]

»Aber sehr gut wird es sein, wenn wir die Zahl unserer Kinder zu vermehren meiden«[25], lässt Bettine im November 1820 den Gatten wissen. Man fasst gute Vorsätze, um dem Kindersegen Einhalt zu gebieten – bedient sich also derjenigen Verhütungsmethode, die mit einem doppelten Risikofaktor belastet und daher traditionell die unsicherste ist. Es folgen Sorgen über Sorgen und dann doch die Freude über das entzückende Malheur: »Wenn Du unser Kleinstes einmal herzen könntest« – so Bettine über ihr 1821 geborenes Töchterchen Armgart –, »es ist so engelsallerliebst und schön (…), es ist im Schlaf wie im Wachen bereit zum Spielen und Jauchzen. Ich muß mich oft halb tot über dies Kind freuen. Obschon ich es wider Willen von Dir angenommen habe, so dank ich Dirs heimlich jede Minute.«[26]

Zu Beginn ihrer Ehe leben Achim und Bettine in Berlin. Die Napoleonischen Truppen drohen die Stadt zu besetzen. Achim wird Hauptmann eines Berliner Landsturmbataillons, und Bettine ist eine der wenigen Frauen ihres Standes, die bei ihrem Mann in der gefährdeten Stadt bleibt. Es sind unruhige und schwierige Zeiten. Achims Karrierepläne zerschlagen sich, weder im Staatsdienst noch als Offizier findet er eine Stellung. Die Finanzsituation der jungen Familie wird immer prekärer, und so sind es nicht zuletzt auch Kostengründe, die im April 1814 zum Umzug auf das von Großmutter Labes vererbte Landgut Wiepersdorf führen. Hier wird er seine Ländereien umstrukturieren, verwalten und bewirtschaften – ein beruflicher Neustart, der ihm, der introvertiert und naturverbunden ist, entgegenkommt. Und Bettine?

»Heute will ich Ihnen eine kleine Tagesskizze von mir hinwerfen«, schreibt sie an ihre Freundin Amalie von Helvig.

»Es ist Gerichtstag; Diebstähle, Straßenraub machen den Hintergrund, davon brummen nur einzelne Töne in meine Lebensmelodien; deutlicher höre ich das Knarren des Bratspießes, an dem ein ungeheurer Truthahn steckt, denn schon zweimal wurde ich konsultiert, was man ihm statt des Herzens nun in die Brust fülle. Am Webstuhl war ich auch schon und habe eine halbe Elle Packleinwand gefertigt, den Kindern Pfeifen geschnitzt. Heute nachmittag werde ich mir ein Reithabit zuschneiden, im Stall war ich auch und habe den Gaul helfen striegeln, auf dem ich in Zukunft reiten werde … Da kommen eben die Kinder und wollen, dass ich ihnen Trompeten von Weidenbast mache … Können Sie sich entschließen mich in meiner Einsamkeit mit Ihrem Töchterlein zu besuchen?«[28]

Am 4. April 1818, Bettines Geburtstag, schickt Amalie von Helvig ihr ein Gedicht, das folgende Zeilen beinhaltet.
Entzücke denn auf deine Weise,
Du reges Lichtkind des April!
Nur laß gewähren, was sich leise
Wie Maienglocken öffnen will.[27]

Es gibt mehr als genug zu tun, allenthalben herrschen Unruhe und Trubel. Dennoch fühlt sich Bettine gelangweilt und allein. Dies fällt auch Wilhelm Grimm auf, der die Familie 1816 besucht und seinem Bruder Jacob berichtet, dass Bettine zwar die Haushaltung führt, sie »hat aber keine Lust an diesem Wesen, daher wird ihr alles sauer«[29]. Anders als ihr Mann braucht sie ein kulturell anregendes Umfeld, und vor allem braucht sie eines: geistreiche Gesellschaft. Anfang 1817 nimmt sie gemeinsam mit den Kindern eine Wohnung in Berlin. Mal lebt sie hier, mal auf dem Land, zum Unwillen Achims, der Frau und Kinder gern bei sich hätte. Ein Dauerkonflikt um den Wohnort bricht auf, denn auch Achim lässt sich von Bettine nicht zum Umzug nach Berlin bewegen: »Meine Seligkeit ist, die weiche Schnauze meines kleinen falben Füllens zu küssen und mit der bunten Schar Kälber unter viel hundertjährigen Eichen des Waldes zu jagen, die Sonnenstrahlen zu locken über das Tal mit meiner Freude, die grauen Hagelstreifen abzulenken mit meinem Gebete.«[30]

Erst im Januar 1825 arrangiert man sich mühsam. Bettine und die Kinder bleiben in Berlin, während Achim weiter auf dem Land lebt, was zwar seiner Neigung entspricht, aber um den Preis der Einsamkeit erkauft wird.[31] Vor allem anderen jedoch empfindet er die Bestellung der Güter als seine väterliche Pflicht, denn er ist voll Sorge, »dass die Kinder mir einst zürnen werden, dass ich nicht besser wirtschaftete, während ich sparte all mein Tagelang«[32]. Aber auch Stolz auf die eigene Leistung, Freude über das, was er den folgenden Generationen übergeben kann, spricht aus seinen Worten. »Ich habe prachtvolle Bäume gesetzt«, so der Bericht an Bettine über sein Tagwerk, »meines Freimunds Kinder sollen sich die Taschen recht voll stecken voll Äpfel und Birnen.«[33] Kurzum: Er ist ein verantwortungsvoller Ehemann und Vater, der sich nach Kräften (und bisweilen darüber hinaus) um das Wohl seiner Familie bemüht zeigt: »Mein kleines Männeken schließe ich zehnmal an mein Herz und Dich hundertmal, auch die andern Kinder haben an mir ihren Teil, was bleibt von mir übrig?«[34]

Diese Frage wird sich auch Bettine oft genug gestellt haben. Trotz Dienstboten bleibt im Haushalt, wo zu diesen Zeiten vieles noch selbst verfertigt wird, mehr als genug zu tun. Mal ist dieses Kind krank, mal jenes. Ansteckende Krankheiten verwandeln in regelmäßigen Abständen die Wohnung in ein Lazarett. Immer wieder scheint die Grenze der Belastbarkeit erreicht, ja überschritten. 1817 berichtet sie ihrem Mann, »dass Kinder und Mutter gesund sind, letztere aber sehr gequält ist; in diesem Augenblick stehen sie um mich her und schreien, dass

mir Hören und Sehen vergeht; (…) Heut ist die Reihe an Siegmund, der schreit als ob er am Spieß stäke; ich gestehe, dass es
eine große Schwäche von mir ist, aber wenn ich manchmal so
24 Stunden habe Geduld haben müssen, wenn das Kleine denn
noch an der Brust liegt, wenn das Essen noch verbrennt oder
verdorben ist, wo ich denn keine Milch für das Kind habe, dann
denk ich auch als an die Zeit, wo man schläft und nicht wieder
aufwacht.«[35] Mehr und mehr schleichen sich traurige Töne ein:
»Ach lieber Alter, ich bin nun schon über die Hälfte meines
Lebens, und sehe wohl ein, dass ich geboren bin zum Dulden,
aber nicht zum eignen freien Bewegen, so sehr ich mich auch in
meinen früheren Jahren gesehnt habe.«[36]

Zum Streit um den Wohnsitz tritt der Dauerkonflikt um
die Finanzen und natürlich um die Kinder. Achim, der auch in
Erziehungsfragen um vieles konservativer ist als Bettine, macht
in den Kindern »wahre Musterbilder von aller Art Nachlässig-
keit, Unordnung und Unreinlichkeit«[37] aus und in seiner Frau
die Ursache des Übels. Bettine hingegen muss feststellen, dass
sie zwar einen Dichter geheiratet, nun aber einen Landwirt
zum Ehemann hat. Die »Verbauerung« des Gatten wächst sich
zum Dauerärgernis aus und mündet in die nur wenig schmei-
chelhafte Feststellung, »dass Du aus einem freien, mutigen
Staats- und Freudenpferd einen schlechten Ackergaul aus Dir
machst«[38]. Grund der Mutation ins Rustikale ist für sie ein »aus
Zorn und Hypochondrie zusammengesetztes Phlegma«[39]: »Du
alter Sauerteig von Sorgen«[40], lautet Bettines Befund in der
volkstümlichen Variante. Es ist unübersehbar: Der Ton wird
rauer, die Bandagen härter, hier und da gesellt sich ein Tief-
schlag hinzu: »Goethe wollte gewiß er selber sein, noch ehs ihm
einer zugestanden hätte … (…) Was hindert Dich, ein Arnim
sein zu wollen, wie jener ein Goethe sein wollte.«[41]

»Ich beklag mich durchaus nicht über mein Los« – die Flos-
kel verheißt auch im Fall Bettines nichts Gutes, schon gar
nicht, wenn das sich anschließende »aber« die Überleitung zu
längeren Ausführungen bildet: »Wie glücklich würde ich sein,
wenn ich mir sagen könnte, dass die Welt, die Freuden und
Bereicherungen, die mir verschlossen sind, von Dir genossen

würden; dass, während ich an Haus und Kammer gefesselt bin, Dein Fuß die Gegenden durchwanderte, wo Natur und alles Schöne einen heiligen Bund mit der Seele desjenigen macht, dessen Genie sich mit ihnen befreundet. Wenn ich nur einmal Dein Gewissen erwecken könnte und Dir fühlbar machen, – was Du Dir schuldig bist, was Du an Dir selbst versäumst, bloß weil Du ängstlich bist und nicht andern Geschäfte überläßt, an denen doch Deine Zeit Verschwendung ist. Du willst sparsam sein und verschwendest dabei Dein Bestes.«[42]

Dass er die Freiräume, die ihm zur Begabungsentfaltung offen-stehen, nicht nutzt, ist ihr unbe-greiflich, zumal sie selbst sie mit Gewissheit nutzen würde. Eine

Der Schlüssel zum höheren Leben ist die Liebe, sie bereitet vor zur Freiheit.[43]

Kaskade an guten Ratschlägen, Ermutigungen und Vorwürfen ergeht über Achim, der reisen und sich inspirieren lassen und dichten soll, um nicht sein innerstes Selbst zu verraten … be-ziehungsweise das, was Bettine für sein innerstes Selbst hält. Das innerste Selbst dringt immer auf Entfaltung und Verwirk-lichung, denn das ureigenste Leben will gelebt sein. Bleibt es ungelebt, sucht und findet es auf Umwegen seinen Weg hinaus in die Welt. Wie viel – so wird man sich fragen dürfen – hat Bettine von ihren eigenen künstlerischen Ambitionen auf ihn projiziert, wie viel ihres ungelebten Lebens ihm zur Verwirk-lichung aufgetragen?

Wo die Grenzen zwischen den Partnern verschwimmen, wird unklar, wem was zu eigen ist, und entsprechend herrscht Blind-heit gegenüber dem Ureigensten des anderen. Dies gilt auch für die Bedingungen, die erfüllt sein müssen, damit beide lite-rarische Begabungen sich entfalten können. »Ich fühle in Berlin physisch und geistig meinen Untergang, ich bedarf körperlicher Tätigkeit, um mich auch geistig tätig zu erhalten«,[44] schreibt Achim. Sind in seinem Fall Abgeschiedenheit und körperliche Arbeit die Voraussetzungen zu Sammlung und Inspiration, so bedarf Bettine der Außeneindrücke, des Reisens, der Stadt, der Geselligkeit, des lebendigen Umfeldes. Ihre Begabung ist durch und durch dialogisch und wird nur konsequent in die Form von literarisch bearbeiteten Briefwechseln münden.

Zu diesem Zeitpunkt allerdings liegt ihr Leben als Dichterin noch in weiter Ferne. Im Augenblick ist sie die Ehefrau eines Dichters, den sie zu fördern sucht, wohlmeinend und nach Kräften ... gemäß den Maßstäben, die sie für richtig hält. Und auch Achim hat nur das Beste für Bettine im Sinn, wenn er ihr im Jahr 1830 – er kennt sie nun fast drei Jahrzehnte! – rät, sich zu schonen und die Kräfte für das Wesentliche, nämlich die Bewältigung der familiären Pflichten, aufzusparen: »Du meinst«, so Bettine, »gesellschaftliche Anstrengungen könnten mir schaden; wo habe ich je zuviel Gesellschaft gesehen! Ich habe im Gegenteil daran gelitten, dass ich unter dem Joch aller höchst unangenehmen Schicksale, alles Drucks einer schweren Haushaltung nie eine gesellige Erholung hatte.«[45]

Das Schreiben behält Achim auch auf dem Land bei, in seinen Briefen an Bettine findet sich hierüber jedoch so gut wie nichts. Über literarische Themen sind die beiden hohen literarischen Begabungen nur wenig im Gespräch. Stattdessen gerät Bettine in die Rolle der nörgelnd-fordernden Ehefrau, er in die des genervten Ehemannes, der sich entzieht.[46] Dem Jahr 1821 entstammt das traurig-trotzige Bekenntnis des in Wiepersdorf sich im familiären Abseits glaubenden Familienvaters, »dass ich lieber die Einsamkeit hier ertragen will, als Dich oder die Kinder in ihrer Existenz zu stören.«[47] Von Bettines Gemütsverfassung in diesen Krisenjahren legt ein Brief an Savigny Zeugnis ab, den sie 1822 von Wiepersdorf aus – »wo den ganzen Tag, das ganze Jahr, das ganze liebe Leben lang nichts vorfällt« – schreibt. »(D)ie ganze Nacht brenne ich Licht, alle Stunden wache ich auf, ich vergleiche meine Träume mit dem, was ich gedacht hatte, und ich muß nur zu oft wahrnehmen, dass mich die einen wie die andern in die Leerheit meiner täglichen Umgebung hinabziehen.«

Es herrschen Melancholie und »tödliche Langeweile«, Seelenzustände, die sie aus ihrer Jugend kennt. Nicht an einem Mangel an Tätigkeit leidet sie, sondern an einer dem Menschen in seiner Individualität angemessenen Tätigkeit, sodass all das, was nicht lebendig werden darf, als abgründige innere Leere erfahren wird. Ganz in diesem Sinne fährt Bettine in prägnanter Formulierung fort: »Es macht nichts den Geist schwächer als wenn er in seiner Eigentümlichkeit unaufgefordert bleibt.« Und entsprechend bitter fällt das Urteil über ihre Ehe aus: »Ich habe die 12 Jahre meines Ehestandes leiblich und geistigerweise auf der Marterbank zugebracht.« Das tieftraurige Schreiben schließt mit den Worten: »Mein Perspektiv ist das End aller Dinge.«[48] Hat also doch der Teufel das Heiraten gemacht?

Sicher ist, dass die zeitgenössische Ehe mit ihrem überreichen Kindersegen, den zahlreichen Sorgen des Alltags und insbesondere mit ihrer rigiden Festschreibung *Alles, was dem Wesen der Liebe nicht zusagt, ist Sünde, und alles, was Sünde ist, sagt dem Wesen der Liebe nicht zu.*[49] der Geschlechterrollen einen zu engen Rahmen darstellt. Wirklich begegnen können sie sich in ihr nicht. So verfehlen sich insbesondere der Dichter und die Dichterin, die sie immer war, aber unter diesen Umständen nicht werden konnte. Nichts deutet darauf hin, dass er um ihre Begabung gewusst hat. Und auch sie wird kaum darum gewusst haben, jedenfalls so lange nicht, wie sie das, was in ihr nach Dichtung rief, dahingehend interpretierte, dass der Gatte an den Schreibtisch zu treiben sei.

Während Bettine in ihren Werken Biografisches literarisch stilisiert, diese also nur eingeschränkt für ihre Biografie aussagekräftig sind, lässt sich an der Korrespondenz des Paares, die immerhin ein Vierteljahrhundert (die Freundschaftsbriefe reichen von 1806–1811, die Ehebriefe von 1811–1831) umspannt, ein realistischeres Bild ablesen. Und in der Tat: Wer die aufbegehrende und querdenkende Bettine kennt und liebt, wird sich wundern, denn er wird stellenweise – »Du bist der beste von uns Beiden, und was Du willst ist also auch das Beste« (1817)[50] – auf eine fügsame Gattin treffen.

Freilich ist aus den Ehebriefen herauszulesen, wie Bettine mehr und mehr über ihre Lage reflektiert und an Eigenständigkeit und Selbstbewusstsein gewinnt. Einen wichtigen Anteil an diesem Prozess hat die so hart umkämpfte Wohnungsfrage, bei der sie sich letztendlich durchsetzt – nicht zuletzt weil sie durch den Brentano'schen Erbteil über den Rückhalt eigener Finanzmittel verfügt. (Bettine wird dieser Erfahrung Rechnung tragen und den Rest ihrer Erbschaft den Töchtern zueignen.) Insgesamt verschiebt sich im Lauf der Jahre zwischen den Partnern das Gewicht, sodass Bettine sowohl zwischenmenschlich als auch literarisch aufholt. »Im selben Maß, wie er unproduktiv wird und sich künstlerisch verschließt, erstarkt in Bettina der künstlerische Trieb«[51], vermerkt der Herausgeber des Briefwechsels.

Alle Blumen, die wir brechen, werden unsterblich im Opfer, – ein liebend Herz entschwingt sich feindseligem Los.[52]

Im Augenblick, d.h. im Jahr 1821, da sich der Konflikt zwischen den Eheleuten auf dem Höhepunkt befindet, äußert sich dieser erstarkende künstlerische Trieb darin, »dass ich auch noch Wünsche hege, die mich allein angehen«, wie sie Achim bekennt. Diese Wünsche sind noch unbestimmt, äußern sich als diffuses Unbehagen, als Sehnsucht, als nur schwer zu ertragende innere Leere, die erst einmal ausgehalten sein will, damit neue Perspektiven Raum greifen können. Nicht vorschnelles Antworten, sondern tapferes Aushalten ist daher gefragt, damit werden kann, was werden muss. »Ein ganz anderes, viel tieferes Leben, was sich nicht *willkürlich* einem anderen Menschenherz mitteilen läßt, fordert noch zu ganz anderen Dingen auf, und dass ich auch diesem nicht willfahren kann, das rechne ich mir zur Sünde der Schwächlichkeit und zugleich zur Strafe an«[53], schreibt Bettine, bleibt bei sich und folglich in der Wahrheit. Noch klingt sie traurig und ratlos. Doch die Weichen in eine bessere Zukunft sind gestellt.

Was bleibt, ist die Geschichte einer langsamen Annäherung, der liebevollen Begegnung, des Miteinanders und des Gegeneinanders, der Entfremdung und des Sich-Verfehlens ... aber auch der Öffnung hin zueinander, die immer neu möglich ist. Vielleicht ist dies mit das Beeindruckendste an diesem Paar: Zwar ist man verblendet und verläuft sich, aber man verhärtet und verrennt sich nicht. Bei allem Ärger werden keine Türen zugeschlagen und Momente der Nähe sind immer wieder möglich.

»Du bist ein Dichter, und wenn Du mein Mann nicht wärest, wie sehr würde ich mich sehnen, eine Liebschaft mit Dir anzufangen, ja wie würde mich jedes kleine Gedicht, jede neue Erzählung aufs Neue zu Dir hinziehen, und so wahr ich leb', ich würde Deine alte Huzel von Hausfrau nicht schonen«[54], so die alte Huzel im Jahr 1829, als sie vierundvierzig Jahre alt ist.

»Ich wollte doch nur, dass Du erst hier wärst, so wollte ich Dich gewiß nicht so bald fortlassen«[55], schreibt sie am 18. Januar 1831. Es ist Bettines letzter Brief an Achim. Am 21. Januar stirbt er völlig überraschend kurz vor der Vollendung seines 50. Lebensjahres.

»Man muß alles dem lieben Gott überlassen«, sagen die guten Christen – ja wohl, von ihm nehme ich an, was er mir zuerst entgegensendet, wozu die erste Regung meines Geistes mich mahnt, und lass' auf dem Zeitenstrom mich dahinschwimmen, den er mir geschenkt, und ob ich da Früheres versäume oder Größeres, das kann ich nicht wissen, und wenn's ein Bienchen wär, das ohne meine Hilfe ertrinken müßte, so reich ich erst den Zweig ihm, sich zu retten, das ist das Fundament von meinem innerlichen Glück.[56]

Varnhagen von Ense berichtet von einem Besuch bei der völlig aufgelösten Bettine, kurz nachdem sie die Todesnachricht erhalten hatte: »Ich verließ sie in heftigen Stürmen.«[57] Zwei Monate später haben sich die Wogen geglättet. Der Schmerz ist präsent, aber verwandelt, so im Bericht Leopold von Rankes, der seinem Bruder am 24. März 1831 über Bettines Reaktion auf Achims Tod schreibt: »Sie selbst behauptet, ihn nicht verloren zu haben. Denn da die Menschen miteinander auch in der Liebe oft nur in einem Scheingespräch seien, von dem ihr wahres Dasein nichts wisse, in dem dies sich sogar verhülle, so trete man durch den Tod mit jemand in eine wahrere, tiefere Gemeinschaft, als die das Leben erlaube.« Und Ranke fügt gleichermaßen befremdet wie beeindruckt hinzu: »Ich kann Dir nicht sagen, mit welchem Erstaunen und Wohlgefallen ich ihr (…) zuhöre.«[58]

Bettines Einsicht in die »Scheingespräche«, die man im Leben führt, ist gleichermaßen wahr wie bitter. Angesichts des Endes mag es einem wie Schuppen von den Augen fallen: – all das, worin man sich verfehlte, all das Versäumte, all die mit Nebensächlichem vertane Zeit. Doch noch mehr als ihre Nachdenklichkeit beeindruckt hier Bettines wohl schönste Eigenschaft, ihr lebenskluger Optimismus. Klug ist das Wissen darum, dass das Leben mit seinen Widrigkeiten und Zwängen der Ort ist, an dem man streitet, ja an dem gestritten werden muss. Nicht minder klug ist es allerdings auch, dem unfruchtbaren »Ach, hätt ich doch!« keinen Raum zu geben, sondern das, worin man sich verfehlte, dem andern und vor allen Dingen auch sich selbst zu verzeihen. Die Beziehung zu Achim (auch mit Toten muss man leben!) tritt so in eine neue Phase und öffnet sich zu einer letzten Versöhnung. Was bleibt, ist die Liebe, nicht der Streit. Sie wird ihn im ehrenvollen Gedächtnis bewahren, die gemeinsamen Kinder erziehen, und sie wird vor allem das Vermächtnis des Dichters hüten. Im Jahr 1839 beginnt sie mit der Herausgabe seiner gesammelten Werke.

Ach nein! Man kann in der Liebe nicht untreu sein, nur außer ihr.[59]

Sinnvoll ist es, sich noch einmal die Bedingungen einer Ehe an der Wende vom 18. zum 19. Jahrhundert zu vergegenwärtigen. Vor diesem Hintergrund lässt sich das untergründige Aufatmen verstehen, das in verschiedenen Aussagen Bettines nach Achims Tod spürbar ist. Es gilt nicht dem tief betrauerten Verlust, sondern der Auflösung einer Form des Zusammenlebens, die man nicht zuletzt deshalb wählte, weil man keine andere Wahl hatte. Bereits in dem am 11. Februar an ihre Schwester Meline geschickten Schreiben verweist das Bild der vor Schmerz vereisten Seele auf neues Wachstum: »(D)ie Tränen, die fließen, sind dem Tau zu vergleichen, der im Frühling das Erdreich lockert, um das Feuer der Sonne tief an die Wurzeln zu saugen, dass sie neu wieder hervorsprießen können; und dann ereignet sich so manches Neue im inneren Menschen, man wird Wege gewahr, die man vorher nie betreten, man fühlt sich vorbereitet zu manchem, was einem früher nie in den Sinn gekommen sein würde.«[60] Ein Brief an Rahel Varnhagen berichtet von dem schweren Verlust, aber auch davon, dass sich Bettine »nach der gewaltigen, zerreißenden Epoche, wo meine innerste Natur in Streit war mit allem Unabwendbaren« nun »in neuen Boden versetzt« fühlt[61]. In tiefster Nacht atmet sie Morgenluft. Die Pflichten gegenüber Gesellschaft und Ehemann sind erfüllt. Was noch zu erfüllen bleibt, ist die Pflicht gegen sich selbst.

KINDER

Wir sind als Kinder wohl recht wilde Hummeln gewesen, die die Freiheit, die uns die Mutter gewährte, weidlich ausnutzten. Solange ihre Kinder noch äußerlich hilfsbedürftig waren, war die Mutter mit größter, ja übertriebener, ängstlicher Treue um sie besorgt, sobald sie aber flügge geworden, ließ sie sie frei fliegen. Das beruhte nicht etwa auf Gleichgültigkeit oder Bequemlichkeit, sondern auf ihrem felsenfesten Glauben, dass das Gute im Menschen sich frei entwickeln müsse. Und merkwürdig: So sehr sie die Zügel im einzelnen locker ließ, so dass wir sie gar nicht mehr fühlten, um so fester behielt sie unsere Führung im großen in der Hand. Es hat wohl selten eine Mutter gegeben, die ihren Kindern so volle Freiheit ließ und deren Wille doch auch noch für die bereits erwachsenen so unbedingte Autorität, eine innerlich zwingende Macht war.«[1] Diese Beschreibung stammt von Maximiliane, die als Kind offenbar die Oberhummel unter Bettines Kindern war: »Die Max kann ich nicht aus den Augen lassen, sie hat Tage, wo man glaubt, sie sei wahnsinnig.«[2]

Da das Ehepaar oft getrennt lebt, hält es sich wechselseitig über all das, was sich im Alltag ereignet, schriftlich auf dem Laufenden. Ein wichtiges Thema in den Briefen sind die Kinder, von denen Bettine berichtet, jedenfalls dann, wenn sie Zeit dazu findet: »Ich kann Dir nicht mehr schreiben, Friedmund will vorgelesen haben, und die Armgart hängt auf meinem Buckel.«[3] Im Gegensatz zu den meisten Frauen ihres Standes stillt

Bettine, und dies über die Zeit hinaus, denn sie ist davon überzeugt, dass dies ihren Kindern förderlich ist. Als Klein-Maxe ernstlich krank wird, isst sie nicht mehr – »Du bist gewiß auch mit mir froh, dass sie noch nicht abgewöhnt ist, ob Du mich auch hundertfach mahnst und es mich sehr angreift«[4] –, aber sie nimmt noch die Brust. Allenthalben wird man in Bettines Briefen die zärtliche Sorge um die Kleinen wiederfinden, von der ihre Tochter Maxe berichtet. Dies gilt auch für das Dauerthema Kinderkrankheiten. Mal liegt das eine, mal das andere Kind danieder, oft genug mehrere gleichzeitig. Im Juli 1825 sind alle vier Buben zugleich krank: »Ich kam in 5 Tagen in kein Bett, sondern schlief, nachdem es kam, bald eine halbe Stunde in Deinem Zimmer, bald bei Freimund, im übrigen marschierte ich herum, von dem Hin- und Herlaufen hast Du keinen Begriff, das fortwährende Schreien nach Hülfe ließ in 3 Tagen nicht nach.«[6] Zahllos die Berichte von durchwachten Nächten am Kinderbett, so auch bei Kühnemund, »denn seine Hände waren ihm angeschwollen, er konnte vor Schmerzen die Berührung der Decke nicht leiden; ich mußte daher die ganze Nacht mit meinen Händen die seinigen umklammern, sonst konnte er nicht schlafen und weinte fortwährend.«[7]

Tröstende Worte, Handauflegen, Festhalten, Streicheln und die am Bettchen durchwachte Nacht, damit sich zum schlimmen Kummer nicht noch das Gespenst der Verlassenheit hinzuschleicht, bilden den Grundbestand von Bettines Hausapo-

»Heute am 5ten May bist du auf die Welt gekommen das war anno 1813 also bist du Heute 42 jahr alt geworden. Anno 13 habe ich sehr viel Schmerzen um dich ausgestanden, der Accoujeur fragte deinen Vater ›wer soll gerettet werden, das Kind oder Die Mutter?‹ ich nahm das Wort und rief Laut, das Kind soll gerettet werden; denn dein Vater war in so großen Ängsten das er nicht sprechen konnte (…) der Vater hatte dich schon so lieb dass es ihm unmöglich war über dich auszusprechen darum mußte er mein Wort gelten lassen wie einen Orakelspruch und so sind wir ihm beide gerettet worden; du hast mir dies alles tausendfach vergolten denn du bist mir Vater und Bruder und Sohn, behalte mich lieb. Mutter geschrieben am 5ten Mai.«[5]
Bettine im Alter von 71 Jahren an ihren ältesten Sohn Freimund

theke. Auch ansonsten hängt sie sanften Heilmethoden an und ist eine leidenschaftliche Verfechterin der Homöopathie. Während der Choleraepidemie, die Berlin im Sommer 1831 heimsucht, verteilt sie nicht nur Kleidung und Lebensmittel an die Armen, sondern auch Belladonna. Ja, sie scheint sich hier eingehende Kenntnisse erworben zu haben, kennt die »scheinbare(n) Verschlimmerungen (...), die aber grade ein Merkmal sind dass es das rechte Mittel zur Heilung ist!«[8], d. h. die homöopathische Erstverschlechterung, und schlägt die diversen Krankheitsbilder in ihren medizinischen Büchern nach.

Und natürlich wendet sie die Homöopathie bei sich selbst und in ihrer Familie an – auch wenn bisweilen Überzeugungsarbeit zu leisten ist. So bei Freimund, der sich sträubt, seinen Sohn, also Bettines Enkel, gemäß der großmütterlichen Instruktion mit Kieselerde zu versorgen. Bettine ist freilich zwischenzeitlich versiert im Umgang mit Landwirten (Freimund ist seines Vaters Nachfolger auf den Arnim'schen Gütern) und gibt zu bedenken, dass man eine Behandlung, die man seinen Kälbern und Ferkeln zukommen lässt, auch beim eigenen Nachwuchs anwenden kann: »Nun Dein krankes Kalb hat der Finzelberg geheilt dein krankes Schweinchen auch, mit Colchicum und Belladonna wann wirst du der Homoeopathie endlich Menschen [an]vertrauen.«[9] Infolge mangelnder Hygiene, ungenügender medizinischer Kenntnisse sowie Fehl- bzw. Unterernährung stirbt in Bettines Epoche ca. ein Viertel der Säuglinge vor Vollendung des ersten Lebensjahres. Etwa die Hälfte der Kinder wird keine zehn Jahre alt. Dass Bettine all ihre Kinder durchbrachte, ist also ungewöhnlich und belegt, wie gut sie ihre Kinder versorgte.

In einem Brief an Achim berichtet Bettine tief betroffen vom Tod ihres Neffen Franz, der an einer Fiebererkrankung bzw. deren Behandlung mit Eis und Naphta, d. h. Rohbenzin, gestorben war[10]: »(U)m alles in der Welt nimm keinen Arzt außer einem Homöopathen, lieber gar keinen.« Ob die homöopathische Behandlung wirkkräftig war, kann man dahingestellt sein lassen, denn sicher ist, dass allein Verzicht auf die zeitgenössische Brachialmedizin die Überlebenschancen beträchtlich steigerte. »Ich habe immer klüger gehandelt für die Gesundheit meiner

Kinder«, so Bettines Resümee, »als die philisterhaften Ärzte samt aller Erfahrung, wenn ich denen hätte ängstlich folgen wollen, so hätten sie vielleicht auch [wie Franz] ins Gras beißen müssen.«[11]

Und aller Sorge und allen Mühen zum Trotz ... bisweilen geschehen Dinge, bei denen niemand mehr helfen kann. Am 23. Juni 1835 springt Bettines jüngster Sohn, der achtzehnjährige Kühnemund, ins Wasser und stößt mit dem Kopf auf einen Stein. »Gegen Abend«, so Maxe, »brachten sie uns den Bruder ins Haus. In der Nacht noch einmal zu klarem Bewußtsein erwacht, hat er die Mutter getröstet und ihr Mut zugesprochen, dann ist er am frühen Morgen in ihren Armen verschieden.«[12] Nur wenig ist von Bettine zu vernehmen über ein Geschehen, das die Worte versagen läßt. »Und die herbe Trauer um seinen Verlust zitterte in der Mutter noch jahrelang nach«[13], vermerkt die zeitweilige Vertraute Johanna Kinkel einfühlsam und irrt allein in der Zeitangabe – es wird ein Leben lang gewesen sein.

Elf Jahre später nimmt Bettine auf dieses Unglück in einem Kontext Bezug, den man nicht unbedingt erwarten würde, nämlich einem Schreiben an Friedrich Wilhelm IV., das den preußischen König dazu zu bewegen sucht, gefangengesetzte polnische »Aufrührer« nicht an Russland und somit dem sicheren Tod auszuliefern: »Seitdem ich einen Sohn verloren habe (…), seitdem durchfährt michs, so oft ein schweres Leid Andre betrift, und ich fühle Herzzerreißend mit ihnen, und um dieses traurige Erlebniß zu sühnen möchte ich alles thun um Andre zu retten.« Bettine spricht im Weiteren von der »Mitleidsquelle«, die »da entspringt wo unnennbares Weh den Boden dazu tief aufgerissen hat«[14] – ein wunderbares Bild, in dem der Weg zu neuer Lebendigkeit aufgezeigt wird. Es ist der Weg Bettines, die ihr Elend nicht in sich verschließt, sondern ihr Herz dem Mitgefühl für andere öffnet.

Mit zunehmendem Alter der Kinder treten mehr und mehr die Meinungsverschiedenheiten der Eltern in Erziehungsfragen zutage. Im Kontrast zu den freiheitlichen Grundsätzen ihrer Mutter, von denen Maxe berichtet, ist die Haltung Achims ungleich konservativer. Insbesondere sieht er die strahlende Zukunft seiner Söhne durch einen Mangel an Zucht und Ordnung, Anstand, Sauberkeit und Fleiß, kurzum: durch den mütterlichen Einfluss, gefährdet. »Zuweilen meine ich, es wäre den Knaben besser, sie auf eine entfernte Schulanstalt zu bringen, wo sie zu allen Jahreszeiten mit Ernst und Strenge gehalten werden, beten und arbeiten. Doch ich breche ab von den Kümmernissen, die mich stets plagen, und denen ich doch nicht begegnen kann.«[15]

Die verschiedenen Auffassungen der Eltern prallen bei Friedmund – dem drittgeborenen Sohn und Dorn im väterlichen Auge – besonders deutlich aufeinander. So konstatiert Achim: »Bis jetzt gefällt er mir unter meinen Kindern am wenigsten«[16] – kein Wunder, entsprechen doch seine schulischen Leistungen so gar nicht seinen Erwartungen. »Friedmund ist noch ein sehr gedankenloser Schwätzer, mein stetes Bemühen war, ihn darauf aufmerksam zu machen.«[18] Ob

... am End ist auch gar nichts gefährlich als nur die Furcht selber, die bringt einem um alles.[17]

auf diese Weise der gewünschte Erfolg erzielt wurde? Bettine hingegen rät zu »ausgezeichneter Freundlichkeit (…) erstlich weil Du schon dadurch, dass er Dir mißfällt, leichter dahin kommen kannst, ihm Unrecht zu tun, und weil Ungerechtigkeit einem harten Gemüt noch mehr Härte und Verstocktheit giebt. (…) mit einem Wort, ich stehe Dir für Friedmunds Liebenswürdigkeit, sobald Du sie in ihm voraussetzest.«[19]

Bettine setzt auf die Kraft des Vorbilds, auf Respekt vor der Individualität der Kinder und vor allem darauf, das Gute zu fördern, indem man ihm den Freiraum zu seiner Entfaltung lässt: »Ich kann nicht zwingen, ich kann mit Gewalt keinen Gehorsam verlangen, ich kann den Kindern wohl vorstellen, was ich heilsam, großartig, richtig finde. Aber ich muß ihre Freiheit respektieren, folgen sie nicht, so werd ichs nicht müde werden, ihnen dasselbe vorzustellen.«[20]

Nicht unerwähnt darf im Kontext von Bettines Erziehungsgrundsätzen Maxes großer Auftritt bei Familie von Schock bleiben.

Maxe war bei ihrer Freundin Marie zum Spielen, was sie auch vergnügt tat, bis man sie am Abend abholen wollte. Es folgte ein solcher Wutanfall, dass Frau von Schock die Contenance verlor und Ohrfeigen verteilte, während sich Maxe auf den Boden schmiss und derart schrie, »dass die Marie Fieber vor Angst bekam«[21]. Nur wenige Tage später kann Bettine ihrem Gatten mit einer Erfolgsmeldung bezüglich seiner rabiaten Tochter aufwarten: »Was die Max anbelangt, so hab ich ihren ununterbrochenen Eigensinn mit Wurmpulver bekämpft, und wirklich sind ihr 3 schröklich große Drachen abgegangen.«[22]

Das denkwürdige Ereignis bietet einen tiefen Einblick in Bettines pädagogische Schatzkiste, in der sich auch eine Geheimwaffe für schier aussichtslose Fälle findet: nämlich (nein! nicht Wurmpulver) eine gehörige Prise Humor, die erst einmal hilft, mit Gelassenheit zu ertragen, was im Augenblick eben nicht zu ändern ist. Das ist nicht fatalistisch und schon gar nicht gleichgültig, sondern Ausdruck von Bettines freiheitlicher Grundhaltung, die Maxe eingangs beschrieb, als sie bereits eine Gräfin von Oriola war und sich vermutlich auch besser zu betragen wusste. Wenn man es recht bedenkt, passt die Geheimwaffe Humor gut zu dem, was Bettines Erziehung im Kern ist: eine Pädagogik des Vertrauens.

Nicht minder unterschiedlich sind die Haltungen des Ehepaares gegenüber der Schule. Die Kinder werden über weite Strecken von Privatlehrern unterrichtet. Als die Knaben dann aber das Gymnasium besuchen, bricht schulischer Drill und stupides Einschleifen von unsinnigen Inhalten – so jedenfalls die Auffassung Bettines – über sie herein. Die Folgen dieser Art Unterricht hat sie täglich vor Augen, so bei Siegmund, der vier Blätter Latein auswendig lernen soll: »Ich hörte vor der Tür, wie er in Tränen des Unmuts ausbrach, dass es ihm nicht gelang, es Wort für Wort herzusagen; in der Schule brachte ihm diese vergebliche Marter nur soviel zuwege, dass ihm der Ordinarius mit trockenen Worten sagte, er passe nicht in die Schule, welches ihn ganz mutlos machte, besonders wegen Dir; er sprach mir den ganzen Abend davon, wie Du gewiß ganz andere Erwartungen von ihm hegtest«[23] ... »Glaubst Du denn«, so Achims

Entgegnung, »dass Siegmund, der vor ein paar Seiten Latein, die er auswendig lernen soll, zurückbebt, irgend etwas anderes gründlich lernen wird?«[24]

Dieselbe unnachgiebige Haltung nimmt er auch im Fall Friedmunds ein, der im Grunde überfordert ist, aber dennoch auf dem Gymnasium bleiben soll. »Schreib Dirs hinters Ohr, dass Du dem Friedmund einst keine Vorwürfe machen willst, wenn er den Anforderungen keine Folge leisten kann«, lässt Bettine den Gatten wissen … und eine staunenswerte Begründung folgen – von einer Tiefe, die allen Ehrgeiz an seiner Verblendungswurzel packt und es daher verdient hat, als Merksatz nicht allein hinter Achims Ohr zu landen: »Was mich anbelangt, so habe ich keine Ambitionen, dass sie [die Kinder] bedeutend werden sollen, denn es ist nicht der Rede wert, was einer mehr begreift, wie der andre, vor Gott spielen wir alle das Spiel, dass wir mit verbundenen Augen auf einer geraden Linie zu gehen glauben; Gott allein sieht, dass wir schief gehen.«[25]

Bettine sorgt sich um ihre Kinder, doch schon hier zeichnet sich die politische Dimension dieser Sorge ab, denn in den Werten, die Erziehung und Bildung bestimmen, finden weltanschauliche und politische Interessenlagen ihren Ausdruck. Jener Lehrer, »der von den Kindern sprach, als *Wichtig nennt man manches im Leben. Aber was ist wichtig? – Nur was den tiefsten innersten Menschen erzieht, was ihn weckt und mit einem höheren Streben vertraut macht, und dann mag das andere sein wie es immer will.*[26] wenn sie Ungeheuer wären (…), der Unterricht gab mit Hott und Har, wie man die Pferde im Pflug unterrichtet«[27], war zu Zeiten Bettines nicht die Ausnahme, sondern die Regel. Es kommt, wie es kommen muss: die zu erwartende Kollision der antiautoritären Haltung Bettines mit dem staatlichen Schulsystem wird sogar von Amts wegen festgestellt, nämlich im Zeugnis Freimunds, wo zu lesen steht, »dass eine so lockere u willkürliche Art des Studiums sich mit der nothwendigen Strenge der Schuldisciplin nicht verträgt«. Und auch Siegmund sei hier erwähnt, ein junger Mann, der selbstbewusst genug ist, um den Unterricht eines Prügelpädagogen zu verlassen: »Ich gehe ab, meine Eltern haben mir nicht erlaubt mir Ohrfeigen geben zu lassen.«[28] Kinder, die man im Unterricht dressiert, die man zum Lernen wie Pferde in den Pflug zwingt, sind durchaus in staatlichem Interesse. Man wünscht Erwachsene, die sich willig vor den Staatskarren spannen lassen. Erziehung im preußischen Geist von Zucht und Ordnung ist Erziehung zum Untertanen … und nicht zum freien Menschen, der das Ziel von Bettines Pädagogik ist.

Im Tagebuch Rudolf Baiers, eines Mitarbeiters und Verehrers, steht zu lesen, dass Bettine darüber fantasierte, wie sie dieses Ziel verfolgen, d. h. was sie veranlassen würde, wenn sie Kultusminister wäre. Wie nicht anders zu erwarten, müsste das Schulwesen grundlegend geändert werden: »Die Schule muß so organisiert sein, dass das Kind schon als Erwachsener angesehen wird; schon in der Schule muß es seine Selbstheit erkennen, damit sein Verhältniß zum Lehrer ein frei gewähltes werde.«[29] So der Fantasieerlass aus dem Jahr 1844, dessen politische Folgen – fantasiert man weiter – die Grundlagen einer durch und durch hierarchisch strukturierten Gesellschaft infrage stellen, ja an Wehrkraftzersetzung grenzen würden.[30]

Wie Kinder in Bettines Leben eine wichtige Rolle spielen, so in ihrem literarischen Werk das Motiv des Kindes. – »Und abends, wenn's schlummert, da haucht es Segen, wie die schlummernden Sträucher auch Segen duften, an denen man hingeht in der Dämmerung«, schreibt sie in der ›Günderode‹. Immer

… indessen lasse ich mir alle Unbequemlichkeiten gefallen, lebe so lang Gott will, und sterbe zur rechten Zeit, wo es am Ende einerlei ist, wie man sich durchgeplackt hat; viel schwerer ist es, im Getümmel aller verkehrten Lebensanstalten sich selber nicht zu verlieren oder sich nicht hinreißen zu lassen zu allen Verkehrtheiten, wozu ich auch die rechne, dass man mit solchem Eifer für manches leibliche Bedürfnis sorgt, dass man der Seele oder dem Gemüt aufs Maul schlägt, wenn es einmal muckst und auch etwas verlangt, oder sich selbst so abspannt, dass man nichts mehr verlangt, als was der zufällige Tag mit sich bringt, und nicht ein Glied rühren mag nach etwas Freude und Neues-Leben-geben-dürfen…[31]

wieder spürt man den Erfahrungshintergrund der Mutter, bei poetischen Beschreibungen ebenso wie bei empörten Äußerungen, wenn sie die Lebensumstände der Kinder im Allgemeinen beklagt: »Alles, was ich seh, wie man mit Kindern umgeht, ist Ungerechtigkeit. Nicht Großmut, nicht Wahrhaftigkeit, nicht freier Wille sind die Nahrung ihrer Seele, es liegt ein Sklavendruck auf ihnen. Ach, wenn ein Kind nicht innerlich eine Welt hätte, wo wollt es sich hinretten vor dem Sündenunverstand, der bald den keimenden Wiesenteppich überschwemmt.«[32]

Der Themenkreis »Kind« und »Kindlichkeit« verweist auf Bettines zentrales Thema, das innerste Selbst des Menschen. Dieser Persönlichkeitskern ist für Bettine am Unverbildetsten im Kind präsent – und in der Kindlichkeit, die sich Erwachsene bewahrt haben. »Wenn einer mit den Kinderschuhen nur nicht auch die kindliche Seele abwirft!«[33], ruft die Frau Rat im Königsbuch aus. Denn sie weiß um einen »natürlichen Trieb«, eine Art Naturanlage des Menschen, »und (die) soll heilig gehalten und gepflegt werden, und da soll ein jeder immer Kind bleiben.«[34] So schätzen Bettine und ihr Alter Ego, die Frau Rat, vor allem anderen die Unangepasstheit des (inneren) Kindes, das Widerstandspotenzial gegen alles scheinbar Unumstößliche, das Querdenken und den unbestechlichen Blick aufs Wesentliche. Kinder und Narren sagen bekanntlich die Wahrheit, denn beide haben sich (noch) nicht mit der Macht der Tatsachen arrangiert.

Es klingt das biblische: »Wenn Ihr nicht werdet wie die Kinder …«, d. h. das Motiv der Gotteskindschaft, an. »Freiheit war ihm« – so Bettine über Friedrich Schleiermacher – »der höchste Beweis göttlicher Weisheit. Wir sollen Kinder Gottes werden: das heißt: wir sollen frei werden.« Und sie fügt hinzu: »Wenige haben ihn im ganzen Umfang des Sinnes verstanden.«[35] Letzteres überrascht nicht, denn eine Theologie, die Gotteskindschaft mit Freiheit übersetzt, steht dem religiösen Zeitgeist diametral entgegen. Eher schon kennt man den lieben Gott als Kinderschreck. Donnerpredigten und Drohungen mit höllischen Folgen (»Sündenunverstand« nennt es Bettine) machen Angst und sie machen obrigkeitshörig. Aus braven Kindern werden sodann brave Untertanen.

Dem herrischen Gott, der die politische Herrschaft stabilisiert, stellt Bettine die mütterliche Weisheit Gottes gegenüber: »Eine Mutter gibt sich alle erdenkliche Mühe, ihr kleines unverständiges Kindchen zufriedenzustellen, sie kommt seinen Bedürfnissen zuvor und macht ihm aus allem ein Spielwerk; wenn es nun auf nichts hören will und mit nichts sich befriedigen lässt, so lässt sie es seine Unart ausschreien, bis es müde ist, und dann sucht sie es wieder von neuem mit dem Spielwerk vertraut zu machen. Das ist grade, wie es Gott mit den Menschen macht, er gibt das Schönste, um den Menschen zur Lust, zur Freude zu reizen und ihm den Verstand dafür zu schärfen.«[36] Diese Gottheit droht und zwingt nicht. Ja, selbst der Unart lässt sie Raum, denn das (Menschen-)Kind, das sich wohin auch immer verlaufen hat, wird sich auf das, was wirklich wichtig ist, d. h. auf Liebe und Freude, besinnen und wieder zurückfinden.

Das Motiv der göttlichen Weisheit entstammt dem Alten Testament. Im Buch der Sprichwörter tritt die Weisheit in personifizierter Form auf – »Da war ich als geliebtes Kind bei ihm. Ich war seine Freude Tag für Tag und spielte vor ihm allezeit«[37] – und verleiht in kindlicher Gestalt dem Jubel über die Schöpfung Gottes Ausdruck. Eine Theologie der Freiheit, der Freude und des Spiels lässt sich von hier ableiten. So bei Bettine, für die »ewig Kind (zu) sein« nicht eine infantile, sondern eine gottgefällige Art und Weise zu leben bedeutet, nämlich »Gott anbeten in Ehrfurcht und mit ihm scherzen und spielen in seinen Werken, die selbst ein Spiel seiner Weisheit, seiner Liebe sind«[39]. Natürlich kennt Bettine noch weitere »Spielfelder«. »Was ist Phantasie? – Ist das nicht der Geister bunter Spielplatz, auf den sie Dich als freundliches Kind mitnehmen?«[40] Und auch die Frage »Was ist Genie?« beantwortet die Frau Rat im selben Sinn: »Es ist des Gottes freies Spiel im Menschengeist.«[41]

Nur ein einzig Ding, am rechten Ende angefaßt, zieht eine Menge andere nach sich, die von selbst dann ins rechte Geschick kommen würden. Die Menschen lernen dann allmählich auch das Rechte denken, wenn sie erst eine Weile das Rechte haben tun müssen.[38]

Unter den Erwachsenen ist folglich der Künstler dem Kind besonders nah – eine Nähe, die ihre vollendete Ausprägung im Genie findet: »Solang wir Kinder sind im Gemüt, solang übt die Natur Mutterpflege an uns; sie flößt Nahrung ein, von der der Geist wächst, dann entfaltet sie sich zum Genius.«[42] So ist für Bettine, die dem Geniekult des Sturm und Drang verpflichtet ist, das Genie Ausdruck eines bewahrten, zur Blüte gebrachten kindlichen Wesens – wie umgekehrt im Kind das Genie präsent ist. Bettines Selbststilisierung als Kind, das mit dem Genius Goethe Briefe wechselt, will vor diesem Hintergrund verstanden sein.

Gottes Spielwiese schlechthin ist die Natur mit all den Spielarten des Lebens, der Vielfalt der Formen und Farben. Wer mit offenen Augen durch die Welt geht, so Bettines Überzeugung, sieht »wie die Natur spielt und in diesem Spiel eine Sprache der Weisheit kindlich ausdrückt; wenn sie auf Blumenblätter Seufzer malt«. Gleichsam als Gegenstück zur christlichen Leibfeindlichkeit und Weltverachtung lautet daher Bettines Credo: »Die Schönheit erkennen in allem Geschaffenen, und sich ihrer freuen, das ist Weisheit und fromm.«[43]

Zu dieser weltzugewandten, menschenfreundlichen und frohen Frömmigkeit haben Kinder allen Alters einen natürlichen Zugang. Lebenslust und Selbstbewusstsein sind ihre Folge und nicht zuletzt, dass die Kinder Gottes auf Erden zu mündigen Bürgern und nicht zu Untertanen werden. »(D)er freie Geist rennt immer der Gottheit in die Arme« – so die tiefe Überzeugung der Frau Rat –, »und zwar aus eignem Instinkt, ja er kann gar nicht anderst, denn er sucht seine Mutter, die Weisheit (…) – und das Kind beweist es ja, das aus freien Stücken auch der Mutter in die Arme lauft.«[44]

Im Grunde führt die Frau Rat auf theologischer Ebene die Erfahrungen Bettines als Mutter aus. Ihr »felsenfester Glauben«, so Maxe, »dass das Gute sich im Menschen frei entwickeln müsse«, bewirkte, dass sie ihre Kinder freigab und ihr gerade hieraus eine »unbedingte Autorität« erwuchs. Noch heute findet sich die Auffassung, eine solche auf Freiheit und Vertrauen setzende Pädagogik sei unrealistisch, denn noch immer wird autoritäres Gebaren mit Autorität verwechselt. Die junge Hummel allerdings, deren freier Flug sie immer wieder zur Mutter zurückführte und die sich als Erwachsene voll Liebe und Respekt an sie erinnert, bestätigt Bettines Sicht der Dinge.

Bettine und die Frauenrechte
»Die Aufnahme der Kinder ins Gymnasium scheint mir höchst wichtig. (...) Was aus den Mädchen werden soll, weiß der Himmel, der es meist besser lenkt als der Mensch denkt.«[45] Der bei den Söhnen so gestrenge Vater geht die Schulfrage bei seinen Töchtern eher locker an, was nicht verwundert, denn die gymnasiale Ausbildung bleibt zu diesen Zeiten den Knaben vorbehalten. Die Mädchen, deren Leben in Richtung Ehe und Familie vorgezeichnet ist, werden von Privatlehrern unterrichtet. So auch im Hause von Arnim, wo man zwar Bildung, Kreativität und allerlei Kunstfertigkeiten der Mädchen nach Kräften fördert, wo die geschlechtsspezifische Ausrichtung des Bildungsweges jedoch nicht infrage gestellt wird. Auch von Bettine nicht. Wahrscheinlich war es ihr lieb, dass nicht auch noch die Töchter durch dieselbe Mühle gemahlen wurden wie die Söhne. Dennoch: Dass die sonst so rebellische Bettine ausgerechnet beim Thema »Frauenrechte« schweigt, ist bitter.

Durch das Vorbild ihres Lebens gehört sie zweifelsfrei zu den Vorreiterinnen der Frauenemanzipation, doch ausdrücklich und eingehend beschäftigt hat sie sich mit der Frauenfrage nicht. Die Entwicklung politischer Konzepte wird der folgenden Generation vorbehalten sein, für die der überkommene Status der Frau, nach dem sie rechtlich ihrem Mann unterstellt ist, nicht mehr hinnehmbar ist. Sie stehen unter dem Eindruck der Märzrevolution von 1848 und fordern auch für Frauen die Bürgerrechte ein.

Die Entwicklung fällt in Bettines späte Lebensjahrzehnte und ist mit Namen wie Louise Aston, Fanny Lewald, Malwida von Meysenbug und Louise Dittmar verbunden. Und Louise Otto-Peters, die für Bildungs- und Ausbildungsmöglichkeiten von Frauen kämpft, für ihr Recht auf eigene Erwerbstätigkeit und auf Teilnahme am öffentlichen Staatsleben. Unter dem Motto: »Dem Reich der Freiheit werb ich Bürgerinnen!«, gibt sie ab 1839 eine Frauenzeitung heraus, bis sie 1852 von der Zensur verboten wird. Ja, man »ehrt« die Herausgeberin mit der ›Lex Otto‹, einem nach ihr benannten Pressegesetz, in dem Frauen verboten wird, eine Redaktion zu leiten. Im Jahr 1865 wird von Luise Otto-Peters gemeinsam mit Auguste Schmidt der »Allgemeine Deutsche Frauenverein« gegründet, der erste Dachverband einer nunmehr überregionalen Frauenbewegung … und dies, obwohl »Frauenpersonen, Geisteskranken, Schülern und Lehrlingen« gemäß dem preußischen Vereins- und Versammlungsgesetz die Mitgliedschaft in politischen Vereinen untersagt ist.

Ein Zentrum der Bewegung ist Berlin, wo auch Bettine wohnt. Dennoch ziehen die modernen politischen Entwicklungen an ihr vorbei. Es ist die Zeit, da Bettine weiter dem romantischen Konzept des Volkskönigs anhängt und darüber mehr und mehr ins politische Abseits gerät. Im Grunde steht sie sich selbst in ihrer Rolle als literarisch und politisch ambitionierte Muse im Weg. Sei es in ihren Versuchen, auf den König einzuwirken, oder aber in ihrer Hinwendung zur Jugend, die im Grunde eine Hinwendung zur männlichen Jugend ist, da sie als »Erweckerin der Jünglinge« auf die zukünftigen Entscheidungsträger Einfluss zu nehmen sucht. In beiden Fällen wird die politische Machtfrage im Verhältnis der Geschlechter nicht gestellt. Und so zeigt hier Bettines so beeindruckender Individualismus seine Kehrseite, denn er geht mit der Unterschätzung der Bedeutung einer, die Recht und Gesetz insbesondere auch

für die Umgestaltung politischer Strukturen und Herr-
schaftsverhältnisse besitzen.

Andererseits ist es die unter schwierigsten Bedingungen bewahrte und sodann verwirklichte Individualität, die
Bettine an die Öffentlichkeit treten und somit einen Bereich erobern lässt, der ihr als Frau eigentlich verschlossen
ist. Der Geniekult steht hier Pate, dem sie seit ihrer Jugend
anhängt und der ihr letztlich den Weg in die Öffentlichkeit
ebnet: zuerst als Bewunderin des Genius, sodann als geniales Kind und als geniale Frau. Bettine hat also – Ehre wem
Ehre gebührt! – die entscheidende Bresche geschlagen und
das Konzept des »genialen Mannes« um das der »genialen
Frau« ergänzt.

Ganz in diesem Sinne erklärt im April 1839 Goethes
Schwiegertochter, Ottilie von Goethe, der englischen
Schriftstellerin Anna Jameson die Bedeutung, die den bei-
den großen Frauen der Romantik, Bettine von Arnim und
Rahel Varnhagen, zukommt: »Die eigentliche Achtung für
weiblichen Genius gewannen die Deutschen erst durch Rahel und Bettine. Diese beiden Frauen haben eigentlich die
geistige Emancipation der Frauen zustande gebracht. Den
Einfluss, den wir früher unbemerkt auf die Ansichten der
Männer in geselligem Verkehr, oder in einer noch innige-
ren Verbindung ausübten, gehört jetzt zu den anerkannten
Einflüssen; es ist seit Rahel uns erlaubt Gedanken zu haben,
die sich mit Gegenständen des allgemeinen Menschen-
wohls beschäftigen, und wenn Rahel uns die Welt der Re-
flection eroberte (…), band Bettine (…) der Phantasie die
Flügel los, die bis dahin gebunden gewesen.«[46]

Was bleibt, ist die Notwendigkeit, die geistige Emanzipation einzelner herausragender Frauen in einen politischen
Emanzipationsprozess, der die Allgemeinheit der Frauen
betrifft, zu überführen. Ein langer Weg voll Durststrecken
und Rückschlägen wird noch zu beschreiten sein. Gegen
Ende des 19. Jahrhunderts werden sich zögerlich die Uni-

versitäten für Frauen öffnen, 1918 erhalten sie das Wahlrecht – und seit dem 1. Juli 1977 (Reform des Ehe- und Familienrechts) ist es erlaubt, auch ohne Zustimmung des Ehemannes einer Erwerbstätigkeit nachzugehen.

GOETHES BRIEFWECHSEL
MIT EINEM KINDE

Glaubt man dem ›Goethebuch‹, so hat Bettine den Namen Goethes erstmals gehört, als sie einem Gespräch zwischen ihrer Großmutter und Tante Möhn lauschte. Von Stolz und Hochmut war die Rede und von der gefährlichen Freigeisterei; – »damals wußt ich nur, dass die Leute Dich tadelten, und mein Herz sagte: Nein, er ist größer und schöner als alle, und da liebte ich Dich mit heißer Liebe bis auf heut.«[1] Es folgen die Lektüreempfehlung ihres goethebegeisterten Bruders Clemens und lange Gespräche mit der Frau Rat, bis endlich im Jahr 1807 Bettines Wunsch nach einer persönlichen Begegnung mit Goethe in Erfüllung geht. Allein zu reisen ist ihr nicht erlaubt. Als sich allerdings ihr Schwager Jordis auf Geschäftsreise nach Berlin begibt, kann sie sich ihm und ihrer Schwester anschließen. Auf dem Rückweg macht man Station in Weimar: »Da hat den doch die kleine Brentano ihren Willen gehabt, und Goethe gesehen«, schreibt die Frau Rat an ihre Schwiegertochter, »ich glaube im gegen gesetzten fall wäre sie Toll geworden – denn so was ist mir noch nicht vorgekommen – sie wollte als Knabe sich verkleiden, zu Fuß nach Weimar laufen – vorigen Winter hatte ich oft eine rechte Angst über das Mägchen.«[2]

Bettine reagiert auf diesen Besuch begeistert, Goethe kühl, womit im Wesentlichen das Verhältnis auch für die Folgezeit beschrieben wäre. In den Jahren 1807 bis 1811 schickt Bettine 41 zum Teil weitschweifige Briefe, auf die Goethe mit 17 kurzen, bisweilen von seinem Sekretär verfassten Schreiben antwortet.

Weniger zurückhaltend ist Goethe darin, sich von Bettine Material für seine Werke zutragen zu lassen. Bettine wird sich später nicht zu Unrecht als Inspirationsquelle des Dichters begreifen. In seinen in den Jahren 1807 und 1808 verfassten Sonetten lassen sich mehrfach Zitate aus ihren Briefen nachweisen.

»Ich habe von der Mutter viel gehört, was ich nicht vergessen werde, die Art, wie sie mir ihren Tod anzeigte, hab ich aufgeschrieben für Dich. Die Leute sagen, Du wendest Dich von dem Traurigen, was nicht mehr abzuändern ist, gerne ab, wende Dich in diesem Sinne nicht von der Mutter ihrem Hinscheiden ab, lerne sie kennen, wie weise und liebend sie grade im letzten Augenblick war und wie gewaltig das Poetische in ihr«[3], schreibt Bettine. Und in der Tat saß sie zu Füßen der Mutter auf dem Schemel und lauschte, und auch am Sterbebett saß sie, nicht er. So verfügt sie über Kenntnisse, die für ihn von großem Interesse sind, jedenfalls in dem Augenblick, da er sich entschließt, seine »Bekenntnisse«, d. h. Lebensbeschreibung, zu verfassen. Entsprechend ergeht in einem Brief Goethes an Bettine die Bitte, »mir noch nebenher einen großen Gefallen zu tun«. Vieles vom Vergangenen habe er vergessen, die verstorbene Mutter könne er nicht mehr fragen: »Nun hast Du eine schöne Zeit mit der teuren Mutter gelebt, hast ihre Märchen und Anekdoten wiederholt vernommen und trägst und hegst alles im frisch belebenden Gedächtnis. Setze Dich also nur gleich hin und schreibe nieder, was sich auf mich und die Meinen bezieht, und Du wirst mich dadurch sehr erfreuen und verbinden.«[4] Natürlich kommt Bettine seinem Wunsch nach. Ihre Arbeit ist äußerst hilfreich. Goethe wird sie für den ersten Teil von ›Dichtung und Wahrheit‹ verwenden und aus den Aufzeichnungen Bettines einige Sequenzen fast wörtlich übernehmen.

Im August des Jahres 1810 begegnet Bettine Goethe in Bad Teplitz, doch lässt sich über den Grad der hier erfahrenen zwischenmenschlichen Nähe nur spekulieren. Sicher ist, dass Bettine das Treffen literarisch stilisiert darstellt. Es liegen mehrere Überarbeitungsphasen des Textes, der die Begegnung mit Goethe beschreibt, vor, wobei das Zusammentreffen immer erotischer gerät: »Er fragt hat dir noch nie jemand den Busen berührt? – Nein, sagt ich, mir selbst ist es so fremd dass du mich anrührst. – da drückte er viele viele und heftige Küsse mir auf den Hals.«[5] War hier der Wunsch der Vater des Gedankens? In einem Brief an Achim kommt Bettine kurz auf Goethe und sein Äußeres zu sprechen: »Jetzt ist ihm der dicke Bauch und das Doppelkinn nachgekommen.«[6] Vor Liebe blind war sie also nicht!

Der tröstliche Beleg dafür, dass auch Dichterfürsten mit Übergewicht zu kämpfen haben, findet sich allerdings nur im privaten Briefwechsel. Im literarisch stilisierten Briefwechsel entschwebt der gottgleiche Genius in fast überirdische Gefilde, weswegen dieses Thema, das ihm zu viel Erdenschwere verleihen würde, als unpassend entfällt. Kurzum: Man tut gut daran, die Ebenen zu trennen und den literarischen Liebestaumel nicht allzu wörtlich zu nehmen. Zumal Bettine im Nachhinein beteuert: »So außerordentlich war ich gar nicht in Goethe verliebt; ich mußte nur jemand haben, an dem ich meine Gedanken usw. auslassen konnte.«[7] Von der leidgeprüften und daher stets wachsamen Ehefrau Goethes, Christiane, wird sie freilich den »Äugelchen«, d. h. jugendlichen Verehrerinnen, zugezählt, womit sich Bettine auf gefährlich vermintem Terrain befindet.

Bettine ist zwischenzeitlich mit Achim verheiratet. Das frischgebackene Ehepaar fährt im September 1811 nach Weimar und besucht dort natürlich auch Goethe. In einer Kunstausstellung erlaubt sich Bettine, so Moritz Carriere, »eine ihrer kecken Verfehlungen in übertreibender Derbheit«[8], d. h., sie benimmt sich, wie sie sich oft benimmt, trifft allerdings in diesem Fall auf die Falsche. So kommt es zum berühmten handgreiflichen Eklat zwischen Bettine und Goethes Frau Christiane, bei dem Bettines Brille zu Bruch geht. Diese Untat wird von Bettine mit dem Wort von der »tollen Blutwurst« gerächt. Die »Blutwurst« macht sodann in Weimar die Runde und trägt zur allgemeinen Erheiterung der um jede Abwechslung dankbaren guten Gesellschaft bei. All dies verübelt der Dichterfürst zutiefst, so dass die Parteien wortlos voneinander scheiden.

Als im Jahr 1812 die Arnims und Goethe zufällig gleichzeitig in Teplitz zur Kur sind, geht man sich aus dem Weg. »Von Arnims nehme ich nicht die mindeste Notiz, ich bin sehr froh, dass ich die Tollhäuser los bin«[9], schreibt er an seine Frau, die es mit Freude vernommen haben wird. Erst das von Bettine entworfene Modell eines Goethe-Monuments, das sie ihm bei einem Besuch im Jahr 1824 zeigt, stimmt ihn eine Zeitlang etwas gnädiger, bevor sich das Verhältnis erneut verschlechtert. Im Jahr 1826, ein längerer Besuch Bettines ist vorangegangen, fällt das Wort von der »leidigen Bremse«, die »mir als Erbstück von Meiner Mutter schon viele Jahre sehr unbequem (ist)«[10].

Im Jahr 1831 ist Bettines Sohn Siegmund bei Goethe zu Gast. Ein jeder kehre vor seiner Thür/Und rein ist jedes Stadtquartier/Ein jeder übe sein' Lection,/So wird es gut im Rathe stohn[11], schreibt er ihm in Anlehnung an Luther ins Stammbuch. Es sollte sein letzter Kontakt mit einem Mitglied der Familie von Arnim sein. Am 22. März 1832 stirbt Goethe in Weimar.

Das Werk ›Goethes Briefwechsel mit einem Kinde‹ besteht aus drei Teilen: erstens Bettines Briefwechsel mit der Frau Rat, zweitens mit Goethe selbst, und der dritte Teil enthält Tagebuchaufzeichnungen Bettines. Bereits ihren »Erstling« kennzeichnet Bettines freier Umgang mit eigenen Texten und dem ihr zur Verfügung stehenden Material. Dass hier die am 13. September 1808 verstorbene Frau Rat am 7. Oktober 1808 einen Brief verfasst, kann nur Kleinmütige schrecken. Eine realistische Darstellung interessiert Bettine nicht und eine schlüssige Chronologie schon gar nicht. Entsprechend stammen von neun eingefügten Briefen acht von Bettines Hand.

Nicht anders verfährt sie im zweiten Teil. In den Briefwechsel mit Goethe arbeitet sie Teile aus dem Briefwechsel mit Fürst von Pückler-Muskau ein sowie Sequenzen aus den Werken Hölderlins und vor allem Goethes. Wiederum werden in der für Bettine typischen Arbeitsweise Kindheitserinnerung, philosophische Betrachtungen und die Behandlung politischer Themen ineinander verwoben. Die Beschreibung der unidyllischen realen Beziehung zu Goethe liegt also zu keinem Zeitpunkt in Bettines Absicht.

Stattdessen steht das Verhältnis zum genialen Dichter im Vordergrund. Er gilt ihr als göttliche Gestalt, d. h. als Mensch, der die göttlichen Anlagen in sich vollkommen entwickelt hat. Und er gilt ihr als Mittler zum Göttlichen, d. h. zu dem, was im innersten Persönlichkeitskern des Menschen angelegt ist und auf Entfaltung dringt. »Es ist das Ideal Deiner eignen höheren Natur, was Du im Geliebten berührst«[12], sagt sie über diese Art der Liebe, die sich in ihrem tiefsten Sinn als Prozess der Selbstwerdung verwirklicht: »Ja Liebster, das macht mich glücklich, dass sich allmählich mein Leben durch Dich entwickelt.«[13] Die liebende Verehrung zum Dichtergenius führt also nicht in blinde Gefolgschaft, sondern zu innerem Wachstum, zur Begabungsentfaltung und zur Eigenständigkeit, »denn meine Liebe zu Dir macht mich frei«[14].

Bettines Geniebegriff ist differenzierter, als man auf den ersten Blick glauben mag. Natürlich steht sie unter dem Eindruck des pathetischen Geniekultes der Epoche des Sturm und Drang. Doch es findet sich auch ein »demokratisierter Geniebegriff« (vergleichbar ihrem Königsbegriff, vgl. Seite 151), in dem Bettine vom erwählten Einzelmenschen auf die Erwähltheit jedes Einzelnen schließt. So gilt ihr der Genius als »die uranfängliche Gotteskraft, die dem Menschen als Ideal eingeboren ist«[15]. Jedem Menschen! – das ist für Bettine selbstverständlich, wie auch, dass jedem Menschen aufgetragen ist, dieses Ideal in seinem Leben zu verwirklichen. »Jeder wird als der größte Held geboren!«, so Bettine in einem Gespräch zu Moritz Carriere, dem sie im Weiteren erklärt, »dass jede Persönlichkeit (…) einzig sei und ihrer Art ein Genius, in irgendetwas allen anderen überlegen und eine Spitze der Gattung«. Hieraus ist für Bettine nur der eine Schluss möglich, »dass jeder mit vollem Mut der Wahrheit er selbst sein solle«[16].

Fanny Lewald, die eine Generation jüngere Frauenrechtlerin und sozialkritische Schriftstellerin, verfasst unter der Überschrift »Der Cultus des Genius« im Jahr 1849 eine Rezension des Werkes ›Ilius Pamphilius und Ambrosia‹, das Bettine ein Jahr zuvor veröffentlicht hat. Es hat manche Ähnlichkeit mit ›Goethes Briefwechsel‹, nur dass nun die Ambrosia (Bettine) zur Inspirationsquelle wird. Ihr Gegenüber Ilius Pamphilius, d. h. Philipp Nathusius, ist ein zwiespältiger, zwischen hehren Idealen und der Anpassung an bürgerliche Normen schwankender junger Mann. Dessen Erziehung ist, wie auch Fanny Lewald meint, ein etwas mühsames Unternehmen, da der durch die Ambrosia zu erweckende innere Genius einem ziemlich schnöseligen Jüngling innewohnt.

Ursprünglich sollte ›Ilius Pamphilius‹ die Briefwechsel mit mehreren jungen Männern, die in Bettines Salon verkehren, enthalten, wird aber dann auf den mit Philipp Nathusius beschränkt. In umgekehrter Konstellation wie im ›Goethebuch‹ befindet sich nun Bettine in der Rolle des die Jugend inspirierenden und lehrenden Genius. Das literarische Erziehungsmodell scheitert, wie auch die reale Beziehung zu Nathusius, der sich – sehr zu Bettines Entsetzen – einem engstirnigen Katholizismus und dumpfer Deutschtümelei zuwenden wird. Varnhagen charakterisiert den einstigen »Gefeierte(n) Bettinens von Arnim« im Jahr 1850 als »fanatische(n) Reaktionär, Frömmler und Kopfhänger, abhängig von dem Willen und den Launen seiner Frau, die früher eine wilde Hummel war, jetzt eine Betschwester ist, statt der früheren Reitpeitsche eine Bußgeißel schwingt. Beim Regen einen Regenschirm aufzuspannen, hält er für sündlich.«[17]

Die Rezension, die Fanny Lewald über Bettines Werk verfasst, ist nicht unkritisch, aber voller Wertschätzung für dessen Autorin. Deren Verdienst sieht Lewald vor allem im »Uebergang von dem Glauben an die Offenbarung Gottes in einem Wesen zu der Erkenntnis des Gottes, des Genius in Jedem«[19], d. h. in einem Geniebegriff, der sich zu einem demokratischen Verständnis hin öffnet.

> *Der Mensch muß sich den besten Platz erwählen, und den muß er behaupten sein Leben lang, und muß all seine Kräfte daran setzen,* dann *nur ist er edel und wahrhaft groß. Ich meine nicht einen äußern, sondern einen innern Ehrenplatz, auf den uns stets diese innere Stimme hinweist, könnten wir nur das Regiment führen in uns selbst …*[18]

Man lasse sich also vom Pathos der im ›Goethebuch‹ bisweilen allzu Verzückten nicht täuschen. Die am Genius des Dichterfürsten Wachsende schließt mehr und mehr zu ihm auf. Von Angesicht zu Angesicht lässt sich sodann – die Autorin ist eben kein schwärmendes Mädchen, sondern eine reife Frau – diese und jene Runzel im hehren Antlitz erkennen. Goethes Frauengestalten jedenfalls sind nicht nach Bettines Geschmack: »Werthers Lotte hat mich nie erbaut, wär ich nur damals bei der Hand gewesen, Werther hätte sich nicht erschießen dürfen.« Nicht anders verhält es sich beim Roman ›Wilhelm Meister‹, »da sind mir alle Frauen zuwider (...) weil ich besser bin und liebenswürdiger wie die ganze weibliche Komitee Deiner Romane.«[20]

Seit ihrem ersten Kontakt mit dem ›Wilhelm Meister‹ identifiziert sich Bettine mit der literarischen Figur der Mignon bzw. wird von den Zeitgenossen mit ihr identifiziert. Bettine freilich, die sich »besser und liebenswürdiger« weiß als diese, findet für das, worin sie von ihrem Vorbild abweicht, eine selbstbewusste Lösung. Sie arbeitet – Bettine ist richtig, das Vorbild ist falsch! – die Mignon um, die nun ein die Vorlage sprengendes Eigenleben zu führen beginnt. Im Gegensatz zur literarischen Figur, die aus unerfüllter Liebe zu Wilhelm Meister stirbt, wirkt die Bettine-Mignon quicklebendig und sucht ihren Wilhelm zur revolutionären Aktion zu bewegen – also zu dem, wozu er im Roman nicht den Anflug einer Neigung zeigt. Ausgangspunkt der Mobilmachung Wilhelms ist der Volksaufstand in Tirol. Unter dem Druck Napoleons wird Tirol im Pressburger Frieden (1805) von Österreich an das mit Frankreich verbündete Bayern abgetreten. Im Vorfeld einer neuen Kriegserklärung Österreichs erfolgt der Tiroler Volksaufstand (1809) unter Führung Andreas Hofers, der – nach anfänglichen Erfolgen gegen die Armeen Bayerns und Österreichs – militärisch zusammenbricht. 1810 wird Hofer im Auftrag Napoleons in Mantua standrechtlich erschossen.

Wie viele ihrer Zeitgenossen sieht Bettine im Volk von Tirol das Ideal einer um ihre Freiheit und Selbstbestimmung kämpfenden Nation: »O, es ist eine himmlische Wohltat Gottes, an der wir alle gesunden könnten, eine solche Revolution«[21], d. h. in Tirol geschieht das, was für Deutschland wünschenswert wäre. »Komm, flüchte Dich mit mir« – so die Bettine-Mignon zu Wilhelm – »jenseits der Alpen zu den Tirolern, dort wollen wir unser Schwert wetzen und das Lumpenpack von Komödianten vergessen. (…) Ja wenn etwas noch aus Dir werden soll, so mußt Du Deinen Enthusiasmus an den Krieg setzen, glaub' mir, die Mignon wär' nicht aus dieser schönen Welt geflüchtet, sie hätte gewiß alle Mühseligkeiten des Kriegs mit ausgehalten und auf den rauhen Alpen in den Winterhöhlen übernachtet bei karger Kost, das Freiheitsfeuer hätte auch in ihrem Busen gezündet.«[22]

Die Kritik an den literarischen Figuren des ›Wilhelm Meister‹ ist im Kern Kritik an deren Verfasser. Denn die Aufgabe des Dichters – wie sich Goethe nun von Bettine belehren lassen muss – besteht darin, die Räume des freien und daher befreienden Geistes zu erschließen. »Der Dichter (Du, Goethe) muß zuerst dies neue Leben entfalten, er hebt die Schwingen und schwebt über den Sehnenden und lockt sie und zeigt ihnen, wie man über dem Boden der Vorurteile sich erhalten könne; aber ach! Deine Muse ist eine Sappho, statt dem Genius zu folgen, hat sie sich hinabgestürzt.«[23] Wessen Muse derart auf die Nase fällt, der kann eben über die Nasenspitze seiner Arrangiertheiten hinaus keine politische Perspektive entwickeln. »O, lieber Freund, während Du Dich abwendest von

Es ist aber noch ebenso dumm, irgendeine Macht anzuerkennen über uns als nur das Leben selbst, …[24]

dem Unheil trüber Zeit« – so der Stoßseufzer Bettines gegenüber dem ins Erhabene entrückten Dichterfürsten, der »in einsamer Höhe Geschicke bildet« und darüber die politische Aufgabe der Dichtung vergisst: »Ach, vereine Dich doch mit mir, ihrer zu gedenken, die da hinstürzen ohne Namen [die getöteten Tiroler] (…) es ist des Dichters Ruhm, dass er den Helden die Unsterblichkeit sichere«[25], fordert ihn Bettine auf. Die Mobilisierung Wilhelms für den Freiheitskampf in Tirol geht unversehens in die Mobilisierung Goethes zum politischen Dichter über.

»Ich glaube weder Arnim noch Goethe würden eine solche Veröffentlichung gebilligt haben«[26], schreibt Clemens, und in der Tat ist die Idee, dass sich Goethe von Bettine (wie Wilhelm von Mignon) zu revolutionären Umtrieben hätte bewegen lassen, zu schön, um auch nur vorstellbar zu sein. Nicht ohne Grund hat Bettine erst nach Goethes Tod ein Buch veröffentlicht, dem das Kunststück gelingt, dem Dichter ein literarisches Podest gezimmert ... und zugleich daran gesägt zu haben. »Alles in allem«, so Konstanze Bäumer, »könnte man das Goethebuch wohl als ein ›trojanisches Pferd‹ verstehen, aus dem etwas heraussprang, was das Publikum ihrer Zeit nicht erwartet hatte, nämlich die nicht anonyme Selbstbeschreibung einer Frau.«[27]

Das sogenannte ›Goethebuch‹ könnte daher mit derselben Berechtigung »Bettinebuch« heißen, denn dem genialen Dichter stellt sie ihre eigene als »kindlich« stilisierte Genialität gegenüber, die vom unmittelbaren, unverbildeten Zugang zur Wahrheit zeugt. »Aber Deine Narrheit belehrt besser wie ihre [der Philosophen] Weisheit«[28], lässt sie Goethe voll Anerkennung sagen und an anderer Stelle sich erinnern: »Ich war auch einmal so närrisch wie Du, und damals war ich besser als jetzt«[29] – damals, als noch nicht all die falschen Kompromisse mit der Gesellschaft die einstige Klarheit des Urteils trübten. In der Realität zeigt sich Goethe, wen wird es wundern, weniger gelehrig, wie einem Brief Bettines an ihren jugendlichen Verehrer Julius Döring zu entnehmen ist: »Er begriff's nicht, dass

– Und wenn ich die eigne Stimme schweigen heiß und einer fremden folge, dann bin ich nicht mehr in eigner Macht und muß mir's aufbürden lassen, dass ich aus Rücksichten mein besseres Selbst verwerfe.[30]

ich keck und ohne Überlegung sagte: ich will Dich belehren, ich kann von Dir nicht lernen, Du kannst von mir lernen, er war zornig auf mich.«[31]

Bevor ›Goethes Briefwechsel mit einem Kinde‹ veröffentlicht wird, trifft Bettine erst einmal auf den massiven Widerstand der Familie: »In Frankfurt«, so Bettine an Jacob Grimm im Februar 1835, »habe ich einen harten Strauß bestanden, es wäre lustig, wenn sie mich nicht gar zu hart gekränkt hätten. Die Familie

hielt Consilium und verlangte, ich solle die ganze Auflage ver-
nichten; einige hielten es für überspannt, andre für zweideutig,
Franz behauptete, es sei gegen den katholischen Glauben.«
Clemens fleht sie um Gottes, Achims und ihrer Kinder willen
an, von der Veröffentlichung »dieses weltlichen Hoheliedes«
abzusehen.[32] Er fängt sich ein geharnischtes Antwortschreiben
ein: »(W)as nun das Schicksal meiner Kinder betrifft, was Du
durch dieses Buch gefährdet glaubst, so bin ich über dassel-

Ich sah ein Inneres in mir, ein Höheres,
dem ich mich unterworfen fühlte, dem
ich alles opfern sollte, und wo ich's nicht
tat, da fühlte ich mich aus der Bahn
der Erkenntnis herausgeworfen, und
noch heute muß ich diese Macht an-
erkennen, sie spricht allen selbstischen
Genuß ab, sie trennt von den Ansprü-
chen an das allgemeine Leben und hebt
über diese hinweg. Es ist sonderbar,
daß das, was wir für uns selbst fordern,
gewöhnlich auch das ist, was uns
unserer Freiheit beraubt; wir wollen
gebunden sein mit Banden, die uns süß
deuchten und unserer Schwachheit eine
Stütze, eine Versicherung sind; wir
wollen getragen sein, gehoben durch
Anerkenntnis, durch Ruhm, und
ahnen nicht, daß wir dieser Forderung
das Ruhmwürdige und die Nahrung
des Höheren aufopfern; wir wollen
geliebt sein, wo wir Anregung zur
Liebe haben, und erkennen's nicht, daß
wir den liebenden Genius darum in
uns verdrängen. Wo bleibt die Freiheit,
wenn die Seele Bedürfnisse hat und
sie befriedigt wissen will durch äußere
Vermittlung?[36]

be ganz ruhig.« Und auch sein
letzter Trumpf, eine sittliche
Freundin, von der er wohl hofft,
dass sie Bettine von Frau zu Frau
zur Vernunft bringt, sticht nicht:
»Du fragst ob ich keine sittliche
Frau zur Freundin habe. Ich bin
eine vollkommen sittliche Frau
und habe tiefen Ernst und Mut
und großen Entscheidungsgeist
über das was recht ist.«[33]

Sowohl seine Intervention als
auch die der um ihren gesellschaftlichen Ruf besorgten Gunda bleiben ohne Erfolg. Ja selbst
ihr Sohn Siegmund, der um seine Karriere als preußischer Be-
amter bangt, kann Bettine nicht
erweichen. Zum einstweiligen
Trost geht er davon aus, dass die
bereits gedruckte Auflage unver-
käuflich sei, und sieht – wie er
seine Mutter wissen lässt – »mit
Sehnsucht der Zeit entgegen,
wo ich Tausende von Exemplare
kreuzweise benutzen werde«[34].

Die Zeiten freilich, in denen
sich Bettine von dem, was sie für

richtig hält, abbringen lässt, sind vorbei. »Mich deucht, jedem sollte es wichtig sein, die vorgefaßte Meinung anderer, die nicht mit seinem das Ideal bildenden Streben übereinstimmt, zu überwinden«, sagt Bettine, die weiß, von was sie spricht: »Lange genug habe ich für etwas anderes gelten müssen, als ich verantworten möchte.«[35] Das Buch wird veröffentlicht, die erste Auflage von 5000 Exemplaren rasch verkauft. Auf einen Schlag ist Bettine eine berühmte Frau.

Die Reaktionen der Zeitgenossen sind, wie nicht anders zu erwarten, zwiespältig. Seit Langem ist man in Berlin – so Theodor Mundt im ›Literarischen Zodiacus‹ – »in kein so leidenschaftliches Pro und Contra geraten«. Christlichen Autoren, für die Goethe eh unter dem Verdacht des Heidentums steht, ist Bettines »Menschenvergötterung, namentlich die Anbetung des Genies«[37], ein Dorn im frommen Auge. Auf breiter Front wird die angebliche Unsittlichkeit des Werkes angeprangert und, so Ludwig Tieck, die »Dreistigkeit der Verfasserin, sich so zur Schau zu stellen«[38].

Gegen das ›Goethebuch‹ spricht nicht zuletzt, dass es von einer Frau stammt. Grabbe ist über die hier ausgebreiteten »Ekelhaftigkeiten« entsetzt, während Nikolaus Lenau vermerkt: »Ein Weib kann nichts Höheres als ein Weib sein«, und mit einem Seitenhieb auf die schreibenden Frauen ergänzt: »Die genialen Weiber böckeln alle.«[39] Sitte und Anstand in Not kennen kein Tiefschlagverbot, zumal im Angesicht des Abgrunds, d. h. der von Hermann Markgraff ausgemachten Gefahr, »dass die deutsche Literatur das Eigentum der Frauen« werden könnte. »Nun ist den Frauen Eins nicht gegeben und wird ihnen nie gegeben sein, die Gabe der Produktion. Die Produktion ist des Mannes«[40], stellt er daher ein für alle Mal fest.

Beifall kommt vor allem aus dem Lager der Fortschrittlichen. Gustav Kühne nimmt in seiner Rezension auf die Sequenzen zum Tiroler Aufstand Bezug, den Goethe »mit höfischer Aristokratenkälte« ignoriert habe. Kühne betont, »dass aus dem großen deutschen Poeten mehr ein Hofdichter als ein Nationaldichter geworden sei«, und weist Bettine das Verdienst zu, dies kenntlich gemacht zu haben. Hätte Goethe hingegen (gemäß dem Vorschlag Bettines) Wilhelm Meister zum Freiheitskampf nach Tirol geschickt, »(d)ann stände nicht zwischen deutscher Dichtung und deutscher Nationalentwicklung die ungemessene Kluft da, über die wir verzweifelnde Kinder der Jetztwelt eine Brücke schlagen müssen. Da liegt das Gebrochene unserer Zustände, da liegt unser ganzes Unglück.«[41]

»Ihr Buch, bekannt gemacht zur Verherrlichung Goethes, hat seine Blöße gezeigt«, schreibt Ludwig Börne, der Bettine zu »Goethes Rachefurie« erklärt. Mit der Veröffentlichung des ›Goethebuches‹ wird sie nicht nur berühmt, sie wird auch zur Hoffnungsträgerin der aufbegehrenden deutschen Jugend. Vor allem die Schriftsteller des Jungen Deutschland und die mit ihnen sympathisierenden Studenten erkennen in Bettine nun ihre Autorin. »Bettina gehört der Bewegung«[42], ruft Eduard Beuermann begeistert aus.

Sehnsucht

»Die Sehnsucht hat allemal recht, aber der Mensch verkennt sie oft«[43], sagt Bettine. Sie zu verstehen ist nicht leicht, denn ihr Sehnsuchtsbegriff ist nicht mehr der unsere. Der Begriff »Sehnsucht« ist zwischenzeitlich bis zur Unkenntlichkeit abgegriffen, sentimentalisiert und folglich verflacht. Am ehesten wird man die Sehnsucht heute dem Herz-Schmerz-Bereich zuordnen, wo selbst Hartgesottene periodisch weich werden, um sodann weiterzumachen wie gehabt. Bettines Sehnsuchtsbegriff hingegen entstammt der Schatzkammer der Innerlichkeit, die bei ihr immer zugleich eine Waffenkammer zur Verteidigung des Einzelnen gegen Fremdbestimmung ist. Der Begriff besticht durch sein Widerstandspotenzial und durch lebensklugen Optimismus. Seine Wiederbelebung würde sich also lohnen, denn Lücken in der Sprache pflegen Lücken im Denken zu hinterlassen.

Sehnsucht ist für Bettine die Lichtträgerin im Dunkel und daher eng mit der Hoffnung verwandt: »Wer sich nach Liebe sehnt, ist nicht lichtlos, denn die Sehnsucht ist schon Licht, die Rose trägt das Licht in der Knospe verschlossen.«[44] Sehnsucht zeugt von etwas, was noch nicht ist, aber werden will. Das, wohin sie strebt, liegt oft noch im Unbestimmten und ist doch in geahnter Vorform präsent: »Sehnsucht ist ja doch die rechte Fährte, sie weckt ein höheres Leben, gibt helle Ahnung noch unerkannter Wahrheiten, vernichtet allen Zweifel und ist sie die sicherste Prophetin seines Glückes.«[45] Gleich einem Samenkorn, das bereits die ganze Pflanze in sich trägt, enthält die Sehnsucht die Essenz dessen, was auf Entfaltung dringt. Sehnsucht ist sich selbst nie genug. In ihr regt sich etwas, das wachsen und ans Licht der Welt kommen will: »Jede Sehnsucht ist Begierde zu bilden, zu gebären.«[46]

Erst einmal jedoch zeugt die Sehnsucht von einem Unbehagen: Etwas im Leben ist nicht, wie es sein sollte. Etwas fehlt. Sehnsucht hält das Wissen hierum lebendig und folglich die Wunde offen. Doch auch das Schmerzliche der Sehnsucht weiß Bettine zu schätzen, denn das Unglück ist allemal wahrhaftiger als jene scheinbare Zufriedenheit, die man sich um der Anpassung willen zurechtlügt: »Unglück ist vielleicht die geheime Organisation des Glückes (...), eine Krankheit der Sehnsucht.«[47]

Aber die Sehnsucht hat einen gefährlichen Gegenspieler: den sogenannten Realitätssinn, der jede neue Wirklichkeit, die an die Stelle der alten treten könnte, im Keim zu ersticken sucht: Schlag Dir die Flausen aus dem Kopf! Wer diesem Rat folgt, zementiert den Ist-Zustand der Welt. Und er gibt sein ureigenstes Anliegen, seine innerste Hoffnung und somit sich selbst preis: »(W)o kein Wunsch uns hinzieht, das ist für uns verloren«, beziehungsweise – im Umkehrschluss –: »Wonach der Wunsch uns hinzieht, das wird möglich.«[48] Dem Wunsch wohnt wie auch der Sehnsucht eine Kraft inne, die von sich aus nach Verwirklichung strebt. Solange man also nicht zu wünschen aufhört, nicht aufhört, sich zu sehnen, solange man den Sehnsuchtssamen nicht mit tausend Wenn und Aber zuschüttet, bis er letztendlich unter dem finalen »es geht ja doch nicht« erstickt, wächst er von ganz allein.

Die Macht des Wunsches (von der noch das Märchen weiß) und die Macht der Sehnsucht sind folglich nicht zu unterschätzen: »So mancher hat große Fortschritte gemacht bloß aus Sehnsucht und Liebe zur Sache, während er bei angestrengtester Übung nichts lernte«, schreibt Bettine und schärft ihrer Briefpartnerin den Kernsatz ihrer Lehre von der wirkmächtigen Sehnsucht ein: »Das behalten Sie mir ja im Herzen, dass nichts verloren ist, sobald wir nichts verloren geben.«[49]

Zwanzig Jahre lang ist Bettine verheiratet gewesen, sieben Kinder hat sie geboren, die gesellschaftlichen Normen erfüllt, in sie gebeugt hat sie sich nie. Das bedeutet zwanzig Jahre eines mehr oder minder starken Unbehagens, des sehnsüchtig-schmerzlichen Wissens: Es fehlt noch etwas. Dieses Etwas, dessen Keim bereits in der Jugend angelegt ist, wächst zwei Jahrzehnte lang in ihr heran. Nun ist die Zeit reif, alles, was scheinbar brachlag, ist voll entwickelt und drängt machtvoll ans Licht der Welt. Am Ende ihrer schwersten Schwangerschaft gebiert sich Bettine selbst in ein neues Leben hinein.

DIESES BUCH GEHÖRT DEM KÖNIG

Am Beginn des öffentlichen Wirkens von Bettine steht eine Choleraepidemie, die im Jahr 1831 in Berlin mehr als 1400 Todesopfer fordert. Besonders in den Armenvierteln wütet die Seuche, die hier den idealen Nährboden für ihre Ausbreitung findet. Bettine schickt ihre Kinder zu Verwandten, bleibt aber selbst in Berlin. Sie ist eng mit Friedrich Schleiermacher, dem evangelischen Theologen, befreundet, der als Armenverweser in Berlin tätig und täglich mit schrecklichen Zuständen in diesen Vierteln konfrontiert ist. Bettine arbeitet mit Schleiermacher zusammen, um wenigstens die ärgste Not zu lindern. Sie sammelt Geld, organisiert Kleidung, Schuhe und Decken für die Armen. Und sie organisiert Arbeit für die Erwerbslosen, indem sie Leder kauft und dringend benötigte Schuhe herstellen lässt. Als erklärte Anhängerin der Homöopathie verteilt sie Belladonna.

Mit ihrem karitativen Engagement unterscheidet sich Bettine kaum von anderen adligen Damen ihrer Zeit. Sehr wohl unterscheidet sie sich jedoch darin, dass sie das Problem an sich erkennt – und seine Wurzeln. »Man soll Mitleid mit niemand haben, man soll sich vielmehr schämen, dass es so werden konnte«, heißt es im ›Frühlingskranz‹, wo Bettine gegen die »Anstalten der Menschenliebe« polemisiert, die »mit der feinen englischen Schere der Mildtätigkeit Schnippelchen abschneiden, um damit den aufgesperrten Rachen der entsetzlichen Wunden zu verkleben«. Den Armen wird sogar das Letzte genommen, was sie noch haben: ihre Würde. »Tugendgekitzel« nennt sie derlei Wohltäterei, die den Gebern schmeichelt, die Nehmenden demütigt und ansonsten die Welt belässt, wie sie ist. Aus Unrecht freilich – so Bettines tiefe Überzeugung – muss Recht werden. Angesichts der Not wird sie zur politisch denkenden Frau.

Die Auseinandersetzungen der Zeit werden um bürgerlich-demokratische Rechte geführt. Während der Adel rigoros seine Geburtsvorrechte verteidigt. Gleichzeitig finden jedoch infolge der beginnenden Industrialisierung auf der sozialen Ebene gewaltige Umwälzungen statt. Die Ständegesellschaft entwickelt sich zu einer Gesellschaft der Klassen. »Man kann darüber streiten, ob die soziale Ungleichheit im 19. Jahrhundert in Deutschland zu- oder abgenommen hat. Unübersehbar ist jedoch, dass sich die Formen der Ungleichheit entscheidend geändert haben«[1], schreibt Reinhard Rürup.

Bestimmte in der alten Feudalordnung die Zugehörigkeit zum Stand über den Status, so befindet man sich nun inmitten eines Veränderungsprozesses, an dessen Ende zwar Rechtsgleichheit der Bürger, aber soziale Ungleichheit infolge der Klassenzugehörigkeit bzw. des sozialen Status stehen wird. Die Forderungen nach verfassungsrechtlicher Gleichheit der Bürger, nach Wahlrecht, Pressefreiheit usw. sind nur allzu berechtigt. Doch essen kann man diese Rechte nicht. Bettine zählt mit zu den Ersten, die das Problem klar erkennen, während der Blick auf den eigenen Geldbeutel viele Bürger blind macht gegenüber der sozialen Frage[2]. »Man will ein Arbeitsministerium, ich aber will ein Armenministerium, was einen viel entschiedeneren Charakter hat und ein viel wichtigeres Organ sein würde!«[3], fordert Bettine und trifft somit exakt den wunden Punkt.

Die politischen Konsequenzen, die sie hieraus zieht, mögen heute überraschen, im historischen Kontext jedoch sind sie nachvollziehbar. In den deutschen Ländern teilen viele die Forderung nach bürgerlicher Freiheit, wie sie in der Französischen Revolution laut geworden ist, fürchten aber zugleich die revolutionären Wirren. Und so erhofft sich Bettine »von oben«, d. h.

vom König, die Lösung für die drängenden Zeitfragen. Freilich ist ihre Königstreue kein reaktionärer Royalismus. Bettine steht politisch in der Tradition der Romantik und sieht wie Novalis den idealen König als Volkskönig, der, aufs Innigste mit seinem Volk verbunden, dieses in die Freiheit führt. Nicht dumpfes Beharren auf alten Feudalstrukturen, sondern der Wunsch nach einem geordneten Weg in die Freiheit liegt diesem Konzept zugrunde. »Alle Menschen sollen thronfähig werden«, sagt Novalis, dessen politisches Ziel mit dem Ziel Bettines identisch ist: »Wir alle sollen Könige sein.«[4]

»Die Mutter ist immer ein Anwalt der Armen und Unglücklichen, der Unterdrückten und Verfolgten gewesen«[5], sagt Bettines Tochter Maxe, und genau dies erwartet Bettine auch vom König. Er soll als eine über den Parteiungen stehende und dem Ganzen des Volkes (also nicht eigennützigen Profitinteressen) verpflichtete Kraft die Wende zum Guten bringen. So geht unter frühkapitalistischen Bedingungen das frühromantische Königskonzept mit der Idee des »sozialen Königtums« eine Verbindung ein: »Im Bündnis mit der Arbeiterschaft gegen die Herrschaftsansprüche der Bourgeoisie sollte sich das Königtum durch sozialpolitische Maßnahmen zum Schutz des notleidenden Proletariats (…) an die Spitze des gesellschaftlichen Fortschritts stellen«[6], schreibt Frank Lothar Kroll über eine Vorstellung, die auf dem zeitgenössischen Markt der politischen Ideen durchaus mitgehandelt wird, auch wenn ihr nicht die Zukunft gehört.

»Der König soll revolutionär werden«[7], erklärt Bettine. Sie fordert die Einheit von König und Demagogen, d. h. den Vertretern der demokratischen Opposition: »Fürst und Demagogen ein Herz und eine Seele, ihren Verfolgern zum Trotz!«[8] Der preußische König wird dies – wenn überhaupt – mit einiger Verwunderung zur Kenntnis genommen haben. »Wär ich auf dem Thron, so wollt ich die Welt mit lachendem Mut umwälzen«[9], schreibt Bettine, doch nicht sie, sondern Friedrich Wilhelm IV. besteigt 1840 den Thron, und schon bald ist's mit dem lachenden Mut vorbei. »Der König achtet mich nicht mehr seiner Berücksichtigungen wert«, heißt es am 6. Dezember 1853 in ihrem letzten Brief an den König, der mit den Worten endet: »Ach, es ist zum Weinen!«[10] Zuvor jedoch gilt es noch eine lange Wegstrecke der enttäuschten Hoffnungen zu durchschreiten.

Bettine korrespondiert mit Friedrich Wilhelm bereits in seiner Zeit als Kronprinz. Man sagt ihm Aufgeschlossenheit für liberale Ideen nach, so dass er für viele zum Hoffnungsträger wird. Freilich gibt es auch früh warnende Stimmen, so Diplomaten und Juristen Adam Müller: »Der Kronprinz ist ein coquetter junger Herr, voller Witz und Verstand, doch unentschieden wohin er sich wenden soll (...) Nichts ist fest in ihm als: der Stolz seiner königlichen Bestimmung.«[11] Der etwas kokette junge Mann genießt auch den Ruf der Kunstsinnigkeit und steht daher dem Kontakt mit der berühmten Dichterin des ›Goethebuches‹ aufgeschlossen gegenüber. Bettine packt sogleich die Gelegenheit beim Schopfe und verwendet sich bei ihm für die Brüder Grimm.

Diese sind am 11. Dezember 1837 gemeinsam mit fünf weiteren Professoren, den sogenannten Göttinger Sieben, wegen ihres Protestes gegen die Aufhebung der Verfassung durch den neuen König von Hannover aus dem Universitätsdienst entlassen worden. Wie alle anderen fortschrittlichen Denker ist Bettine über diesen Akt der Fürstenwillkür empört und greift für ihre langjährigen Freunde »herzhaft in die Dornen der Zeit«[12]. Sie nutzt alle ihr zur Verfügung stehenden Beziehungen (in dieser Zeit lernt sie im Hintergrund politische Fäden zu ziehen), um eine Anstellung der Grimms in Berlin zu bewirken. Und sie geht – ohne Ansehen der Person – gegen Leisetreter vor, so gegen ihren politisch einflussreichen Schwager Karl Friedrich von Savigny. Auch er ist mit den Grimms befreundet, hält für Unrecht, was ihnen widerfahren ist, schwenkt aber aus opportunistischen Gründen, d.h. weil er im Staatsdienst Karriere machen will, auf die ablehnende Haltung Friedrich Wilhelms III. ein. »Du unter den Philistern«[13], stellt sie in ihrem großen Brief vom 4. November 1839 fest, den sie an Freunde und den Kronprinzen weiterleitet. Bettine bringt diesen und weitere Briefe geschickt an die Öffentlichkeit und lernt so, ihre Möglichkeiten als berühmte Schriftstellerin publizistisch zu nutzen.

Bei Friedrich Wilhelm führt sich Bettine, »die ich in Gedanken oft Gespräche mit dem Kronprinzen führte, wie Menschen sich besprechen, die der Wahrheit allen Schein opfern«,[14] nicht minder geschickt ein. Sie beansprucht für sich die Rolle der Muse und Wahrheitsstimme, die sie auch weiterhin versuchen wird einzunehmen. In diesem Fall hat sie Erfolg. Der Kronprinz zeigt sich aufgeschlossen und lässt sie am 20. April 1840 wissen, »dass ich mich gern mit jenen Grimmen beschäftige, manche Lanze für sie gebrochen und Manches vergeblich zu ihrem besten anzuregen gesucht habe (…) Drum reden Sie! – Es horcht Ihnen willig und gespannt Ihr ergebner Diener (…) F W K P.«[15]

Das Jahr 1840 ist auch das Todesjahr Friedrich Wilhelms III., der sich trotz seines Verfassungsversprechens (1815) als reaktionärer Fels in der Brandung erwiesen hat. Am 7. Juni 1840 findet die Inthronisation des neuen preußischen Königs, Friedrich Wilhelm IV., statt. Anlässlich der Feierlichkeiten hat man sich in Berlin zu der pompösen Darstellung der königlichen Ahnenreihe in 40 Bildern entschlossen, eine für Bettine falsche, da rückwärts gewandte Symbolik, wie sie den zuständigen Bürgermeister wissen lässt: »Warum malen sie nicht alle Hoffnungen, alle Wünsche des Volkes in ihrer (vom König zu erwartenden) Gewährung symbolisch dahin, damit er schon jetzt erkenne die heilige noch unverletzte Zuversicht zu ihm (…)?«[16] Und diese Zuversicht scheint sich zu bestätigen. Ernst Moritz Arndt wird vom König rehabilitiert und eine Amnestie für politische Häftlinge erlassen. Bereits im Herbst werden Jakob und Wilhelm Grimm an die Akademie der Wissenschaften nach Berlin berufen. Bettine hat mit ihrer Intervention für die Brüder Grimm ihre erste große politische Schlacht mit Erfolg geschlagen.

Es folgen zahlreiche Interventionen nach dem im Fall der Grimms erfolgreichen Muster – mit wechselndem Ausgang. In den turbulenten Auseinandersetzungen um den Generalmusikdirektor der Berliner Oper, Gaspare Spontini, schlägt Friedrich Wilhelm im Sommer 1841 auf Betreiben Bettines den Prozess gegen Spontini wegen Majestätsbeleidigung nieder. Sie kämpft für den ehemaligen Bürgermeister und Königsattentäter

Ludwig Tschech, für polnische und ungarische Freiheitskämpfer, für Gottfried Kinkel, den pfälzischen Revolutionär, für den schlesischen Fabrikbesitzer Friedrich Wilhelm Schloeffel, Ende 1846 unterstützt sie Heinrich Hoffmann von Fallersleben, der aus politischen Gründen seine Professur in Breslau verliert und von mehreren deutschen Kleinstaaten außer Landes verwiesen wird.

Und sie interveniert für die sogenannten kleinen Leute. So steht sie der Mutter des Schneidergesellen Karl Otto bei, der – obgleich an einer Auseinandersetzung nicht beteiligt – von preußischen Ordnungshütern krankenhausreif geschlagen wird und nach vier Wochen an seinen schweren Verletzungen stirbt. Bettine versucht den Fall über Alexander von Humboldt dem König vorzutragen[17]. Und sie schreibt im Namen der Witwe Otto, die mit ihrem Sohn auch ihren Haupternährer verloren hat, an die Königin: »Der Bezirksvorsteher hat mich wegen meiner Unterstützung an den Polizeirath gewiesen, der hat gesagt: Liebe Frau, was kann Sie für Entschädigung fordern für einen Schneidergesellen, der verdient ja nichts.«[18]

Als Bettine die englische Übersetzung des ›Goethebuches‹ zugunsten verarmter Ungarn verkaufen will, entgegnet ihr ein Geschäftspartner, dass sich dies – wegen des geringen Ertrages – nicht lohne. Bettine antwortet ihm wie folgt: »Ich habe das Talent Mittel und Wege zu finden für manches was andre für unmöglich halten (…) Ich habe einmal für eine arme Maurerfrau zwanzig Mal mehr Mühe gehabt, Tag und Nacht an ihrem Schicksal geflickt, als ich jetzt für ein Unternehmen wirken kann, was Sie freilich auch nur gering anschlagen. Es ist aber nichts gering, was Trost und Hilfe gewährt und sei es auch nur Einem und sei es auch dem geringsten Aller, und sei es auch Einem, der es nach der Ansicht der Philister nicht verdient.«[19]

Zahlreiche weitere Fälle ließen sich hinzufügen. Varnhagen berichtet in seinem Tagebuch (10. Dezember 1844) über einen Besuch bei Bettine, die wie so oft über Humboldt ihren Draht zum König nutzt: »Die Sache eines armen Studenten hat sie bei Humboldt nachdrücklich angebracht; drei, vier Anliegen solcher Art sind auch auf gutem Wege; sie ist unermüdet tätig, und wenn sie einen guten Zweck im Auge hat, achtet sie nicht Zeit noch Arbeit, nicht Gänge noch Ansprachen (...) So tapfer als edel! Ich muß sie darob preisen!«[20] Dies bedeutet freilich nicht, dass sich Bettine in jedem Fall verwendet. Ihre Schwester Lulu jedenfalls fängt sich im November 1846 eine rüde Absage ein: »Außerdem würde ich aber den König lieber um ein paar alte Hosen ansprechen als um einen Orden.«[21]

Dass Bettine in diesem und jenem Einzelfall Erfolg hat, mag dazu beitragen, dass sie sich lange täuscht, sei es über das Gewicht der eigenen Rolle, sei es in der Person des doppelgesichtigen preußischen Königs. Allenthalben mehren sich die Stimmen, die sich – so Varnhagen 1845 – in ihrem Glauben an den König getäuscht sehen: »Doch bald erlosch diese Flamme, und nur trübe Funken zweideutiger Hoffnung glimmten fort.«[22] Politisch hängt Friedrich Wilhelm IV. im Grunde vorabsolutistischen Vorstellungen an und sieht sich als König von Gottes Gnaden zum Wohle seines nach Ständen geordneten Volkes regieren. Auch er, der als »Romantiker auf dem Thron« gilt, versteht sich als eine Art Volkskönig, wobei er diese Idee in ihrer reaktionären Ausprägung vertritt. Da es das Selbstbild als gütiger Landesvater bestätigt, zeigt er sich hie und da milde gegen seine »Kinder« und zu Zugeständnissen bereit. Im Kern allerdings, der Frage nach dem noch einzulösenden Verfassungsversprechen seines Vaters, bleibt er hart. Anlässlich der Eröffnung des Landtages am 11. April 1847 lässt er sein Volk wissen, »dass es keiner Macht der Erde je gelingen soll, Mich zu bewegen, das natürliche, gerade bei uns durch seine innere Wahrheit so mächtig machende Verhältnis zwischen Fürst und Volk in ein conventionelles, constitutionelles zu wandeln (...) Von einer Schwäche weiß Ich mich gänzlich frei. Ich strebe nicht nach eitler Volksgunst.«[23]

Theodor von Schön, der einflussreiche Regierungspräsident von Ost- und Westpreußen, schreibt im Jahr 1840 in einer auch dem König übersandten Flugschrift: »Die Zeit der sogenannten väterlichen oder Patrimonialregierung, für welche das Volk aus einer Masse Unmündiger bestehen und sich beliebig leiten und führen lassen soll, läßt sich nicht zurückführen. Wenn man die Zeit nicht nimmt, wie sie ist, und das Gute daraus ergreift und es in seiner Entwicklung fördert, dann straft die Zeit.«[24] Schön, ein Jugendfreund Friedrich Wilhelms, ist ein zwar konservativer, aber auch ein pragmatisch denkender Mann. Auf ihn hoffen die Liberalen, doch sein Stern am Hof beginnt bald zu sinken. Stattdessen wird eine Politik der »Konstitutionsvermeidung« betrieben, bis im Jahr 1848 die Zeit straft – und das Volk die Zeche zahlt.

»Als ich im Spätherbst 1840 wieder nach Berlin kam,« – so Moritz Carriere über Bettine –, »sagte sie mir bei dem ersten Besuch: ›Wir müssen den König retten!‹ Sie sah die guten Absichten desselben im Widerspruch mit dem Geist der Zeit, welche nicht nach ständischer Gliederung, sondern nach gleichem Bürgertum, nicht nach lutherischer oder katholischer Rechtgläubigkeit, sondern nach christlicher Gesinnung und Überzeugungstreue, nach freiem Denken und Forschen, nach freier Presse, nach Volksvertretung verlange; der König werde durch seine Umgebung auf das Vergangene, Veraltete hingewiesen; der Geistreiche sei von geistarmen Frömmlern und Feudalgesinnten nur umgarnt, umringt. Es entstand in ihr der Gedanke öffentlich ein offenes Wort an ihn [den König] zu richten.«[25] Bettine macht die Hofkamarilla, das »Hofgeschmeiß, diese leeren Flaschen mit der Etikette ›Vom Besten‹«[26] als Ursache der Missstände aus. Das Umfeld des Königs ist in der Tat erzreaktionär und es ist mächtig. Der preußische Obrigkeitsstaat, der sich nicht auf seine Bürger stützen kann bzw. will, stützt sich stattdessen auf seinen Beamten- und Ministerapparat, dem eine fast uneingeschränkte Macht zufließt. Bettine erkennt in der Kamarilla (ebenso in einer Beamtenschaft, die nach oben buckelt und nach unten tritt) eine fatale Zwischeninstanz, die den König von seinem Volk trennt. Das Projekt der Königsrettung ist also damit verbunden, dass der König die Wahrheit erfährt, das ihn umgebende Lügen- und Intrigennetz zerrissen wird. In ebendieser Funktion sieht sich Bettine, die dem König die Wahrheit sagen will und somit zur vermittelnden Instanz zwischen König und Volk wird.

Inzwischen hat das Projekt der Königsrettung, das in Wahr-

heit ein Projekt zur Rettung der Idee des demokratischen Volkskönigs ist, konkrete Gestalt angenommen. Bettine arbeitet an
einem neuen Werk, dessen Widmung sie dem König anträgt.
»Sr Majestät«, so der Bericht Alexander von Humboldts,
»geruhte mir zu sagen, dass sie allerdings die Zueignung an-
nehmen, aber doch wissen wollten, wovon das Buch handeln
würde.« Bettine habe entgegnet, »sie wünsche das Geheimnis
des Inhalts zu bewahren«. Der König habe darauf scherzhaft
geantwortet, dass es bei seiner Annahme bleibe, »aber er werde
in der Leipziger Zeitung gegen sie schreiben, wenn er sich über
die geistreiche Schriftstellerin zu beklagen habe«[27].

Friedrich Wilhelm fühlt sich durch die Aufmerksamkeit der
berühmten Schriftstellerin geschmeichelt und zudem im Selbstbild des allseits beliebten Landesvaters bestätigt. Bettine wiederum schließt durch den »lockeren Umgang« auf den guten
Draht, den sie zum König hat, und sieht sich in der Hoffnung bestärkt, ihn den Fängen der Reaktionäre zu entreißen.
Im Grunde also nimmt das im Jahr 1843 erscheinende Werk
›Dieses Buch gehört dem König‹ in einem doppelten Missver-
ständnis seinen Ausgang – was durchaus sein Gutes hat. Der
Weg wird frei, um Friedrich Wilhelm ein dickes, geschickt an
der Zensurbehörde vorbeigeschleustes (Überraschungs-)Ei ins
königliche Nest zu legen.

Polen
»Niemals sind in den barbarischen Kämpfen des Mittel-
alters solche Grausamkeiten geschehen, wie dort, von
den Preussen an Polen; ein Blutbad über das andere!«,
schreibt Bettine im Jahr 1848 aufgewühlt und empört an
ihre Freundin Pauline Steinhäuser.[28] In der Schlussakte
des Wiener Kongresses wird Polen unter Preußen, Österreich und Russland aufgeteilt. Aufstände und deren blutige
Niederschlagung folgen. Am Schicksal des polnischen
Volkes, das sich in der tödlichen Zange zwischen den re-

aktionären Großmächten Russland und Preußen befindet, nehmen die fortschrittlichen Kräfte in ganz Europa Anteil. So auch Bettine, zumal sie über Hortense Cornu, die französische Übersetzerin des ›Goethebuches‹, in den Fall des polnischen Revolutionärs Louis von Mierosławski involviert ist. Mierosławski, der nach dem Scheitern des polnischen Aufstandes von 1830/31 im französischen Exil lebte, war 1844 nach Posen, das Preußen zugeschlagen worden war, zurückgekehrt, wo man ihn wegen revolutionärer Umtriebe verhaftete. Bettine appelliert auf Bitten Cornus an den König, dass Mierosławski nicht an Russland ausgeliefert wird, da dies sein Todesurteil bedeuten würde. Im April 1846 versichert ihr Friedrich Wilhelm, dass dies nicht geschehen wird: »Ihre französische Freundin kann sich ganz beruhigen.«[29] Stattdessen erhält Mierosławski am 2. Dezember 1847 in Berlin-Moabit seine Strafe … und wird wegen Landesverrates zu Verlust des Adels, Einzug seines Vermögens und zum Tod durch das Beil verurteilt. Wenig später wird das Urteil in lebenslange Zuchthaushaft umgewandelt. Während der 48er-Revolution kommt Mierosławski frei und gehört der Delegation an, die mit Friedrich Wilhelm über die Zukunft Polens verhandelt.

Bettine beschäftigt sich auch weiterhin mit dem Thema Polen. Sie sammelt Material und ist über ihre Verbindungen zur polnischen Opposition gut informiert. Ergebnis dieser Beschäftigung ist die im Jahr 1848 unter dem Pseudonym St. Albin (= Pseudonym von Hortense Cornu) veröffentlichte ›Polenbroschüre‹: »An die aufgelöste preußische Nationalversammlung. Stimmen aus Paris«. Friedrich Engels hatte im Jahr 1847 zum 17. Jahrestag des polnischen Aufstandes formuliert: »Eine Nation kann nicht frei werden und zugleich fortfahren, andere Nationen zu unterdrücken.«[30] Nicht anders fürchtet Bettine, »dass der Verrat an Polen Hand in Hand gehe mit der Absicht, das Volk wieder in die alte Sklaverei zu zwängen.« Freiheit ist eben nicht teilbar. Und so zielt es auch auf die innenpoliti-sche Situation ab, wenn Bettine in ihrer ›Polenbroschüre‹ unmissverständliche Worte für die Verbrechen findet, die an den Polen begangen werden – etwa durch die Unrechts-urteile, die von preußischen Gerichten gegen polnische Bürger gefällt werden: »Tot sei diese Nation und deswegen schleppt man sie vor den Richterstuhl, weil sie diesem Tyrannenausspruch sich nicht fügt?«[31] Und sie klagt die brutale Unterdrückung des polnischen Volkes durch das preußische Militär an: »Herrschsüchtige Leidenschaft die um sich zu sättigen, nur ein Volk in Nichts auflösen will! Das Volk sträubt sich – das ist sein Verbrechen!«[32]

Bettines Sorge sollte sich bewahrheiten. Mit der Nieder-schlagung der 48er-Revolution zerschlagen sich auch die Hoffnungen des polnischen Volkes auf Freiheit. Was bleibt, ist eine Frau, die sich aus Prinzip auf die Seite der kleinen, um Freiheit ringenden Nationen stellt. Sie unterstützt die Tiroler, die Polen, auch den Freiheitskampf der Griechen sieht sie mit viel Sympathie. Alle nationalistische Groß-mannssucht oder gar aggressive Deutschtümelei, die sich glaubt, über andere Völker erheben zu dürfen, ist Bettine fremd. Der einzig gangbare Weg ist für sie die Völkerver-ständigung. »(S)tatt der Mordwege, auf denen sie einander verbluten, könnte der Weg der Eintracht zum Paradiese führen«[33], schreibt sie über die Deutschen und die Polen. Der Weg, den die Geschichte nimmt, wird – wer wüsste es nicht – ein anderer sein.

Laufende No.	Haus No.	Namen	Stand	Familien Glieder	Bemerkungen
1.	5.	Rieger Gottlieb		2.	
2.	5.	Rieger Wittwe		1.	
3.	6.	Beer		2.	
4.	8.	Beer		1.	
5.	8.	Rieben			
6.	8.	Hoffmann Gottlieb		3.	
7.	9.	Hoffmann Samuel		2.	
8.	9.	Beer Gottlieb		3.	
9.	9.	Rieben Gottlieb		5.	
10.	10.	Hoffmann		4.	
11.	11.	Krause		5.	
12.	20.	Fränkle Wittwe		4.	
13.	21.	Engler Gottlieb		2.	
14.	24.	Hoffmann Georg		2.	
15.	25.	Hoffmann Wittwe		3.	
16.	26.	Krause Gottlieb		7.	
17.		Krause		1.	
18.	28.	Riegels Wittwe		1.	
19.	29.	Drescher Juliane		2.	
20.		Bartsch Gottfried		2.	
21.	32.	Beer Gottlieb		6.	
22.		Friedrich		4.	
23.		Krause Gottlieb		4.	
24.	33.	Heide Juliane		1.	
25.	36.	Rieger Philipp		2.	

DER REVOLUTION ENTGEGEN

Zwischenzeitlich hat Friedrich Wilhelm IV. das ›Königsbuch‹ erhalten und sendet am 14. Juli 1843 ein Dankesschreiben an Bettine: »Ich habe Ihr Buch empfangen. – Ich <u>danke</u> Ihnen für Ihr Buch. – Ich fühle mich durch Ihr Buch geehrt.« Und er fügt hinzu: »Ich hab' Ihr Buch nicht allein erhalten sondern es auch noch nicht gelesen, dasselbe aber angeschaut.«[1] Zweierlei lässt sich diesen Zeilen entnehmen: Auch Könige bedanken sich bisweilen artig, und auch für Könige gilt, dass man Bücher besser von innen als von außen betrachtet. Aus dem anfänglichen Wohlwollen Friedrich Wilhelms ist – so Varnhagen in seinem Tagebuch – bei der Lektüre des »Königsbuches‹ rasch »wahrer Unwille geworden«[2].

Dies kann kaum verwundern, denn das Werk behandelt die brisanten Themen der Zeit. Neben Bettines Konzept des Volkskönigs und den Ausführungen zu Justiz und Gefängniswesen werden auch Fragen der Religion erörtert. Eigens zu diesem Zweck hat sich der Herr Pfarrer bei der Frau Rat eingefunden und darf nun als Stichwortgeber fungieren bzw. den Ausführungen der eloquenten Dame lauschen. Wie stets nimmt die Frau Rat kein Blatt vor den Mund und kritisiert den »stehenden Sumpf«[3] des Glaubens, der die Wahrheit und Freiheit ersticke. Auch auf die als Frömmigkeit verkappte Spießermentalität in den »Holzpantoffeln der Demut«[4] und das ewige Aufrechnen der Sünden ist sie nicht gut zu sprechen. »Tugend kennt kein Schachergesetz«,[5] betont sie in

Entgegnung auf ein Gottesbild, das dem eines himmlischen Oberbuchhalters gleicht.

»Je sündiger der Mensch sich fühlt, desto christlicher!«[6], lautet nämlich der eherne Grundsatz einer Seelsorge, die sich in Wahrheit nur um den eigenen Machterhalt sorgt. Sie hält Menschen unter der Last ihrer angeblichen Verfehlungen klein und produziert politisch erwünschte Duckmäuser. »Ist das der Dank dafür«, gibt die Frau Rat dem Herrn Pfarrer zu bedenken, »dass [Gott] Sie aus dem Nichts hervorgezogen hat? Dass Sie nun sich vor ihm beklagen über Ihre Nichtigkeit?«[7]

Religion, die Menschen klein hält, ist der Frau Rat ein Ärgernis, teilt sie doch – wen wird es wundern – Bettines Schwebe-Religion, die den Menschen zu sich selbst, zur seiner Individualität und inneren Göttlichkeit hin befreit. Für all diejenigen, denen dies zu feinsinnig klingt, gibt es die innere Erweckung auch in der robusten »Frau-Rat-Variante«: »Ja ich meine den Gott in uns, dem geb eine Ohrfeig oder einen Rippenstoß, dass er aufwacht in Dir (…) steh Kerl! und guck deinem Schöpfer ins Angesicht.«[8] Für die Frau Rat ist Gott unmittelbar präsent. »Anstalten und Ängste künftigen Seelenheils« sind auf ihn nicht zurückzuführen. Was also soll die ganze Sorge um die Heilserwartung in der Zukunft, »da wir die Gegenwart ihr nicht erfüllen?«[9]

»Ja Glaube ist, was ihr Unglaube nennt und Unglaube ist euer Zwangsglaube«, der den »reinen Gottheitstrieb zur Weisheit, zur Wahrheit als Frevel an eurer Staatsreligion«[10] unterdrückt

All dies ist Ausdruck des »tyrannischen Zopfes, den Ihr«, wie sie den Herrn Pfarrer wissen lässt, »der Christenheit andreht«[11]. Die Freiheit des Geistes wird unterdrückt, der Glaube an Dogmen erzwungen »obschon es eine Lächerlichkeit ist, die Wahrheit als Glaubensartikel festzustellen und den Geist dran zu binden wie an einen Pfahl.«[12] Die Inquisition ist es, dieses »unseligmachende Sklavengericht«, das »den freien Geist im Menschen verfolgte« und ihn verfolgt bis in die Gegenwart hinein: »Jedes Antasten der Geistesfreiheit ist Inquisition.«[13]

»Christus wollte keine Priester (…) die um den milden Geist Christi uns betrügen«[14], vermerkt die Frau Rat über eine von

Kirche und Klerus usurpierte Religion, die nicht mehr das ist, was sie eigentlich sein sollte: »Die von Gottes Sohn selbst eingesetzte Lehre ist zum Pfuhl geworden aller scheußlichen Grausamkeit. Keine Flamme der Erleuchtung hat der göttliche Geist in die Herzen gestrahlt! – Blut, Blut, Blut und Jammer, und keine Erleuchtung!«[15]

Der geistliche Herr, der es immerhin – durch dieses und jenes Gläschen Schnaps gestärkt – einige Zeit bei der Frau Rat ausgehalten hat, »empfiehlt sich ganz verdattert«[16] … wie sich auch mancher Freund Bettines empfiehlt. Für Wilhelm Grimm jedenfalls besteht die Absicht des ›Königsbuches‹ darin, »das Christentum lächerlich zu machen, und das ist mir zuwider«.[17]

»Ihr sagt zwar, ›Es geht nicht zu helfen‹, ich sag, es geht doch, Ihr widersprecht und seid nicht zum Schweigen zu bringen mit hohlen Gründen der Philisterei. Währt Ihr aber selber die Armut, dann würdet Ihr allen Philisterverstand übertäuben mit dem Geschrei Eurer Not«[18], heißt es zu Beginn der »Erfahrungen eines jungen Schweizers im Vogtland«, einem Bericht, den Bettine ihrem ›Königsbuch‹ hinzufügt. Der Text geht auf die Aufzeichnungen des Schweizer Studenten Heinrich Grunholzer zurück, der die Lebensbedingungen der Bewohner des Vogtlandes, einer Armenkolonie in der Berliner Vorstadt, anhand einer Auflistung von Einzelschicksalen schildert. Bettine hält ihn für so bedeutend, dass sie ihn Grunholzer abkauft[19]. Auch ansonsten verwendet sie sich für ihn und seine Arbeit, sucht ihn in Berlin zu halten und sein Anliegen dem König bekannt zu machen. Bis zu ihrem Schwager dringt sie vor, dessen Gespräch mit Grunholzer jedoch ernüchternd verläuft. »Es gibt keine höhere Politik, als sich selbst zu belügen«[20], so Grunholzer über Minister Savigny, der das preußische Armutsproblem als nichtexistent beiseiteschiebt.

Bereits die Zeitgenossen heben die Bedeutung der »Erfahrungen eines jungen Schweizers im Vogtland« hervor. Indem Bettine diesen Text dem ›Königsbuch‹ zufügt, nimmt ihr Werk eine radikale stilistische Wendung. Die Kurzbeschreibungen bilden eine Art frühe Sozialreportage, die sich – ohne alle Schnörkel – auf die Darstellung der Tatsachen, d. h. der nackten

Not, beschränkt. Ohne Zweifel ist es das Verdienst Bettines, die niederschmetternde, von der Politik verleugnete Realität der Öffentlichkeit zugänglich gemacht zu haben: »Im Dachstübchen Nr. 76 wohnt ein Schuster, Schadow. Ich sah lange Zeit durch die gespaltene Türe ins Zimmer. Er arbeitete fleißig; die Frau saß am Boden und nähte einige Lumpen zusammen; zwei kleine, halbnackte Kinder saßen am Boden und spielten mit einer alten Tabakspfeife. Als ich eintrat, war Schadow ganz erschrocken; er hatte mich für den Inspektor gehalten, dem er Miete schuldig ist, und sah sich gern enttäuscht. Das Zutrauen der Unglücklichen hat man sich bald erworben: es dauerte nicht lange, so erzählte mir der Mann seine ganze Lebensgeschichte; dass er dabei nicht viel von seinen Fehlern sprach, schien mir sehr verzeihlich und zum Teil überflüssig, da ich an ihm ja leicht merken konnte, dass er den Branntwein liebt und seine Frau sehr unordentlich ist. (...) 1836 zog er ins Familienhaus. Fünf seiner Kinder starben an den Pocken, und während sie krank waren, fehlte es ihm an Arbeit. Von niemandem unterstützt, geriet er dadurch so in Schulden, dass er mehrmals aus dem Hause geworfen werden sollte. Er verkaufte Hausgeräte und Kleider und ist jetzt so entblößt von allem, dass er nicht einmal ein Hemd besitzt. Durch Arbeit kann er sich nicht wieder aufschwingen, weil es ihm an Leder fehlt und die Flickarbeit, die er den Leuten im Familienhause macht, schlecht bezahlt wird. Zudem hat er mit zwölf andern Schustern, die am gleichen Orte wohnen, zu konkurrieren. Ich sah es selbst, wie seine Frau um Arbeit ausging und er unterdessen die Kinder hütete. Es war drei Uhr abends, und er hatte an demselben Tag erst zwei Silbergroschen verdient; den einen gab er wieder aus für Zwirn, für den andern kaufte er Brot. Das Kleine fing an, vor Hunger zu weinen. Sch. hatte soeben einen Schuh geflickt und gab ihn der Frau mit den Worten: ›Trage ihn fort, laß dir einen Sechser dafür geben und bring dem Kind ein Semmelbrot; es hungert.‹ Die Frau kam mit leerer Hand zurück; das Mädchen, dem der Schuh gehörte, konnte nicht bezahlen. Das Kind weinte noch immer, und Vater und Mutter weinten.«[21]

Die Reaktionen auf Bettines Buch sind, wie nicht anders zu erwarten, gespalten. Die Fortschrittlichen sind begeistert, und entsprechend äußert sich Karl Gutzkow in seiner Rezension mit dem Titel »Diese Kritik gehört Bettinen«: »Es ist eine Adresse der Zeit, von einem Weibe, einer mutigen Prophetin verfaßt und deshalb von Tausenden von Männerunterschriften bedeckt, weil Bettina hier nur das Organ einer allgemeinen Ansicht, die kühne Vorrednerin ist, die Jeanne d'Arc, die nicht mit ihrem Arme, sondern mit ihrer Begeisterung das Vaterland retten will.« Im Übrigen greift Gutzkow das Wort vom Kommunismus auf, mit dem Kritiker glauben, den Bericht aus dem Armenviertel diskreditieren zu müssen: »Man hat diese Partie des Buches communistisch genannt. Man höre, was es enthält, und erstaune über dieses sonderbare Neuwort: Communismus.

Zum Beispiel man kann nicht von der Luft leben! – Ei, das könnt doch sehr möglich sein, und es ist eine sehr dumme Behauptung, die der Teufel gemacht hat, um den Menschen an die Sklavenkette zu legen des Erwerbs, dass man nicht von der Luft leben könne, dass er nur recht viel habe. Wer viel hat, der kann vor lauter Arbeit nicht zur Hochzeit kommen; und von der Luft lebt man doch allein, denn alles, was uns nährt, ist durch die Luft genährt, und auch unsere erste Bedingung zum Leben ist das Atemholen. Und Gott sagt damit: Du teilst die Luft mit allen, so teile auch das Leben mit allen,... [22]

Ist die heißeste, glühendste Menschenliebe Communismus, dann steht zu erwarten, dass der Communismus viele Anhänger finden wird.« [23]

Der Preußische Innenminister von Arnim-Boitzenburg hingegen hält das ›Königsbuch‹ »vermöge der darin dargelegten und vertheidigten Irreligiosität und vermöge des darin gepredigten heillosen Radicalismus für eine der gemeingefährlichsten Schriften«. Der einzige Trost für den Minister ist der »Ton prophetischer Extase (...) und der abentheuerliche Charakter« [24] des Werkes, was die Lektüre allerdings für viele zu einem Hindernis mache.

Das ›Königsbuch‹ wird in Bayern und Österreich verboten. Die preußische Polizeibehörde reagiert – bei aller Verärgerung – relativ gelassen, »weil weder Form noch Sprache (die Schrift) zur größeren Verbreitung geeignet machen und sie des Wunderlichen und Abenteuerlichen so viel enthält«, dass die anstößigen Inhalte »in der Masse des Stoffs verschwinden«[25]. Man darf in diesem Fall dem Urteil des preußischen Innenministers und der im Aufstöbern und Ausmerzen potenzieller Gefahren erprobten Polizeibehörde vertrauen. Auch von wohlmeinenden Rezensenten wird Bettines »innere Ohnmacht sich zu beschränken« und das »formlose Durcheinander«[26] weiter Teile des ›Königsbuches‹ beklagt.

Hier schafft die Broschüre von Adolf Stahr, ›Bettina von Arnim und ihr Königsbuch‹ (1843) Abhilfe, die das Oberzensurgericht auf den Plan ruft, da Stahr das Werk »durch geordnete zusammengestellte Auszüge der verwerflichsten und heftigsten Stellen für die Menge genießbarer macht«[27]. Prompt wird die Broschüre verboten. Ein weiteres Pamphlet erscheint: »Ruchlosigkeit der Schrift: ›Dieses Buch gehört dem König‹. Ein untertäniger Fingerzeig gewagt von Leberecht Fromm« (Bern 1844). Sowohl der vor Staatstreue triefende Titel als auch die geballte Biederkeit des Autorennamens (wahrscheinlich das Pseudonym des Frühsozialisten Wilhelm Marr) dienen zur Etikettierung einer Mogelpackung, denn das Aufzeigen der Ruchlosigkeiten läuft auf deren Zusammenfassung und Verbreitung hinaus: ein gelungener satirischer Coup unter den Bedingungen des Obrigkeitsstaates, der immerhin die Fantasie seiner Bürger zu beflügeln versteht. Auch diese Schrift wird verboten.

Bettine arbeitet einstweilen in Richtung der frühen Sozialreportage weiter. Sie lässt am 15. Mai 1844 in allen großen Zeitungen Deutschlands Anzeigen erscheinen, wo sie um Material zur Armut bittet, das sie überarbeitet in einem »Armenbuch« veröffentlichen will: »Ich habe den Ertrag für die Armen bestimmt.«[28] Das Problem, auf das Bettine reagiert, hat einen Namen: Pauperismus. Die Brockhaus-Real-Encyklopädie vom Jahr 1846 definiert den Begriff wie folgt: »Pauperismus (…) ist ein neuerfundener Ausdruck für eine neue höchst bedeutsame und unheilvolle Erscheinung, den man im Deutschen durch die Worte Massenarmut oder Armentum wiederzugeben versucht hat. Es handelt sich dabei nicht um die natürliche Armut, wie sie

als Ausnahme infolge physischer, geistiger oder sittlicher Ge-
brechen oder zufälliger Unglücksfälle immerfort einzelne befal-
len mag; auch nicht um die vergleichsweise Dürftigkeit, bei der
doch eine sichere Grundlage des Unterhalts bleibt. Der Pauperismus ist da vorhanden, wo eine zahlreiche Volksklasse sich
durch die angestrengteste Arbeit höchstens das notdürftigste
Auskommen verdienen kann (…)
und dabei immer noch sich in *Wir gaben der Frau ein Geldstück;*
reißender Schnelligkeit ergänzt *sie frug wieviel es wär; da sahen wir,*
und vermehrt.« *dass es nicht in unserer Macht war, sie*
zu beschenken, denn sie war zufrieden
Das Problem des Pauperismus ist *und wußte nicht, dass man mehr*
von struktureller Natur, denn der *brauchen könne, als man bedürfe.*[29]
Zusammenbruch der alten stän-
disch-feudalen Ordnung führt zur Landflucht und, da die alten
Heiratsbeschränkungen entfallen, zu unkontrolliertem Bevöl-
kerungswachstum. Hungersnöte und die Verelendung breiter
Bevölkerungsschichten sind die Folge. In »der alten Zeit« gab
es immerhin noch ständische Formen der Armenfürsorge, die
auf dem Land dem Gutsherren, in den Städten den Zünften
oblag. Jeder ist seines Glückes Schmied, lehrt hingegen die
bürgerliche Erwerbsmoral. Wo freilich das Überangebot an
Arbeitskräften die Löhne unter das Existenzminimum drückt,
bleibt nichts mehr, was noch zu schmieden wäre.

Im Rahmen ihrer Arbeiten zum »Armenbuch« wendet sich
Bettine an den schlesischen Fabrikanten Friedrich Wilhelm
Schloeffel, einer der wenigen seiner Zunft, der die Augen vor
dem Problem nicht verschließt. Schloeffel kommt der Auffor-
derung gern nach und verweist in seinem Antwortschreiben auf
den Ernst der Lage, falls »das Uebel nicht an der Wurzel gefaßt
und ausgerottet«, d. h. falls nicht politische Lösungen für das
Armutsproblem gesucht werden: »schwer wird sich dann das
Geschick der Schwachen – für die keine Gesetze, keine Rechte,
keine Behörde vorhanden sind – rächen, und alle sogenannten
frommen Vorkehrungen werden das Unvermeidliche nicht
zu hindern vermögen.«[30] In einem weiteren Brief an Bettine
schreibt er, dass die Fürsten, die weitab sind, nicht sehen können,

wie unhaltbare Zustände »die zur Verzweiflung gehungert(en) Armen« in die Rebellion treiben. Dass sie jedoch auch nicht hören, »gereicht ihnen zur Schmach«[31]. Also macht er weiter auf das Problem der Massenarmut publizistisch aufmerksam, was ihm 1845 einen Prozess wegen Hochverrats (!) einträgt. Wieder interveniert Bettine beim König, wieder hat sie keinen Erfolg.

Bettine wird das »Armenbuch« nicht zu Ende bringen. Geblieben ist ein Korpus an Texten, die wahrscheinlich für das Buch vorgesehen waren: Armenlisten im Stil des Anhanges zum ›Königsbuch‹, die Erzählung »Heckebeutel«, Briefe, Zeitungsartikel, Entwürfe zum Nachwort. Auch wenn kein geordnetes Ganzes aus dem Material wurde, so sind die Texte selbst doch aussagekräftig im Hinblick auf die Entwicklung, die Bettine als Schriftstellerin und als politisch denkender Mensch nimmt.

In den Kontext des geplanten »Armenbuches« stellt Werner Vortriede Bettines sogenannte »Bergpredigt über die Armut«, die Julius Döring in einem Brief (1844) schriftlich festgehalten hat. Bettine bezieht sich auf die Armutsforderung des Evangeliums, das seit zwei Jahrtausenden missbraucht werde – »und die Armen haben sich bisher beruhigen und einschläfern lassen von der Aussicht in's Jenseits«. Und sie haben sich durch mildtätige Gaben beschwichtigen lassen. »Und woher stammt euer Mammon? Ist er nicht gewonnen durch den Schweiß der Armen, oder hat ihn nicht euch zugebracht und vermehrt euer Geld, ohne dass ihr weder Hände noch Füße geregt habt? Wie also hättet ihr ein Recht, wie könnt ihr zum Verdienst euch anrechnen, wenn ihr den Armen gebt, da ihr zum Teil zurückerstattet, was ganz den Armen gehört! – Ja, das ist die neue Wahrheit, die in die Zeit gekommen ist. Aber diese Wahrheit ist noch unerkannt, gehaßt, geächtet, vogelfrei. Denn noch ist das Heft der Gewalt bei den Reichen und die wehren dieser Wahrheit den Zugang zum Volke. Drum tun sie nichts für den Geist des Volkes und erhalten es in seiner Dummheit. Denn wenn das Volk einsehen lernte die neue Wahrheit; es stände schlecht mit der Herrschaft der Reichen. Aber sie wird kommen diese Zeit.« Und dann wird auch die Zeit des Vertröstens vorbei sein: »… die Armen müssen sich nehmen, was ihnen zukommt.«[32]

Ein weiteres Dokument, das wahrscheinlich für das »Armenbuch« bestimmt war, ist ein Exzerpt aus »Industrialismus und Armut« des Schweden Georg Svederus. In dem von Bettines Hand stammenden und von ihr bearbeiteten Auszug wird neben der realen Armut die menschliche Verarmung infolge der entfremdenden Industriearbeit thematisiert, die den Menschen »zum Automat herabwürdigt«: »Diese Armuth ist kein geringerer Vorwurf für die Staaten als das physische Elend welches die Arbeitslosigkeit erzeugt.«[34] Der Arbeiter lernt Arbeit nur als Erwerbsarbeit kennen und ist »ausgeschlossen von dem Genusse ihrer humanen Würde«. Zur Kompensation dieses Unglücks wird der spärliche Lohn auf die »Aneignung augenblicklicher materieller Genüsse« verwendet, »um wenigstens durch sie (…) am Genusse des menschlichen Daseins froh zu werden.« An die Stelle der Sinnstiftung durch Arbeit tritt – die folgenden Jahrhunderte lassen grüßen – die Sinnstiftung durch Konsum.

Wer zum Beispiel Mut hat, das Geld zu verachten, der wird bald auch Weisheit haben zu erkennen, welch fürchterlicher Wahnsinn aus diesem grausamen Vorurteil hervorschießt, und wie Reichtum und Macht so sehr arm sind. Weisheit und Tapferkeit müssen einander unterstützen.[33]

Ein Geselle berichtet, was sich für ihn, seitdem er in einer Fabrik arbeitet, verändert hat: »Ist überhaupt in einer Fabrik, wie der hiesigen, anders, als in einem meisterischen Hause und kein Zusammenhalt nit unter den Gesellen. Läuft jeder seinen Weg und dreht sich nit viel nach dem anderen. Eine zunftmäßige Aufführung ist überall unter den Kollegen nit zu finden und kein Umgang, wie unter ordentlichen Gesellen. Zudem gefällt mir das Arbeiten nit, diweil jeder den langen Tag die gleiche Arbeit verrichten muß und dabei das Ganze aus den Augen verliert. Muß wohl in einer Fabrik solcherweise geschehen, kann mich aber nit darein schicken und mein immer, ich triebe mein Gewerb nur halb.«[35]

Gleichzeitig entwickelt sich die Produktion zu einer Art Selbstläufer, der »keinen Zweck hat, als eben den zur gesteigerten ferneren Hervorbringung seiner selbst«. Der »krasseste Egoismus«[36] ist sein Motor, drückt die Löhne und scheidet infolge von neuen Maschinen überzählig gewordenes »Menschen-material« aus dem Produktionsprozess aus. So kann es geschehen, dass »der Industrialismus Armuth erzeugt«[37], während andererseits durch die vereinfachte Produktion ein Überfluss an Gütern entsteht. Der Staat jedoch ist »gleichgültig dagegen wie dieser vertheilt sei«. So sind die neuen Maschinen ein Unglück für die Arbeiter, und denjenigen, die dieses System ausspuckt, bleibt »nichts übrig als Bettler zu werden oder Verbrecher«.[38]

Und der Industrialismus verändert die Produkte selbst. Die Preise fallen – »nicht um dadurch die leichtere Befriedigung [der Menschheit] Bedürfnisse zu verschaffen«, sondern um die Produktion anzukurbeln und sodann den Markt mit Minderwertigem zu überschwemmen: »Es ist eine allgemeine Klage, dass alle Waaren von Jahr zu Jahr schlechter, weniger dauerhaft gemacht würden, dass sich nicht selten das Bestreben daran kund gebe, ihre Außenseite so vollkommen darzustellen, dass sie dem geringsten Werthe einen trügerischen anlockenden Schein leihe, damit um so sicherer der Preis dafür erlauert werde.«

Nicht nur die skandalösen Arbeitsbedingungen und Hungerlöhne sind somit das Problem. Der Industrialismus entwertet die Produkte, die er herstellt, und die Arbeit, die zur Herstellung der Produkte aufgewendet wird. Die bürgerliche Industriegesellschaft, die das Lob der Arbeit auf ihre Fahnen geheftet hat, zeigt sich somit »unfähig (…) die Würde der Arbeit anzuerkennen«[39], denn die Funktion der Arbeit als sinnstiftendes Bindeglied zwischen dem Menschen und seiner Welt geht verloren.

Dieser Text war Bettine so wichtig, dass sie 750 Exemplare der Broschüre, die 1844 bei Egbert Bauer erscheint, auf eigene Kosten drucken lässt. Im Übrigen ist die hellsichtig kluge Analyse erstaunlich und noch mehr die Entwicklung, die die Autorin des ›Goethebuches‹ nimmt, die nun, da es um die Armen geht, politisch-wirtschaftliche Zusammenhänge aufzeigt und Klartext spricht.

Inzwischen eskalieren die Ereignisse in Schlesien, dem Armenhaus Preußens. Durch die Einführung des mechanischen Webstuhles haben sich die Arbeitsbedingungen der Weber dramatisch verschlechtert. 1830 hat ihr Wochenlohn 80 Silbergroschen betragen, 1844 erhalten sie noch ein Viertel davon – oder sie sind arbeitslos. Drückende Not treibt sie in den ersten Arbeiteraufstand Deutschlands, der vom preußischen Militär blutig niedergeschlagen wird[40]. »Wie viele arme Menschenleben« – so Bettine im Sommer 1844 – »deckt der Gottesacker, die dorthin gebettet wurden, weil der Schweiß ihres Angesichts ihnen dennoch kein Feld fruchtbar machte; sie haben müssen verschmachten. Wie viele Kinder sind schon im Mutterleib mit dem langsamen Hungertod gemartert, und haben müssen in der Geburt das Leben im ersten Atemzug zurück geben. Weiß ein Staatsmann was das ist Hunger? – Weiß es ein Regent? – Wie berechnet man eine solche Tat der Empörung, wenn die Mutter dem Neugebornen Säugling der in ihrem Leib darben mußte, kei- *Großmut ist die Quelle alles Reichtums.[41]* ne Nahrung geben kann und das Kind muß sterben und sie muß sich aufraffen in ihrer Schwäche zur Arbeit.«[42]

Wiederum sucht sie über Humboldt beim König – »es geht so viel Jammervolles vor« – zu intervenieren, diesmal für die Sache der Schlesier. Friedrich Wilhelm ist hingegen damit beschäftigt, Preußens Glanz und Gloria durch monumentale Prachtbauten in Berlin zu mehren. »Geliebter König, würde ich ihm sagen, bauen Euer Majestät den Dom nicht in den Lustgarten; bauen Sie ihn in verstreuten Hütten auf, dort in Schlesien! Ein Dom, in dem der Gott der Menschheit waltet, jede Feuerstelle ein Opferaltar der Barmherzigkeit, der Menschenliebe. Du sollst deinen Nächsten lieben wie dich selbst! – Wer ist des Königs Nächster? – sein hungerndes Volk!«[43]

»Es ist wahr, der Krieg der Armen gegen die Reichen hat begonnen, und wehe jenen Staatsmännern, die zu dumm oder zu schlecht sind, zu begreifen, dass man nicht gegen die Armen, sondern gegen die Armut zu Felde ziehen müsse. (…) In … Staaten, wo noch keine freien Verfassungen bestehen, wird dem niedern Volke durch seinen benachbarten Stand, die Bürgerschaft, die Aussicht nach den höhern, bevorrechteten Ständen versteckt. Es vermißt daher keine Gleichheit. Da aber, wo der

Mittelstand die Gleichheit erworben, sieht das untere Volk die Ungleichheit neben sich, es lernt seinen elenden Zustand kennen, und da muß früher oder später der Krieg der Armen gegen die Reichen ausbrechen ...«[44], schreibt Ludwig Börne über die Situation in Frankreich, was nicht minder für die Zustände in Preußen gilt.

Unterdessen nimmt die politische Ursachenforschung in der Hauptstadt eine kühne Wendung. Nicht nur die Niederträchtigkeit der Schlesier – »es müsse mit den schlechten Kerls ohne Erbarmen verfahren werden«[45], bemerkt Bettines Schwager Savigny – ist an allem schuld. Schuld ist auch Bettine. Man sagt, »sie sei Ursache des Aufstandes, sie habe die Leute gehetzt«[46].

Unter diesen Umständen bestehen keinerlei Aussichten auf Veröffentlichung des »Armenbuches«. Am 27. Juli 1844 schreibt Bettine an Adolf Stahr: »Mein Armenbuch habe ich einstweilen abgebrochen, denn der Druck würde hier nicht gestattet werden, indessen sammeln sich jeden Tag noch merkliche Belege dazu. Traurig ists zwar, dass es nicht zur rechten Zeit kommt. »Allein, *den Hungrigen helfen wollen heißt jetzt Aufruhr predigen*, (...) Ach schwerer Seufzer, wo bist du, dass ich ein Gewicht darauf legen könnte!«[47]

Flugkunst
»Wenn der Menschengeist fliegen kann, so überfliegt er die Vorurteile«[48], sagt Bettine, die am Traum, an der Fantasie, der Sehnsucht, an Ahnung und Wunsch und nicht zuletzt am assoziativen Gedankenflug das Widerstandspotenzial schätzt. Könnte dies oder das nicht ganz anders sein? Nur allzu gern würde eine herrschsüchtige Vernunft die Erdung der im Überflug gewonnenen Ein- und Ausblicke verhindern, die noch luftigen Pflänzchen als irrationales Unkraut aus den Köpfen jäten. Wohl deshalb hat Ernst Bloch in seinem Werk ›Das Prinzip Hoffnung‹ die Kategorie des

»Noch-Nicht-Bewussten« ersonnen. Er nennt sie auch »Dämmerung nach Vorwärts«[49], denn nicht Dunkel-Nebulöses ist gemeint, sondern das aus dem Dunkel hervorbrechende Licht: Mir dämmert's! – »Das Subjekt wittert keinen Kellergeruch, sondern Morgenluft.« – »Ein Noch-Nicht lebt überall«, sagt Bloch über die tausend Möglichkeiten, die zwar (noch!) nicht Wirklichkeit, aber doch in Traum, Sehnsucht und Fantasie in ahnender Vorform präsent sind. So lebt das »Noch-Nicht« vor allem dort, wo man ihm Raum zum Gedeihen lässt – und dies nicht nur in Gedanken, sondern gerade auch in der aktiven Umsetzung.

Nicht anders ist die Sicht Bettines, die es zum Tätigwerden drängt. Als Vertreterin des ›Prinzips Hoffnung‹ vertraut sie zwar auf die subversive Kraft der geistigen Flugkünste, doch »meine Gedanken wollen nicht bloß ausgebrütet, sie wollen auch (…) durchgesetzt sein!«[50] Das eigenmächtige Denken bedarf des freien Flugs, das eigenmächtige Sein jedoch der tätigen Anbindung ans Leben: »*Selbstdenken* ist der höchste Mut. (…) Wer wagt, selbst zu denken, der wird auch selbst handeln, und wer nicht selbst denkt, nicht aufs freie, uferlose Meer steuert mit seinem Geist, der wird die Gottheit nicht selbst erreichen, nicht selbst handeln, denn sich nach andern richten, das ist nicht handeln, handeln ist *Selbstsein*, und das ist: *in Gott leben*.«[51] Selbstwerden ist für Bettine ohne Tätigwerden nicht denkbar.

»Zur Bildung der Welt sind wir berufen und der Beruf läßt sich immer realisieren«[52], sagt die Frau Rat. »Alle Kraft ist man der Welt schuldig und dem, der uns am nächsten steht, am ersten«[53], sagt Bettine. Wieder einmal sind sich beide Damen einig – auch darin, dass sie keine Ausrede gelten lassen, keinen Aufschub dulden. Hier und Jetzt beginne man. Und wer Großes (noch!) nicht kann, fängt eben im (scheinbar) Kleinen an[54]. In »bleierner Zeit« strebt die Flugkünstlerin nach Loslösung vom Zeitgeist, um in der

Schwebe bereit und offen für das Neue zu sein. Und doch ist sie keineswegs »abgehoben«. Denn »was Traum war, muß mit der Wirklichkeit vermählt werden«[55] – so Bettines tiefe und glaubhaft in die Praxis umgesetzte Überzeugung: »Wir bauen selbst den Himmel durch unser edles freies Tun, sonst kommt er nicht zur Welt.«[56]

Wie zum Fliegen die Landung, so gehört zum geistigen Höhenflug die Umsetzung in die Praxis. Also landet Bettine, die Wolkenschwimmerin und Virtuosin in Sachen geistiger Flugkunst, mit beiden Beinen mitten im Leben und somit auf dem Boden der politischen Tatsachen, die es zugunsten von Freiheit, Gerechtigkeit und Menschlichkeit zu verändern gilt … »denn es ist viel Arbeit in der Welt, mir zum wenigsten deucht nichts am rechten Platz«[57].

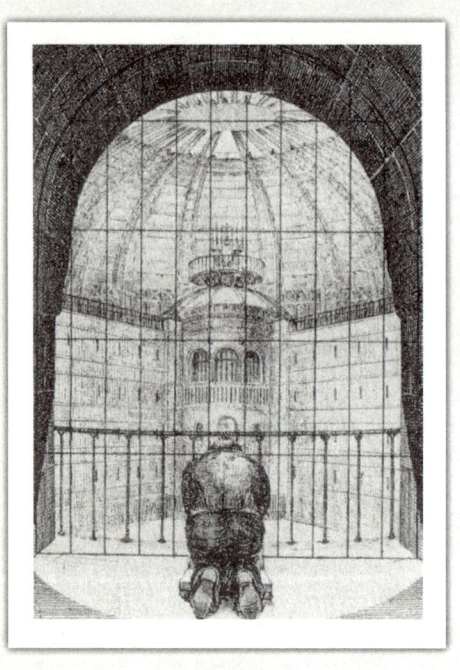

VERBRECHEN UND STRAFE

Der Justiz- und Verwaltungsapparat ist eine wesentliche Stütze des preußischen Obrigkeitsstaates. Bettine ist also auf die peniblen Herrn, die das Land im eisernen Griff halten, alles andere als gut zu sprechen. So nutzt sie die schöne Gelegenheit, den ungeliebten Staatsdienern zu trotzen, die sich ihr im Juli 1842 in Gestalt eines Schreibens der »Deputation des Magistrats zur Erhebung der Hundesteuer« bietet: »Der Frau Baronin von Arnim wird hierdurch bekannt gemacht, dass wir die Execution auf Hundesteuerreste, im Betrage von Einem Thaler 15 Sgr. sowie auf Contraventions-Strafe im Betrage von Vier Thaler 15 Sgr. zusammen Sechs Thaler wider sie dergestalt verfügt haben, dass, wenn binnen drei Tagen die Bezahlung dieser Gelder und der Executions-Gebühren mit 5 Sgr. dem Executor nicht nachgewiesen werden kann, sodann mit der Abpfändung ihrer Sachen wider sie verfahren werden muß, wonach dieselbe sich zu richten hat.«

Bettines Antwort auf das in kunstvoller Beamtenprosa verfasste Schreiben fällt nicht minder kunstvoll aus. In ergreifenden Worten stellt sie klar, dass es sich bei dem behördlicherseits inkriminierten Tier um einen jungen, unbedarften Hund vom Lande handelt: »Im October 1841 erblickte eine Hundeseele das Licht der Welt zu Bärwalde oder doch in dessen Nähe. Gepflegt von zarten Händen erlangte das Thierchen eine nimmergeahnte Höhe. Am 7ten Januar erblickte nicht blos die Seele, sondern auch das Auge des Thierchens eine zweite Welt, es sah – Berlin!« So hat es das arglose Tier in die Wirren der Großstadt verschlagen, wo es sich – unschuldig kriminalisiert! – in der Gosse des Verbrechens wiederfindet.

Mit der Aufklärung des »Falles« hält sie lange hinterm Berg, trifft aber dann die preußischen Beamten ins obrigkeitshörige Mark. Der fällige Betrag sei von »Seiner Exzellenz dem Justizminister von Savigny« höchstselbst entrichtet worden, an den sich nun die Behörde zur weiteren Klärung zu halten habe. Peter Anton von Arnim, der den Fall von Hundeverfolgung in seinem Aufsatz »Bettina und der Berliner Magistrat« aufgearbeitet hat, bezeichnet zu Recht derlei Scharmützel Bettines als »Realsatiren«. Diese gleichermaßen lust- wie fantasievollen Texte sind sichtlich mit einem Seitenblick auf die mögliche Veröffentlichung verfasst – und natürlich, um den preußischen Beamten (mit Tränen des Lachens ist hier kaum zu rechnen) die Tränen der Wut in die Augen zu treiben.[1]

Weit ernster ist der Hintergrund im Fall der Betrügerin Hakewitz, zu dem Bettine bereits vernommen wurde und nun schriftlich aufgefordert wird, ihre Aussage zu beeidigen. Anstatt ihrer Pflicht als treue Staatsbürgerin nachzukommen und dazu beizutragen, dass einer gefährlichen Verbrecherin das Handwerk gelegt wird, verfasst Bettine ein erbostes Antwortschreiben: »Ich habe niemals die unverehelichte *Hakewitz* wegen des gegen mich verübten Betrugs und am wenigsten wegen Adelsanmaßung bei *einem Hochloblichen Kammergericht* – Wohlloblichen Kriminalgericht – denunziert. (…) Ich habe einem ganz verlassenen Geschöpf eine Wohltat erzeigen wollen, sie hat mich betrogen, ich habe es ihr verziehen, ohne Erstattung zu verlangen, schenke ihr vielmehr alles was sie auf diese Weise von mir erlangte.« Nicht das Vergehen, sondern die Verfolgung eines Mädchens, das zwischenzeitlich ledige Mutter wurde, ist für Bettine der eigentliche Skandal. Zudem ermittelt die Behörde nicht wegen Betruges, sondern wegen des mit einem drakonischen Strafmaß belegten Deliktes der Adelsanmaßung: »Also weil ein armes Mädchen, die vielleicht ohne Belehrung, sicherlich ohne die Kenntnis, dass überhaupt ein solches Gesetz existiert aufgewachsen ist und die vielleicht ein Opfer der Verführung sogenannter höherer Stände ist, mir in meiner Stube, um mein Mitleid zu erregen, sagt: sie sei aus besserem Stande, sie sei von Adel und durch Unglück soweit gebracht mich um eine Gabe zu bitten, die ich ihr auch ohne diese Lüge gegeben haben würde, sollte man sie und ihr eben geborenes Kind mit zwei Jahren Zuchthaus bestrafen?«

Zwischenzeitlich hat Bettine das Vorgehen der Behörde findig hintertrieben, indem sie einen ihrer Söhne veranlasste, sich wegen Anmaßung des Freiherrntitels selbst zu denunzieren. Entsprechend empört reagiert sie darauf, dass man ausgerechnet ihre Aussage wolle, »das heißt, die Aussage derjenigen Frau, deren Sohn durchaus *nicht* zur Untersuchung gezogen wird, obgleich er selbst das Hochlöbliche Kammergericht dazu aufgefordert hat? Ich sage aber dem Hochlöblichen Kammergericht, dass dies eine so arge Satire auf die Gerechtigkeit ist, dass ich demselben rate, diese Untersuchung schleunigst niederzuschlagen, unter sich aber eine Kollekte zu sammeln, um für die Zukunft der *Hakewitz* zu sorgen; dass sie ins Künftige nicht mehr auf schlechte Streiche zu fallen braucht; sollte sie dennoch, und zwar in Folge meiner Aussage wegen Anmaßung des Adels von einem Hochlöblichen Kammergericht, zu einer so harten Strafe als zwei Jahr Zuchthaus sind, verurteilt werden, so würde ich mich in meinem Gewissen für verpflichtet halten, auf jegliche mir mögliche Weise die Ausführung derselben zu verhindern.« Die Schlusssequenz enthält die unmissverständliche Drohung, den Fall zu veröffentlichen, und dies, nachdem Bettine ihn so arrangiert hat, dass an den hochlöblichen Herren nichts Löbliches mehr zu finden ist – »und bleibe eines Hochgelobten Kammergerichts gehorsamste Dienerin

Berlin d 24ten Januar 1845 Bettine Arnim«.[2]

Wer sich derart mit der Justiz anlegt, muss sich nicht wundern, wenn er bei nächster Gelegenheit die amtliche Quittung präsentiert bekommt. Ausgangspunkt des von Gertrud Meyer-Hepner dokumentierten Magistratsprozesses gegen Bettine ist ihr Entschluss, sowohl ihre eigenen Werke als auch die ihres Mannes selbst zu verlegen. Am 18. August 1846 wird sie ultimativ aufgefordert, binnen acht Tagen die Bürgerrechte der

Stadt Berlin zu erwerben, wozu sie als gewerbetreibende Person verpflichtet sei. Wiederum entspinnt sich ein ausgedehnter Briefwechsel voll Bettine'scher Haken und Ösen, unter anderem versendet sie ein Schreiben, das – neben manch anderer Provokation – einen Passus mit roter Tinte enthält, »nicht zu meiner Rechtfertigung, sondern damit ihre rote Farbe der Beschämung auf den Wangen eines Hochlöblichen Magistrats widerscheine«[3].

Wegen dieses Schreibens erhebt der Staatsanwalt Anklage, und die »Deputation des Criminalsenats des Kammergerichts für schwere Verbrechen« eröffnet das Verfahren. Am 20. August 1847 wird Bettine wegen Beleidigung des Magistrats zu zwei Monaten Gefängnis sowie zur Zahlung der Gerichtskosten verurteilt.

Alle Zeichen deuten darauf hin, dass sie gewillt ist, die Strafe anzutreten, zumal um die geplante Veröffentlichung der Prozessdokumente publizitätsfördernd zu unterstützen. »Laß mich wissen, wann Du das neue Hotel beziehen wirst«[4], schreibt ihr Sohn Friedmund, der ganz aufseiten seiner Mutter steht. Es bleibt unklar, was oder wer sie dennoch bewegt, in Revision zu gehen. Wahrscheinlich sind es Rücksichten gegenüber dem konservativen Teil der Familie gewesen.

Johanna Kinkel hält in ihrer Biografie einige Eindrücke vom Besuch im Salon von Bettines Schwester Gunda fest: »Als ich einmal auf eine Bemerkung der Frau v. Savigny mit dem Gemeinplatz: ›Das verhüten die Götter!‹ erwidert hatte, sagte diese sehr ernsthaft: ›Seit Einführung des Christentums wissen wir, dass es keine Götter gibt, sondern nur Einen wahren Gott!‹« Des Weiteren wird sie über regionale Unterschiede belehrt, die nicht jeden Besuch gleich willkommen machen: »Die Rheinländerinnen behalten doch immer etwas Plebejisches!« Aus vergleichbaren Gründen ist Frau von Savigny auch Bettines Verehrer Philipp Nathusius als Salonbesucher nicht zumutbar – wie Bettines erwachsene Tochter Armgart Johanna Kinkel erklärt: »Dem Herrn Nathusius ist sein Name im Wege; derselbe klingt bei der Vorstellung so auffallend bürgerlich. Man kann sich gar nicht vorstellen, dass ein Adeliger Nathusius heißen könnte. Dazu kommt, dass dieser junge Mensch Erbe des größten Tabakgeschäfts in diesem Lande ist und daher sein Name auf allen Paketen Tabak gedruckt ist, die bei den gemeinsten Leuten circulieren. Es würde der Tante schrecklich sein, wenn jemand, dem sie in ihrem Salon den Nathusius vorstellen müßte, vielleicht ganz absichtslos fragte: ›Der Herr ist doch kein Verwandter des großen Tabakfabrikanten?‹«[5]

Zweifelsfrei wäre die Schande einer einsitzenden Frau von Arnim Gunda nicht zumutbar gewesen. Also schaltet sich Schwager Savigny ein und muss zwischen sturen Beamten und einer widerspenstigen Bettine vermitteln. Kein leichtes Unterfangen! Allerlei rechtliche und familiäre Irrungen und Wirrungen schließen sich an. Am Ende bezahlt Bettine zähneknirschend die Kosten des Gerichtsverfahrens und ist des Weiteren in dieser Angelegenheit nicht mehr ansprechbar. Sie hat ihr viel Ärger eingebracht und zudem die Veröffentlichung ihres neuen Werkes ›Ilius Pamphilius und die Ambrosia‹ verhindert, was umso schmerzlicher ist, da sie dessen Erlös zur Unterstützung des politisch verfolgten Hoffmann von Fallersleben bestimmt hat. Am 11. März 1848 wird die Beschlagnahmung des Werkes aufgehoben. Nur wenige Tage später bricht die Revolution aus, in deren Wirren das Interesse an Bettines Buch untergeht.

Anders als Bettines Privatfehde, die einer Frau von Arnim nicht wirklich gefährlich werden kann, ist die Frage nach Verbrechen und Strafe ein ernstes, zu diesem Zeitpunkt hochaktuelles Thema, auf das Bettine in ihrem ›Königsbuch‹ Bezug nimmt. In Preußen ist man mit einem dramatischen Anwachsen der Kriminalitätsrate konfrontiert. Tatsächlich steigt die Zahl der jährlich Verurteilten in Preußen zwischen 1833 und 1847 um nicht weniger als 75 Prozent. Der mit 25 bis 30 Prozent außergewöhnlich hohe Anteil an verurteilten Frauen lässt den Grund für diese Entwicklung erkennen: Hunger und Not. Den ganzen Vormärz hindurch steigt die Zahl der jährlich aufgedeckten Diebstähle parallel zu den Getreidepreisen. Entsprechend ist die Kriminalität, wie preußische Zahlen zeigen, zu über 80 Prozent Eigentumskriminalität. Im Übrigen reagiert die entstehende bürgerliche Gesellschaft auf Verletzungen des Eigentumsrechts besonders empfindlich, d. h. mit neuen Gesetzen und Strafverschärfungen. Auch dies trägt zum Ansteigen der Kriminalitätsrate bei.[6]

Das Problem wird immer gravierender, sodass der preußische Staat reagieren muss. Dies bedeutet selbstverständlich nicht, dass man die drückende Not, in der die Menschen leben, als die eigentliche Ursache beseitigt. Stattdessen setzt man auf das bewährte obrigkeitsstaatliche Instrumentarium, nämlich auf Durchgreifen in aller Härte, und man setzt auf den »Fortschritt«. Dieser besteht zu diesem Zeitpunkt in modernen Zellengefängnissen, die in den 1840er Jahren nach amerikanischem Vorbild gebaut werden. Der monumentale Neubau in Berlin-Moabit (hier lässt sich der Staat seine Verbrecher durchaus etwas kosten!) erfolgt im Rahmen einer christlichen Gefängnisreform, die auf sittliche Umerziehung abzielt. Der Bau ist bis ins kleinste Detail wohldurchdacht und auf die Erfüllung des frommen Zweckes ausgelegt. Die Gefangenen werden hier nicht nur in Einzelhaft, sondern in völliger Isolation gehalten. Hinzu tritt ein strenges Schweigegebot, damit die Häftlinge durch die Abkapselung von allen Außeneindrücken aufnahmebereit für Erbauliches und Ermahnendes sind und sodann zu guten Menschen werden.

Kurz nach der Fertigstellung besucht ein Gerichtsreferendar die Anstalt, wo er auf eine Gruppe von fünfzig Gefangenen trifft, die aus der Einzelhaft zum Hofgang geführt werden: »Über den Kopf hatte jede von diesen Gestalten eine braune Wollkappe gezogen, deren vorderer Teil in Gestalt eines Schirmes heruntergeklappt war und das Gesicht so bedeckte, dass man nichts von demselben sehen konnte als zwei Augen, welche durch zwei in den Schirm angebrachte Löcher unheimlich hindurchblickten. Jede schlich zehn Schritt hinter der andern her.« Der Zug führt in unwirklicher Stille – Sprechen und sonstige Geräusche sind unter Androhung der Dunkelhaft verboten – in einen Hofkomplex mit einem zentralen Aufsichtsturm, auf den zwanzig hohe Mauern strahlenförmig zulaufen: »In jeden einzelnen fächerartigen Raum wurde nun ein Gefangener hineingelassen. So wie er drinnen war, schlug er die Wollkappe in die Höhe. Er hatte nun die Erlaubnis, eine halbe Stunde in diesem kolossalen Steinfächer hin- und herzulaufen.« Unter den gleichen Bedingungen erfolgt der Kirchgang, wozu die Gruppe in terrassenförmig angelegte, nach vorne offene Einzelzellen verbracht wird, von wo aus jeder Gefangene »den Pfarrer auf der Kanzel sehen und an allen gottesdienstlichen Handlungen teilnehmen kann, ohne in irgendeine Gemeinschaft mit seinen Mitgefangenen zu kommen oder auch nur, ohne dieselben sehen zu können«.

Die hier angewandte Methode, dem Verbrecher durch völlige Isolation zu Selbsterkenntnis und sittlicher Besserung zu verhelfen, ist – wie ein Strafinspektor betont – sehr erfolgreich. Nach einer Phase von »heftigen Ausbrüchen der Leidenschaften« und der zweiten Phase eines »häufig mit Körperschwäche verbundenen milderen Gemütszustandes«, folgt die »überraschende Umänderung des ganzen inneren Menschen (…) und nicht zu meinen seltensten Wahrnehmungen gehört es, das solche Gefangene, sich unbeobachtet wähnend (…) eifrig und mit Inbrunst beten«.[7]

Bereits 1827 hat Bettine in Berlin die Vorlesungen von Nikolaus Heinrich Julius zur Gefängniskunde gehört, ist also über das Thema Justiz und Strafvollzug gut informiert. Wie so oft steht sie aufseiten der Schwachen und leiht denjenigen, die keine oder kaum Fürsprecher haben, ihre Stimme bzw. die der Frau Rat, die im ›Königsbuch‹ Stellung bezieht: »Unnütz sind eure Zucht-, Schweig- und Isolierhäuser. Das sind keine Heilanstalten, sondern Marterkammern.«[8] Selbstverständlich ist die Frau Rat eine dezidierte Gegnerin der Todesstrafe. Oft genug – lässt sie den Herrn Pfarrer wissen – ist man selbst im Leben schuldig geworden, »du hast aber keineswegs die Zuversicht verloren, dich zu bessern, und deine Hoffnung ist, dass dir Frist dazu gewährt sei«[9]. Mit der Hinrichtung jedoch wird jede Möglichkeit auf Veränderung und Besserung unterbunden. Und nicht allein der Delinquent stirbt: »Ihr kreuzigt den Vater, ihr entreißt die Eingeweide dem Mutterleib, ihr brandmarkt die Brüder und zerschmettert der Kinder zartes Haupt am harten

Fels eurer Mißbegriffe. Diese Schuldlosen mordet ihr, samt dem einen Kranken, Besinnungslosen!«[10]

Der Staat gebärdet sich »immer drohend als strafender Zuchtmeister«[11], um die Menschen allerdings kümmert er sich nicht. Einzig – so die Frau Rat weiter – »wenn der Landesvater will losdonnern, dann sind sie euch gut als Futter für die feindlichen Kanonen. Was davon heimkommt und selbst nach Futter schreit, das betrachtet ihr als Hefe des Volks, und laßt's wieder im alten Schlamm versinken.« Dass nun sogar die alten Frauen stehlen, liegt an diesem Schlamm und nicht an deren Verruchtheit: »Wer sind diese alten Weiber? Es sind die, deren Söhne, deren Männer im Krieg Kanonenfutter wurden, oder als Krüppel heimkamen! sie sind Raubgesindel geworden, die ihrigen zu ernähren.«[12]

So macht die Frau Rat unmissverständlich die sozialen Ursachen, d. h. die blanke Not kenntlich, die den Verbrecher hervorbringt, und auch die politischen Ursachen des Problems sind ihr – und folglich auch Bettine – nur allzu bewusst. Der Staat schützt die Reichen und drückt die Schwachen. Vermögen, die mit größter Rücksichtslosigkeit zusammengerafft werden, sind legal, während das aus Not gestohlene Stück Brot ein Verbrechen ist: »Wer's [das Geld] einmal hat, dem soll's nicht geraubt werden. Wie einer da zum Gelde kommt, das wird nicht beleucht. (…) Die sündhaftigen Anlagen im Menschen machen hier Strafgesetze gegen das, was sie im sündigen Genuß stören könnt. (…) So ist denn der Grund der Strafe und Gesetze gegen die Sünde oft strafwürdiger oder verdammlicher als die Sünd selber.«[13] Deutlicher kann man die Tatsachen nicht mehr benennen. Nur konsequent kommt Frau Rat zu dem Schluss, dass diese Verbrechen »krankhafte Erscheinungen des Staates sind«[14], nämlich eines Staates, der an falschen Werten krankt und folglich breite Schichten der Bevölkerung der Verelendung preisgibt.

»Dächt jeder dran, was Christus spricht, Des Armen Recht vergesset nicht, So würde man davon nicht wissen, Dass ihr aus Not habt rauben müssen!«, war als Inschrift auf einem Steinblock eingekratzt, an den Delinquenten gefesselt waren.

Mitvernunft

Wem ein falsches Etikett verpasst wird, der hat es schwer im Leben.

Das gilt ohne Ausnahme ... also auch für Worte. So wird etwa das Wort vom »Mitgefühl«, weil ihm das falsche Etikett »Gefühl« anhaftet, notorisch und, was noch schlimmer ist, notorisch unhinterfragt, dem Bereich des Gefühls zugeschlagen. Der Synonymbegriff, das Mitleid, steht hingegen für eine lange Tradition christlicher Leidensverliebtheit und die Herabwürdigung der Bedürftigen zu Almosenempfängern und Objekten der Nächstenliebe.

Not macht erfinderisch, sofern es um Sprache geht macht sie wortschöpferisch. Also: »Mitvernunft«, denn wenn schon, weil es die deutsche Sprache so will, zwischen Gefühl und Vernunft geschieden sein muss, ist dieser Begriff angemessener als der des Mitgefühls.

»Das ist's, alles ist ein Wechselwirken, alles, was lebt, gibt Leben und muß Leben empfangen«[15] – sagt Bettine und belegt somit die Notwendigkeit der begrifflichen Neuschöpfung. Denn wenn man um die Verbundenheit alles Lebendigen weiß, ist ein Denken und Handeln, das dieser Verbundenheit Rechnung trägt, ein Gebot der Vernunft. Entsprechend ist das Herzstück von Bettines politisch-gesellschaftlichem Wirken die »Mitvernunft«. Die Begriffe »Mitgefühl« oder »Mitleid« dienten hingegen nur allzuoft dazu, Bettines Engagement als typisch weiblich, d. h. emotional und folglich unvernünftig abzuqualifizieren.

Nichts anderes als Bettine weiß auch die Frau Rat um die alleinige Ordnung alles Lebendigen: »Eine Welle kann nicht bestehen, aber eine Strömung aus vielen Wellen, die trägt jede einzelne Welle in sich. Daraus schließ ich, dass ein einzelnes Leben nicht bestehen kann, es geht erst hervor aus dem Alleben. Das Allebendige strömt den Lebensgeist jedes Einzellebens in sich.«[16] Nur konsequent bezieht sich die »Mitvernunft« nicht allein auf Nächstenliebe und Mitmenschlichkeit, sondern auf Tiere und Pflanzen, d.h. auf alles, was lebt.

Das klassische Mitleid zielt auf Almosen und karitatives Engagement. Die Konsequenz, die sich aus der »Mitvernunft« ergibt, ist eine andere: »Allerbarmen allein ist gerecht«[17], denn aus dem Wissen um die universelle Verbundenheit ergibt sich die Foderung nach allumfassender Gerechtigkeit. Folglich ist die Tatsache, dass die einen reich und die anderen arm sind, für Bettine die »Beraubung dessen (...), der nicht mitgenießt.«[18] Und auch die Frau Rat zieht sieselbe politische Konsequenz: »Alles Mein und Dein ist eigentlich nur Täuschung, in der die irdische Menschheit und vorab die Fürsten befangen sind.«[19]

»Ach, aller Eigennutz ist schändliche Dieberei«[20], sagt Bettine. Derjenige, der sich egoistisch abgrenzt, ist im Unrecht. Und er täuscht sich. Schließlich ist auch er Teil der alleinigen Ordnung des Lebendigen: »Alles, was nicht Großmut ist, das ist nur Wahn«[21]. Und weil es sich so verhält, ist der mitvernünftige Mensch klug genug darum zu wissen, dass es immer auch um ihn selbst geht: »Oh, werden wir's endlich inne werden, daß alle Jammergeschicke unser eignes Geschick sind? – Daß alle von der Liebe geheilt müssen werden, um uns selber zu heilen.«[22]

ZEITEN DES UMBRUCHS UND
LETZTE JAHRE

Seit dem Sensationserfolg, den Bettine mit ihrem ›Goethe-buch‹ erlangte, scharen sich die Bewunderer um sie. Ab 1836 führt sie in ihrer Berliner Wohnung einen Salon, in dem sich die Berühmtheiten ihrer Zeit einfinden. Liberal Gesinnte aus der Generation Bettines wie Karl August Varnhagen oder Karl Hartwig Gregor von Meusbach verkehren hier. Minister wie Alexander von Humboldt und ihr Schwager Savigny, Gelehrte wie Leopold von Ranke sowie Künstler aller Art: Heinrich Hoffmann von Fallersleben, Hans Christian Andersen, Karl Gutzkow, Franz Liszt, die Schwestern Caroline und Wilhelmine Bardua. Malerin die eine und Sängerin die andere, und viele mehr.

Bettina war nicht größer als ein Mädchen zwischen dreizehn und vierzehn Jahren; ihre Formen freilich waren jetzt stark und voll, aber die außerordentliche Raschheit ihrer Bewegungen ließ sie frisch und jugendlich erscheinen. Die schwarzen Augen, deren Höhlung die braune Spur vieler in Schmerz und verzehrenden Gedanken durchwachter Nächte verrieth, blitzten vor Geist. Unsäglich schön war der feine Mund, dessen Anmuth die energischen Züge des fast männlichen Gesichts milderte. Ich sollte eher sagen, jünglingshaft als männlich ...[1]
(Johanna Kinkel)

Auch Mitglieder der regieren-den Fürstenhäuser besuchen Bettines Salon: Prinz Waldemar von Preußen, dem man nachsagt, dass er mit Bettines Töchtern liebäugele, Kronprinz Karl von Württemberg, auf den sie in einem Briefwechsel im Sinne ihrer Vorstellungen vom idealen Herrscher Einfluss zu nehmen versucht, Erbgroßherzog Carl Alexander von Sachsen-Weimar-Eisenach, Albert von Sachsen-Coburg-Gotha und der Prinzgemahl der englischen Königin.

Als wir hinaufkamen, wurden wir bald auf ein kleines altes Frauchen aufmerksam, die wie eine Fledermaus, der sie an struppigem Aussehen wenig nachstand, unstät umherschlüpfte. Es war Bettina. Bald kam sie auf uns zu und »Gesundheit du!« stieß sie mit uns an …[2]
(Heinrich Grunholzer)

Vor allen Dingen aber sind es Studenten, junge Freigeister, die in Bettines Salon ein und aus gehen: der Jurist Julius Döring und Moritz Carriere, ein Schüler der Brüder Grimm, der Jurist und Musiker Gebhard von Alvensleben, Emanuel Geibel, der Dichter, der Theologe Karl Keck, die Juristen Wilhelm Levysohn, Heinrich Bernhard Oppenheim und Isaak Wolffson sowie der spätere Arzt Max Ring. Dieser berichtet, dass ihn Bettine ansprach: »Schreibe sie dem Carriere, dass er mir nicht mehr so viele Studentle auf den Hals schicken soll, ich hab' jetzt gerade genug von der Sorte.«[3]. Offenbar stand Bettines Salon zeitweise in Gefahr, wegen Überfüllung geschlossen zu werden. Sie, die zur Hoffnungsträgerin für die aufbegehrende akademische Jugend Deutschlands geworden ist, hofft umgekehrt auch auf die Jugend und versteht sich als Erzieherin und Muse, die auf die Entscheidungsträger der Zukunft Einfluss nimmt.[4]

Wie sie einst Goethe verehrte, wird sie nun von den Jungen verehrt. Und nicht anders als sie von Goethe eingespannt wurde, spannt sie nun die Jungen ein – für dieses und jenes, was eben so anfällt im Großprojekt Bettine, das die Schriftstellerei, das Verlegen (ab 1846), vielfältige politische Aktivitäten und nicht zuletzt die Pflichten einer siebenfachen Mutter umfasst. »Am späten Abend treibt mich nur die Kälte zu Bette (…). Am Morgen halte ich Wettrennen mit der Aurora, welche zuerst am Schreibtisch ist, da find ich denn eine solche Unordnung, wobei jedem Philister die Haare zu Berge stehen würden.«[5]

Alle Arten von Helfern sind hier hochwillkommen. So arbeitet Markus Niebuhr an der englischen Übersetzung des ›Goethebuches‹, Philipp Nathusius besorgt die Korrektur der Neuauflage, und Julius Döring arbeitet an der Arnim-Edition und insbesondere an der Neuausgabe des ›Wunderhorn‹ mit. Bei Rudolf Baier, so hat man den Eindruck, handelt es sich wohl um den Mann für alle Fälle, jedenfalls ist die Liste der kleinen Gefälligkeiten, um die Bettine am 22. September 1845 den 26-jährigen Studenten in einem Schreiben aus Wiepersdorf bittet, nicht gerade kurz, nämlich: die Katzen, »deren schmäliger Hungertod der Giesel Tag und Nacht vor Augen steht«, bei Frau Nebekow unterzubringen; sich um den Wächter des Hauses in Berlin zu kümmern; Armgarts Blumen »alle wohlgezählt« dem Gärtner der Savignys übergeben zu lassen; die Kanarienvögel zur Nebekow zu bringen; sich über Weimann, der bei Bettine in Stellung gehen soll, zu erkundigen; das ›Wunderhorn‹ der Buchhandlung Bauer zu übergeben (sofort und nebst einem Brief für Herrn Klein); zu sorgen, dass sämtliche Arnimschriften an Bauer übertragen werden, mit Bauer über die Broschur des ›Wunderhorn‹ zu sprechen sowie die nötigen Schritte bei Schröder zu veranlassen; nachzufragen, ob die Wohnung des Blutigelpalais noch zu haben sei (ohne Bettines Namen zu nennen); ein broschiertes Exemplar des Günderrodebuches zu schicken und ein Kochbuch (in der Küchenstube) sowie ein französisches Kochbuch (irgendwo unter den Büchern), nebst einer Schachtel mit kleinem Zwieback vom Zuckerbäcker Bath in der Leipziger Straße; und dem Klein auszurichten, dass sie nun an den zweiten Teil des ›Königsbuches‹ gehe. »Vergessen Sie um Gottes willen die Katzen nicht.«[7]

Die unmittelbare Frische ihrer Rede, die rasche Formung des Gedankens im Wort, der eben erst sich in ihrem Haupt entzündet, läßt sich von keiner fremden Feder festhalten. –
(Emanuel Geibel)[6]

Ende der dreißiger Jahre verändert sich die Struktur von Bettines Salon, der einen mehr und mehr politischen Charakter gewinnt. Neue Besucher finden sich ein: Heinrich Bernhard Oppenheim, ein gemäßigter Linker, die Junghegelianer Bruno und Edgar Bauer sowie Adolf Stahr. Im Jahr 1848 ist Michail Bakunin, der russische Revolutionär und bedeutende anarchistische Denker, auf Besuch, der Teile ihres ›Goethebuches‹ ins Russische übersetzt hat, sowie Emanuel Arago, der republikanische französische Botschafter, und Julius Fröbel, der zum linken Flügel der Frankfurter Nationalversammlung gehört.

Diese zwei Stunden einer mir unvergeßlichen Unterhaltung rauschten wie Sekunden vorüber. Wir sprachen über alles und hätten doch, als wir schieden, erst anfangen mögen. Diese Vielseitigkeit, diese Gedankensprünge, diese geistreiche Formgebung im Momente, dieses neckische Spiel mit der Wahrheit oder mit dem Schein derselben – es bezauberte. – (Karl Gutzkow)[8]

Die politische Situation in Deutschlands spitzt sich zu. Die unterschiedlichen politischen Lager prallen immer schärfer aufeinander, auch im privaten Kreis, wie einem Tagebucheintrag Varnhagens vom November 1844 zu entnehmen ist: »Gestern Mittag kam Bettina von Arnim; wir sprachen über den Verein zur Erleichterung der Arbeiternoth, über den Schwanenorden etc. Frau von S. sagte salbungsvoll, Armuth müsse sein, Gott habe sie eingesetzt, er werde wissen zu welchem Zwecke! Bettina erwiderte mit Empörung, habe Gott die Armuth eingesetzt, nun so habe er auch die Revolution eingesetzt, die Guillotine, und darein müsse man dann ebenso fromm sich fügen!«[9] Gut möglich, dass es sich bei Frau von S. um Frau von Savigny, also Bettines Schwester Gunda handelte.

Bettine findet sich unversehens im Lager der Staatsfeinde wieder. Ihr Salon steht unter Beobachtung, die Post wird geöffnet. Ja, ein Spitzel weiß im Jahr 1847 von gefährlichen Umtrieben bei Frau von Arnim zu berichten: »Die Tendenz dieser Teegesellschaften ist eine sozialistische, indem die Versammelten sich vorzugsweise über ein in Wesen und Form zu verbesserndes Leben unterhalten und besprechen. Vorzüglich ist es das weibliche Geschlecht, das sich nach der Befreiung von den Fesseln des Herkommens, der Mode, der Konvenienz sehnt. Unter allen Frauen dieser Art in Berlin, die einen öffentlichen Ruf genießen, ist Bettine von Arnim unstreitig die erste und bedeutendste. (...) Man läßt sie gewähren, da sie hier in allgemeiner Achtung steht und man ihr von Rechtswegen nichts anhaben kann.«[10]

Im März 1848 bricht infolge von dünkelhaftem Starrsinn und notorischer Realitätsverleugnung in Berlin die Revolution aus. Der Riss, der sich durch die Gesellschaft zieht, geht nun auch mitten durch die Familie von Arnim. Bettines Tochter Maxe berichtet: »Jetzt gingen auch bei uns unsere Wege auseinander. Während wir [Maxe und Armgart] die Köpfe hängen ließen, blickte die Mutter (und mit ihr natürlich auch Gisel) rosig in die Zukunft und war Feuer und Flamme für die Revolution als einen gewaltigen Fortschritt in der Entwicklung. [...] Fragwürdige Gestalten von Literaten und Republikanern gingen bei der Mutter ein und aus. Das alles war für uns, die wir ganz anders empfanden und dachten, nicht leicht.«
Auf der einen Seite der Familie stehen Siegmund, Armgart und Maxe sowie die Savignys, auf der anderen Seite Bettine und der Rest der Kinder. Bettine, zu deren zentralen Grundsätzen im Umgang mit ihren Kindern gehört, dass deren Eigenständigkeit zu akzeptieren sei, macht auch in diesem für sie bitteren Fall mit ihrer toleranten Haltung Ernst. Der Tatsache, dass in der Familie die Meinungen geteilt sind, trägt sie Rechnung, indem es nun eben zwei Salons gibt – unter einem Dach. Dass aus dem Riss ein Bruch wird, es also zu einem Zerwürfnis innerhalb der Familie kommt, weiß sie auf diese Art klug zu verhindern. »So wurde – schiedlich, friedlich – die weise Einrichtung getroffen, die noch lange [...,] bestanden hat: Im Hause Arnim gab es zwei Salons, einen demokratischen und einen aristokratischen. Links vom Saal in unseren Räumen empfingen wir unsere Freunde, rechts in ihren Zimmern Bettina ihre edlen Weltverbesserer«[11], stellt Tochter Maxe die taktisch äußerst geschickte Lösung des Problems dar.
Die Tatsache, dass ein Familienzwist auf diese Weise vermieden wurde, macht freilich auch deutlich, dass sich die Salonkultur verändert hat. Bestand deren Nutzen und Charme ursprünglich darin, dass Menschen aus unterschiedlichen Ständen

und mit unterschiedlichen Weltanschauungen aufeinandertrafen und sich austauschten, so ist zwischenzeitlich die politische Polarisierung in der Gesellschaft zu weit fortgeschritten, als dass der Salon seine vermittelnde Funktion noch erfüllen könnte. Das Ende der alten Salonkultur ist eingeläutet.

Zwischenzeitlich eskalieren die Ereignisse. Am 18. März sind 230 Todesopfer zu beklagen.[12] Der Kronprinz (der spätere Kaiser Wilhelm I.) – so Varnhagens Tagebucheintrag zum 18. März 1848 – gibt sich besonders forsch: »Als vor dem Schlosse durch die hervorstürmenden Soldaten die ersten Gefangenen in den Schloßhof gebracht wurden, meist armselige Leute, Krüppel, die nicht schnell genug hatten fliehen können, schwächliche Alte und unreife Jungen, die darauf in den Schloßkeller gebracht und arg behandelt wurden, da trat der Prinz von Preußen vor und redete die Soldaten heftig an: ›Grenadiere, warum habt ihr die Hunde nicht auf der Stelle niedergemacht?‹«

Am 19. März zwingt das Volk den König, seiner Schande ins Auge zu sehen und die Getöteten zu ehren. Wiederum werden Versprechungen auf Reformen gemacht – wiederum werden sie nicht gehalten. Ein Staatsstreich droht, denn dem erzreaktionären Kronprinzen Wilhelm ist das Vorgehen des reaktionären Königs zu lasch. Und wiederum interveniert Bettine und sucht den König zu bewegen, mit Theodor von Schön eine Persönlichkeit des Ausgleichs als Regierungschef zu berufen – vergeblich. Spätestens im März 1849 ist mit Friedrich Wilhelms Ablehnung der – wie er sagt – »mit dem Ludergeruch der Revolution behafteten« Kaiserkrone, die ihm die Delegierten der Paulskirche antragen, die Chance auf eine demokratische Erneuerung im Rahmen einer konstitutionellen Monarchie vertan. Niemand glaubt mehr an eine solche Lösung – oder besser: kaum noch jemand.

Im Jahr 1852 veröffentlicht Bettine ihr Spätwerk: ›Gespräche mit Dämonen, des Königsbuchs zweiter Band‹. Sich selbst sieht sie in der Rolle des in sokratischer Tradition, also als guter Geist verstandenen »Daimonion«, der dem schlafenden König die Wahrheit zuflüstert. Sie folgt also dem alten Muster der Selbststilisierung als Gewissensstimme und begnadete Ratgeberin des Königs. »Kannst du mich revolutionär machen, so sei es dir erlaubt«[13], lässt sie den schlafenden König zu seinem Bettine-Daimonion sagen. Unverkennbar ist hier der Wunsch der Vater des Gedankens, denn angesichts eines Königs, den selbst der Donnerschlag von 1848 nicht aus seinen Träumen reißen kann, hat sich Bettines Konzept offenkundig überlebt. »Weiter kann die Lehre von der Nichtverantwortlichkeit nicht getrieben werden, als wenn behauptet wird, die ›Selbstherrscher‹ (d. h. Könige) seyen an Allem, was geschieht, unschuldig«[15], schrieb bereits 1847 Bruno Bauer, der einstige Weggefährte, über Bettines Königsverständnis.

– Meinst Du, ich könne je dem Unrechterliegenden mich lossagen und auch nur in Gedanken übergehen zu dem Unrecht, das vor der Welt Recht behält, ich fühle, es liegt größere Freiheit darin, mit dem Unterdrückten die Ketten tragen und schmählich vergehen, als mit dem Unterdrücker sein Los teilen.[14]

Das ›Dämonenbuch‹ wird kaum noch beachtet und selbst von Freunden kritisiert: »Mir macht es keinen guten Eindruck, obschon es große Schönheit und Kraft an vielen Stellen erkennen läßt«[16], so Varnhagen. Die Rezensenten beklagen die Langatmigkeit und Unstrukturiertheit eines Werkes, das formal und auch inhaltlich nicht mehr zeitgemäß ist. Der Endpunkt einer sich seit geraumer Zeit abzeichnenden Entwicklung ist erreicht. Den Republikanern und Sozialisten ist Bettine nun zu konservativ. Für die breite Front all derer, die das Bestehende gutheißen oder hinnehmen, ist sie zu fortschrittlich. Bettine, die zwischenzeitlich eine alte Dame von fast siebzig Jahren ist, gerät mehr und mehr ins Abseits.

»Bettines Weg ins Politische ist«, so Heinz Härtl, »Ausdruck und Folge einer individuellen Emanzipation«[17]. Wiederum greifen Leben und Werk eng ineinander, hier nun in Gestalt eines politischen Wirkens, in dem sich die Außenseiterin konsequent auf die Seite der Außenseiter und Unterdrückten stellt. »Bettina läßt sich durch ihre Humanität verleiten. Sie glaubt immer die Unterdrückten im Recht«[18], vermerkt ihre konservative Schwester Gunda nicht ohne Tadel und trifft dennoch den

Kern. »Die Gründe also, warum ich den Proletarier am höchsten stelle, ist, weil er der Gemeinheit enthoben ist, als Wucherer dem Weltverhältnis etwas abzugewinnen«[19], schreibt Bettine, deren politischer Weg, so Härtl weiter, sie »an die Schwelle des Marxismus«[20] geführt habe. Zu hinterfragen bleibt, wieso im Rahmen der konkurrierenden (und von Marx als utopisch diskreditierten) sozialistischen Bewegungen gerade der Marxismus zur politischen Heimat der konsequenten Individualistin hätte werden sollen. Die Nähe zu sozialistischem Gedankengut ist freilich unbestreitbar sowie die Tatsache, dass der Schritt nicht mehr vollzogen wird – vielleicht eine Frage des Alters, der familiären Rücksichten und auch der Zeitumstände, denn (auch wenn die ungelösten Probleme untergründig weitergären) die Hoffnungen auf Erneuerung sind erst einmal zerstoben. Das Bürgertum hat sich arrangiert, der Adel seine Stellung behauptet, das Militär triumphiert … und die Armen sind weiter arm. Die Reaktion hält Deutschland wieder in eisernem Griff.

In den letzten Lebensjahren mehren sich die gesundheitlichen Probleme. Bettine erleidet mehrere Schlaganfälle, darunter einen schweren, von dem sie sich bei einer Kur in Badenweiler einigermaßen erholt. Dennoch – so der Bericht Maxes – wirkt sie gealtert: »Das Gehen fiel ihr schwer. Geistig noch völlig frisch, war sie heiteren Gemüts und nahm an allem Anteil, aber sie wurde immer stiller und sprach schließlich nur noch wenig. (…) Ihr Liebstes war die Musik, die ihr die treuen Freunde boten, die wohl wussten, welch Wohltat sie ihr damit erwiesen: Joachim, der oft von Hannover herüberkam, Flemming mit seinem Cello, der hochbegabte Pianist Ernst Rudorff (…) u. a. Zuweilen kam ein Quartett zustand. Dann saß die Mutter nahe der Tür in ihrem dunklen Zimmer und lauschte der Töne im Saal.«[21] Andere Berichte klingen weniger idyllisch. Von Verwirrungszuständen und geistigem Verfall ist die Rede. Wie auch immer: Bettine wird von ihren Töchtern Armgart und Gisela treu umsorgt. Am 20. Januar 1859 stirbt Bettine im Kreise ihrer Familie und wird auf dem kleinen Friedhof von Schloss Wiepersdorf bei ihrem Mann, Achim von Arnim, beigesetzt.[22]

Bereits zu Lebzeiten Bettines nehmen die konservativen Töchter Maximiliane und Armgart sowie Sohn Siegmund, ein Jugendfreund Bismarcks und preußischer Diplomat, an den politischen Schriften ihrer Mutter Anstoß. Nach ihrem Tod vergräbt Siegmund den Nachlass Bettines im hintersten Winkel des Landgutes Wiepersdorf und hält ihn bis zu seinem Tod 1890 unter Verschluss. Aus finanziellen Gründen wird der Nachlass von Bettines Familie im Jahr 1929 versteigert und ist seit dieser Zeit in alle Herren Länder verstreut oder aber verloren. Neben manch anderer schmerzlicher Lücke ist insbesondere der Verlust der Originalbriefwechsel mit Clemens Brentano und Karoline von Günderrode zu beklagen.

Ich ging hin und saß ihr stundenlang gegenüber in einem strömenden Gedankenaustausch, wie ich ihn noch nicht erlebte. Sie war elektrisch erregt, dichterische Schönheiten blitzten auf neben sinnigen Betrachtungen und belustigenden Einfällen. (…) Ich selbst rang damals innerlich mit der Überwindung der Hegelschen Begriffsallgemeinheit (…) Bettina hatte ihre Freude an diesem gärenden Geisteszustande: »Ich will Ihnen ein geburtshelferisches Motto für Ihre Philosophie sagen«, *sprach sie, als sie mir die Hand zum Abschied reichte und mich aufforderte, noch recht oft wiederzukommen:* »Jeder wird als der größte Held geboren!«[23]
(Moritz Carriere)

Nach dem Tod Siegmunds werden Teile des Nachlasses der Öffentlichkeit zugänglich gemacht, wobei die Goethe-Verehrung Bettines im Zentrum des Interesses steht. Die politische Bettine hingegen gerät in Vergessenheit, bis nach 1945 die Spaltung Deutschlands eine gespaltene Bettine-Rezeption im Gefolge hat. In der BRD wird sie für lange Zeit aufs Schöngeistige reduziert, gilt als kindlich-exaltierte Bewunderin Goethes und Freundin großer Männer. Erst die Unruhen von 1968 bringen im Westen auch das Bettine-Bild in Bewegung. Nun interessieren sich eine für politische Themen aufgeschlossene Germanistik sowie insbesondere die feministische Wissenschaft für Bettine von Arnim.

In der DDR hingegen widmet man sich seit den 1950er Jahren dem politischen Wirken Bettines und fördert somit das sozialkritische Erbe einer der ersten politisch aktiven Frauen

Deutschlands zutage. Vereinnahmende Tendenzen sind sowohl in der BRD als auch in der DDR unübersehbar – und wären mit Sicherheit auf den heftigen Widerspruch der strikten Individualistin gestoßen. »Sie tadeln meine politische Richtung! Ich habe nie etwas unternommen was nicht ein Muss in mir gewesen wäre, und bin zum wenigsten nicht unfruchtbar für die Menschheit gewesen, denn viele haben ihre Köpfe noch auf dem Rumpf sitzen, den sie gewiss verloren haben, wenn ich nicht mit beinah übernatürlicher Anstrengung dagegen gekämpft hätte«[24], schreibt Bettine 1849 an ihre Freundin Pauline Steinhäuser und weist – ganz gegen ihre sonstige Gewohnheit – auf das, was sie geleistet hat, hin. Zu Recht! Natürlich kann man ihr ein fehlendes schlüssiges politisches Konzept vorwerfen. Doch seit wann sind die Dichter für politische Lösungen zuständig, zumal in solchen Zeiten des Umbruchs, Zeiten, in denen vieles erst im Werden begriffen ist?

Juden

Im Rahmen der Stein-Hardenbergschen Reformen wird am 12. März 1812 ein Judenedikt in Kraft gesetzt. Dieses Gesetz, das Juden zu preußischen Bürgern macht, stellt – auch wenn der Ausschuss von Staatsämtern bestehen bleibt – einen beträchtlichen Fortschritt für die unterdrückte Minderheit dar. Der Zugang zu akademischen Lehr-, Schul- und Gemeindeämtern, das Recht auf Grundbesitz und freie Ansiedlung, Gewerbefreiheit und freie Gattenwahl wird gewährt, Sonderabgaben werden abgeschafft. Reaktionäre Kräfte setzen in der Folgezeit alles daran, dieses Gesetz zu unterlaufen.

Die rechtliche (Fast-)Gleichstellung der Juden löst freilich die Probleme in einer traditionell judenfeindlichen Gesellschaft nicht. Zahlreiche Juden lassen sich taufen (Assimilation), ein hoher Preis für die nur scheinbare Integration, denn die Judenfeinde rüsten bereits auf rassistische Argumentationsmuster um. Friedrich Wilhelm IV. jedenfalls ist tief entrüstet, »daß ein getaufter Jude sich erfrecht«, die Delegation der Paulskirche anzuführen, die ihm die Kaiserwürde anträgt. Bettine nimmt in ihren Werken auf diese drängende Zeitfrage bezug, so in einem Exkurs im ›Dämonenbuch‹, der dem »Andenken an die Frankfurter Judengasse« gewidmet ist.[25] Bettine schildert die bedrückend beengten Lebensverhältnisse, eben »die bittere Not, die von der Religion der Milde über [die Juden] verhängt ward«. Und Bettine findet unmissverständliche Worte: »Die gesamte Christenheit drängt die Juden in die Hölle. Um jedes weltlichen Vorteils willen läßt sie, über alle heiligen Theorien hinweg, sich reißen zum Meuchelmord an ihren Brüdern! – sie zerrt den gefesselten Juden an der Kette, sie nennt ihn boshaft, wenn ihm der Schaum vor den Mund tritt, und tückisch, weil er in den Sack nicht springen will, den sie ihm vorhält. Dieser Hohn gegen den ältesten Menschenstamm, der ist der Aussatz der Christen. Solange sie diese Krankheit haben, ist nicht gut in Gemeinschaft mit ihnen treten. Alle Heiligung der Kirche ist Lüge, solange sie Verfolgung übt.«[26]

Deutlicher kann man nicht Stellung beziehen – und dies in einem judenfeindlichen Umfeld, dem neben ihrem Bruder Clemens auch Achim von Arnim zuzuzählen ist, eigentlich ein vornehmer Mann von gewinnendem Charakter. Umso bestürzender sind seine judenfeindlichen Ausfälle in der für die Deutsche Tischgesellschaft verfassten Schrift ›Über die Kennzeichen des Judentums‹ (1811)[27] – ein beleidigendes, streckenweise zotiges Pamphlet. Offenbar ist es bei diesem Thema – bei Achim wie bei anderen auch – mit der vornehmen Zurückhaltung vorbei. Judenfeindlichkeit ist hoffähig, weswegen auch Feingeister glauben, sich plumpe Beleidigungen erlauben zu dürfen.

»Heftig bekämpft sie das christliche Vorurtheil gegen die

Juden«,[28] berichtet der Student Grunholzer, der Verfasser des Vogtlandanhangs zum ›Königsbuch‹.

Seine Beobachtung trifft nicht nur auf das ›Dämonenbuch‹, sondern auch auf die anderen Werke Bettines zu. Über Alexander von Humboldt, der engagiert gegen die Rücknahme der akademischen Lehrfreiheit für Juden kämpft, ist Bettine über die politischen Vorgänge bestens informiert und greift in die neu entflammte Diskussion über die Judenfrage mit den Mitteln der Literatin ein.

So gibt sie im ›Frühlingskranz‹, da sich Bettines gemeinsames Gassefegen mit dem Judenmädchen Veilchen zum Skandal auswächst, die borniere Judenfeindlichkeit ihrer Frankfurter Verwandten – und somit all derjenigen, die des gleichen (Un-)geistes Kind sind – der Lächerlichkeit preis (vgl. Seite 59 f.).

Auch in der »Günderode« widmet sie sich dem Thema, wobei ihr mit der Gestalt des Juden Ephraim ein großer Wurf glückt. Der alte »Handelsjud …, von denen die auf der Straße rufen habt ihr nichts zu Handlen?«[29] muss fünf verwaiste Enkelkinder versorgen, um die er sich rührend kümmert. Ephraim ist sichtlich als Replik auf gängige judenfeindliche Klischees angelegt, die Bettine von der Wurzel her aushebelt – so, wenn sie an die Stelle geläufiger Zerrbilder die Beschreibung eines alten Mannes setzt, der seine innere Würde als äußere Schönheit ausstrahlt: »– Ein Jud! – aber was für einer? – Der schönste Mann! – Ein weißer Bart von einer halben Elle, große braune Augen, so schöne einfache Gestalt, die ruhigste Stirn, prächtige, majestätische Nase, Rednerlippen, aber von denen die Weisheit süß hervortönen muß«.[30] Und nicht nur das: Der Würde seiner Gestalt entspricht die Würde seiner Rede: »Es war ein so liebenswürdiger Adel in allem, was er sagte.«[31]

Vor allem anderen aber ist Ephraim eine Respektsperson, dem sich Bettine als junges Mädchen mit liebevoller Bewunderung anvertraut. In Ephraim hat sie einen Lehrer gefunden, der – wie bereits Moritz Carriere bemerkte – sich an Lessings Nathan anlehnt. Wie dieser ist Ephraim ein weiser Mann, dessen Wort Gewicht hat, zumal wenn er die junge Bettine (und somit ihre Leser) über das Schicksal der Juden aufklärt – »denn des Juden Weg ist, sich zwischen Dorn und Disteln durchzuschleichen, mit denen der Christ ihm die Straßen verhackt, und er muß sich scheuen, daß die Hunde wach werden, die in die Dornen hinein ihn verfolgen, daß er nicht mehr vor- noch rückwärts weiß und oft im Schweiß seiner Mühen zugrunde geht, und was noch trauriger ist, – seinen Gott nicht mehr im eignen Herzen findet.«[32]

»Daß der Gott im Herzen verloren geht, ist das Traurigste«, sagt Ephraim und meint auch Bettine, denn ihre Idee vom Selbstsein, das nicht preisgegeben werden darf, gilt auch für das Jüdischsein – in Zeiten, da für viele Juden die Eintrittskarte zur »guten Gesellschaft« die Taufe darstellt, eine außergewöhnliche Haltung: »Nun steht allerdings Bettina, wenn sie die Assimilation der Juden ablehnt, gleichzeitig aber ihre bedingungslose Emanzipation fordert, mit ihrer Haltung in ihrer Zeit einzig dar«,[33] schreibt Peter Anton von Arnim. Mag sein, dass das judenfeindliche Umfeld, dem sie entstammt, zeitweise auf sie abgefärbt hat. Sowie Bettine jedoch zur politisch denkenden Frau wird, ist ihre Parteinahme für die jüdische Minderheit eindeutig und eine kaum hoch genug zu veranschlagende Frucht ihres »Eigen-Sinns«, denn sie ist bei diesem Thema den Zeitgenossen weit voraus.

Was bleibt, ist kein Juden-, sondern ein Christenproblem, nämlich das Problem, das sich aus dem Anspruch der Christen ergibt, im Besitz der allein seligmachenden Wahrheit zu sein. Diese Haltung ist für Bettine vor allem eines – unselig und daher zutiefst unchristlich: »Denn so oft wir den Segen, sei er irdisch oder himmlisch, abteilen wollen, so erstirbt er in uns.«[34]

NUR MUT!

Festzuhalten bleibt, dass Bettine unter den einstigen Weg-
gefährten die Einzige ist, die das freiheitlich-individualis-
tische Denken der Frühromantik in den Kampf um politische
Freiheit und gesellschaftliche Gerechtigkeit überführt. Die
einst so rebellischen Herren (Clemens Brentano, die Brüder
Schlegel, Joseph von Görres, Eichendorff) verabschieden sich
hingegen reihenweise in Richtung Katholizismus und frönen
konservativem bzw. reaktionärem Gedankengut. Man wird den
Grund für Bettines Geradlinigkeit in ihrem unbeugsamem Individualismus zu sehen haben und in ihrer nicht minder unbeug-
samen humanitären Haltung, die nie den jeweils Einzelnen aus
dem Blick verliert. Beides bewahrt sie davor, auf religiös oder
politisch doktrinäre oder gar auf rassistische Abwege zu geraten.

Eigensinn und Weltverantwortung, Individualität und Gerechtigkeit sind die zentralen Begriffe, die Bettines Leben kenn-
zeichnen und zugleich ihre Aktualität ausmachen. Gerade heute
lohnt es sich, sich – typisch bettinisch – auf Grundlage der
unveräußerlichen Rechte des Individuums die Frage nach der
sozialen Gerechtigkeit neu zu stellen. Und dies, indem man den
wohl schönsten Zug an ihr wiederbelebt: Wachheit gegenüber
all jenen, die auf der Strecke bleiben und zu allen Zeiten verleugnet werden, gleich unter welcher Fahne der Zeitgeist die
Gesellschaft gerade vorantreibt.

Bewundernswert ist auch ihr Mut. Furcht hingegen gilt ihr als
eines der Haupteinfallstore der Fremdbestimmung.

Furcht gaukelt die Unabänderlichkeit der Dinge vor. Furcht ist »Vorurteil, und alle Voruteile sind aus Furcht gebildet. Sie sind Träume, die im Erwachen verschwinden und nur ein reines Erstaunen erregen, dass sie uns solange beengen konnten. Dazu gehören die sogenannten unübersteiglichen Hindernisse. Der Mensch kann das Meiste erringen, was er unerreichbar glaubt, und nur die Furcht, die Lüge sind die Vorurteile, die ihm was weismachen.«[2] Also setzt Bettine alles daran, diese »unübersteiglichen Hindernisse« zu demontieren.

Ach, Clemens! vertrauend – und das heißt ganz wahr und offen sein, das verlangt, dass ich stets auch aus der Tiefe meines Herzens mich an den Tag gebe, …[1]

Aus Erfahrung wird man klug, heißt es. Dass man auch aus Erfahrung dumm werden kann, gibt hingegen Bettine zu bedenken: »Ach, was nützt Erfahrung? Sie verführt nur dazu, dass die Leute mit Eigensinn an dem einmal Festgestellten hängen und durchaus sich nicht zugestehen, dass die Vernunft das Bessre oder das Wahre erfinde.«[3] Erfahrung steht hier für Festgefahrenheit, die jede Möglichkeit von Gegenerfahrungen unterbindet. Alles Neue wird erstickt, sodass – wie Bettine prägnant formuliert – die Wahrheit erst einmal wieder neu erfunden werden muss.

O, welche schwere Verdammnis, die angeschaffnen Flügel nicht bewegen zu können; Häuser bauen sie, wo kein Gastfreund Platz drin hat! – O Sklavenzeit, in der ich geboren bin! – Werden die Nachkommen nicht einst mitleidig mich belächeln, daß ich mir's mußte gefallen lassen, wenn wir vielleicht als Geister einstens sklavische Natur uns vorwerfen! – Wie! Ihr habt den Geist eingesperrt und einen Knebel ihm in den Mund gesteckt und den großen Eigenschaften der Seele habt Ihr die Hände auf den Rücken gebunden?[4]

Das Neue will also gewagt sein, selbst auf die Gefahr des Irrtums hin, der immer noch weniger zu fürchten ist als das dumpfe Verharren im Immergleichen: »Das Gelingen ist nicht die Hauptsach, der Mut, nicht zurückzubeben vor dem, was wir groß achten, und wenn ihm auch an der Stirn geschrieben steht: Unmöglich; der rechtfertigt den Versuch![5]

Sich auf das Wagnis einzulassen, sich für Neues zu öffnen, scheinbar Unmögliches möglich zu machen, ist ihr Bedürfnis und Pflicht zugleich: »Der Satz ›Es ist nun einmal so‹ ist mir das Scheuseligste.«[6]

Gott hat mich con amore geschaffen, behauptet der Schleiermacher von mir, wie sollte ich da im mindesten mich gegen dieses con amore auflehnen. Gefall ich ihm, so gefall ich mir noch besser und sehne mich keineswegs aus meiner mir sehr bequem sitzenden Natur heraus.[7]

Und so rüttelt Bettine alle Arten von Schlafmützen und Drückebergern wach und nimmt den Einzelnen in die Verantwortung für all das »Rechte (und) Große, was so oft unterbleibt aus Mangel an kühnem Mut«[8]. Bettine kämpft um eine bessere Zukunft. Wehrhafter Optimismus und tiefes Vertrauen auf die sich erneuernde Kraft des Lebens sind ihre stärksten Waffen – sowie das kluge Wissen darum, dass die erste Schlacht im Kopf geschlagen werden muss. Wer tausenderlei Bedenken Raum gibt, wird nur auf den Boden der »bleiernen Zeit« zurückgezogen, so dass er »darüber seine beflügelnde Verwandlung (versäumt)«[9]. Der frische Wind, der im Leben weht, streicht an ängstlichen Zweiflern vorbei. Dieser freilich hat, so Bettines tiefe Überzeugung, die Kraft, emporzutragen – über all die Hindernisse, die der Zeitgeist in den Köpfen aufbaut, und auch über eigene, gerade noch für unabänderlich gehaltene Strukturen hinaus. Nur Mut! – »Du verlierst nur, was Du nicht wagst.«[10] Dies ist das an ihrem eigenen Leben erprobte Erfolgsrezept der wackeren Bettine – »ein lachender Mut! ein unverzagtes Herz waren meine sicherste Schutzwehr«[11] – die für sich und andere Schneisen der Freiheit in das Dickicht so vieler angeblichen Unabänderlichkeiten schlägt.

ZEITTAFEL

1785 Am 4. April wird B. in Frankfurt am Main im Haus zum
›Goldenen Kopf‹ in der Sandgasse als siebtes Kind des
Kaufmanns Peter Anton Brentano und seiner zweiten
Frau Maximiliane, geb. von La Roche, geboren.

1789 Beginn der Französischen Revolution.

1793 Am 27. 10 stirbt B.s Mutter, Maximiliane Brentano.

1794 B. kommt im Frühjahr mit ihren Schwestern Gunda,
Lulu und Meline zur Erziehung ins katholische Kloster
Fritzlar bei Kassel.

1796 Mit dem Feldzug in Oberitalien beginnt Napoleons Auf-
stieg zur Macht.

1797 Am 9.3. stirbt B.s Vater Peter Anton Brentano. B. siedelt
mit ihren Schwestern zur Großmutter La Roche nach
Offenbach über. Im Oktober lernt B. lernt ihren Bruder
Clemens Brentano kennen.

1799 Erstes Kennenlernen der Karoline von Günderrode.

1800 B. lernt Clemens' Freund, Friedrich Karl von Savigny,
kennen.

1801 B. widmet sich der Lektüre von Goethes ›Willhelm
Meisters Lehrjahren‹. Beginn des Briefwechsels mit
Clemens.

1802 Rheinfahrt von Clemens und Achim. B. lernt Achim kennen. Übersiedlung nach Frankfurt, wo B. von Toni, der
Frau ihres Halbbruders Franz Brentano, in die Pflichten
der Hausfrau eingeführt werden soll.

1804 B.s Schwester Gunda heiratet den Rechtsgelehrten Friedrich Karl von Savigny. Ab Herbst intensive Freundschaft mit Karoline von Günderrode.

1805 B. beteiligt sich an den Arbeiten zur Sammlung ›Des Knaben Wunderhorn‹, die von Clemens und Achim herausgegeben wird. Im Spätherbst zieht sie zum Ehepaar Savigny nach Marburg.

1806 Beginn der Korrespondenz mit Achim von Arnim. Am 26. Juli 1806 Selbstmord der Günderrode in Winkel am Rhein. B. entdeckt die Briefe, die der junge Goethe an ihre Großmutter schrieb. Beginn der Freundschaft mit Goethes Mutter.
Napoleon bildet zur Sicherung seiner Herrschaft in Deutschland den Rheinbund. Im Oktober bricht in der Doppelschlacht von Jena und Auerstedt der preußische Staat zusammen. Kampfloser Einzug Napoleons in Berlin.

1807 Großmutter Sophie von La Roche stirbt. B. zieht mit ihrer Schwester Lulu und dem Schwager Jordis nach Kassel. Zwei Besuche B.s bei Goethe und Beginn des Briefwechsels mit ihm.

Juli Friede zu Tilsit. Preußen verliert die westelbischen Gebiete und die ehemaligen polnischen Gebiete außer Westpreußen. Beginn der Stein'schen Reformen. Edikt zur Bauernbefreiung.

1808 Am 13. September stirbt die Frau Rat Goethe. In der von Achim herausgegebenen ›Zeitung für Einsiedler‹ erscheint B.s erste Veröffentlichung als anonymer Beitrag. B. reist mit den Savignys nach München, widmet sich Musikstudien und nimmt Gesangsunterricht beim Hofkapellmeister Peter von Winter. B. begeistert sich für die Sache der Tiroler.

1809 B. übersiedelt nach Landshut und wird zum Mittelpunkt einer Gruppe junger Studenten, die sie verehren. Liebschaft mit Max Prokop von Freyberg.
Österreichisch-Französischer Krieg. Erhebung der Tiroler.

1810   B. lernt in Wien, wohin sie mit den Savignys reist, Beet-
        hoven kennen. Vom 9. bis 12. August: Drittes Treffen
        mit Goethe in Bad Teplitz. Übersiedlung mit den Savi-
        gnys nach Berlin.
        Hardenberg wird preußischer Staatskanzler, Fortsetzung
        der Reformen.

1811   Heirat mit Achim von Arnim. Aufenthalt bei Goethe im
        Weimar. Aufgrund des Streites zwischen B. und Goethes
        Frau Christiane am 13.9. bricht Goethe die Beziehung zu
        den Arnims ab.

1812   5. Mai: Geburt des ersten Sohnes Freimund. Die Brü-
        der Grimm versehen den ersten Band der ›Kinder- und
        Hausmärchen‹ mit der Widmung: An die Frau Elisabeth
        von Arnim für den kleinen Johannes Freimund.
        Russlandfeldzug Napoleons.

1813   Arnim und Savigny befinden sich während des preu-
        ßisch-französischen Krieges beim Berliner Landsturm.
        Als einzige Frau aus dem Freundeskreis bleibt B. im
        bedrohten Berlin. Am 2. Oktober wird der zweite Sohn
        Siegmund geboren.
        Beginn der antinapoleonischen Befreiungskriege. Nach
        der Völkerschlacht bei Leipzig (16.-19. Okt.) Rückzug
        Napoleons über den Rhein.

1814   B. und Achim übersiedeln für den größten Teil des Jahres
        auf das Gut Wiepersdorf bei Dahme in der Mark.
        Einzug der Alliierten in Paris. Abdankung Napoleons.
        Mit Ludwig XVIII. kehren die Bourbonen auf den Thron
        zurück. Im September Beginn des Wiener Kongresses.

1815   Am 9. Februar wird B.s dritter Sohn Friedmund ge-
        boren.
        Rückkehr Napoleons von Elba, Schlacht bei Waterloo,
        endgültige Abdankung.

1817   Achim zieht sich fast völlig nach Wiepersdorf zurück
        B. zieht nach Berlin. Am 24. März Geburt des vierten
        Sohnes Kühnemund.
        Wartburgfest der Deutschen Burschenschaften

1818   Am 23. Oktober Geburt der ersten Tochter Maximiliane.

Nach seiner Generalbeichte im Vorjahr zieht sich Clemens nach Dülmen zurück und zeichnet die Visionen der Anna Katharina Emmerich auf.

1819 Karlsbader Beschlüsse: Verbot der Burschenschaften, Überwachung von Presse und Universitäten, Beginn der sogenannten »Demagogenverfolgung«.

1821 Am 4. März Geburt der zweiten Tochter Armgart. Auf der Rückreise von einem Familienbesuch in Frankfurt Besuch bei Goethe in Weimar, der sich abweisend verhält.

1822 B. hält sich in der zweiten Jahreshälfte in Wiepersdorf auf und beschäftigt sich mit Ölmalerei und Zeichnen. Beginn des enthusiastischen Briefwechsels mit Philipp Hößli.

1823 Beginn mit Arbeit am Goethe-Denkmal

1824 Öffentliche Ausstellung des Modells zum Goethe-Denkmal in Frankfurt. Der Denkmalausschuss entscheidet sich für einen Entwurf des Bildhauers Christian Daniel Rauch. Bei einem Aufenthalt in Weimar überreicht B am 27.7. Goethe einen Abguss des Modells.

1825 Erste schwere Industriekrise. In England fährt die erste Eisenbahn.

1826 B. ist vom Freiheitskampf der Griechen (1821–29) gegen das Osmanische Reich begeistert. Zeichnung, die zugunsten der Griechen verkauft wird.
Erste Gasbeleuchtung auf der Straße ›Unter den Linden‹ in Berlin.

1827 Am 30. August wird B.s letztes Kind, die Tochter Gisela, geboren.

1829 Die beiden ältesten Töchter werden zu B.s Bruder Georg zur Erziehung nach Frankfurt gegeben.

1830 B. begegnet König Ludwig I. von Bayern, der ihre Zeichnung ›Oktoberfest‹ anlässlich des von ihm gestifteten Festes gutheißt. B. pflegt in Frankfurt ihre typhuskranke Tochter Maximiliane. Die Freundschaft mit Friedrich Schleiermacher intensiviert sich.
Ausbruch der Julirevolution in Paris (Sturz der Bour-

bonen), die eine Welle revolutionärer Erhebungen in Europa auslöst.

1831 Am 21. Januar stirbt Achim überraschend. Savigny wird zum Vormund der Kinder. B. organisiert gemeinsam mit Schleiermacher Hilfsmaßnahmen anlässlich einer Choleraepidemie in Berlin.

1832 Beginn des Briefwechsels zwischen B. und Fürst Pückler-Muskau. Goethe stirbt am 22. März. B. bittet Goethes Nachlassverwalter um die Rückgabe ihrer Briefe.
Hambacher Fest. Süddeutsche Demokraten fordern ein einiges und freies Deutschland.

1834 Tod Schleiermachers am 12. Februar.

1835 Bettines Erstlingswerk ›Goethes Briefwechsel mit einem Kinde‹ erscheint. 24. Juni: B.s Sohn Kühnemund verunglückt bei einem Schwimmunfall tödlich.
Der Deutsche Bundestag beschließt die Unterdrückung der Schriften des »Jungen Deutschland«. Erste deutsche Eisenbahn zwischen Nürnberg und Fürth.

1836 Aufnahme der Beziehung zu Emanuel Geibel und zu Philipp Nathusius, der ein Heft mit Aussprüchen B.s anlegt: ›Brosamen von Ambrosia, aus Gesprächen mit Bettina‹.

1837 Entlassung der »Göttinger Sieben«, für deren Berufung nach Berlin sich B. einsetzt. Von Wilhelm Grimm im Auftrag B.s herausgegeben erscheinen die ersten Bände der sämtlichen Werke Arnims.

1839 Der Kreis der Verehrer B.s erweitert sich um Julius Döring und Moritz Carriere sowie weitere Mitglieder aus dem Kreis der Berliner Junghegelianer.

1840 ›Die Günderrode‹ erscheint. Fackelzug der Berliner Studenten zum Dank dafür, dass ihnen B. ihr Werk gewidmet hat.
Regierungsantritt Friedrich Wilhelms IV. Anstellung der Brüder Grimm in Berlin.

1841 Bekanntschaft und Briefwechsel mit Kronprinz Karl von Württemberg. B. setzt sich für den Generalmusikdirektor Gasparo Spontini ein. Der Linkshegelianer und Theologie Bruno Bauer verkehrt in B.s Kreis.

1842　Am 24. Juli stirbt Clemens Brentano. Bekanntschaft B.s mit Karl Marx.

1843　B. veröffentlicht ›Dieses Buch gehört dem König‹.

1844　Im Mai wird B.s neues Buch ›Clemens Brentanos Frühlingskranz‹ beschlagnahmt und im Juni, nachdem B. beim König interveniert hat, freigegeben. B. setzt sich beim König vergeblich gegen die Vollstreckung des Todesurteils am Königsattentäter Ludwig Tschech ein. Abbruch der Arbeit am »Armenbuch«. Bekanntschaft mit Hans Christian Andersen.
Hungeraufstand der Weber in Schlesien, der vom preußischen Militär niedergeschlagen wird.

1845　B. setzt sich beim König erfolglos für den verhafteten Fabrikanten Friedrich Wilhelm Schloeffel ein.

1846　B. interveniert beim König erfolglos für den Führer des gescheiterten Aufstandes für eine polnische Republik, dem Revolutionär Ludwig von Mieroslawski. Im August Beginn des Prozesses mit dem Berliner Magistrat

1847　Am 20. August wird B. im Rahmen des Magistratsprozesses zu zwei Monaten Gefängnis verurteilt. Durch die Intervention Savignys wird die Gefängnisstrafe aufgehoben. Das Erscheinen ihres Werkes ›Ilius Pamphilius und die Ambrosia‹ wird von den Behörden verzögert.
Kartoffelrevolution in Berlin. Wegen der hohen Kartoffelpreise hungernde Berliner plündern Marktstände und werden zu drakonischen Strafen verurteilt.

1848　B. wird Augenzeugin der Revolution in Berlin, die sie – im Gegensatz zu ihren beiden älteren konservativen Töchtern, die bei Hof verkehren – begeistert begrüßt. B. setzt sich beim König für eine Regierung unter Leitung des liberal-konservativen Theodor von Schön ein.
Februar-Revolution in Paris. März-Revolution in Berlin. Einberufung der Nationalversammlung in der Frankfurter Paulskirche.

1849　B. setzt sich beim König vergeblich für das Mitglied der pfälzischen Revolutionsregierung Gottfried Kinkel ein. Briefwechsel mit dem Übersetzer des ungarischen

Dichters Sandor Petöfi. B. veröffentlicht anonym die Polenbroschüre ›An die aufgelöste Preußische National- versammlung‹.
Niederschlagung des pfälzisch-badischen Aufstandes. Die Nationalversammlung wählt Friedrich Wilhelms IV. zum Erbkaiser, der dies ablehnt.

1850 B.s Hymne für den ungarischen Dichter und Freiheits- kämpfer Petöfi ›Petöfi dem Sonnengott‹ entsteht.

1851 B. arbeitet am Modell des Goethe-Denkmals weiter.

1852 Als ›Des Königsbuches zweiter Band‹ erscheint das letzte Werk B.s, ›Gespräche mit Dämonen‹. B. wirbt für ihr Goethe-Denkmal. Wegen Geldmangels kann es nur teilweise verwirklicht werden. Die Ausführung von Karl Steinhäuser wird in Weimar aufgestellt.

1853 B.s sämtliche Werke erscheinen in 11 Bänden.

1854 Ende Oktober erleidet B. einen schweren Schlaganfall. Der Bundestag verbietet alle Arbeitervereine. Ein neues Arbeitergesetz bestraft Streiks mit Gefängnis.

1856 Erneuter Schlaganfall.

1857 B. von August bis November zur Erholung in Teplitz. Friedrich Wilhelm IV. wird regierungsunfähig.

1859 Am 20. Januar stirbt B. 73-jährig in Berlin und wird in Wiepersdorf beigesetzt.

WERKE BETTINES

———

Zitate aus Quellen, die Bettines Werke in der zeitgenössischen Orthografie und Interpunktion übernehmen, sind an das moderne Deutsch angepasst.

A1
bzw. A2   Bettine und Arnim: Briefe der Freundschaft und
           Liebe, 2 Bde., hg. v. Otto Betz u. Veronika Straub,
           Frankfurt a. M. 1986.

AM   Die Andacht zum Menschenbild. Unbekannte Briefe
           von Bettine Brentano, hg. Von Wilhelm Schellberg,
           Jena 1942.

Ar   Bettina von Arnims Armenbuch, hg. v. Werner Vor-
           triede, Frankfurt a. M. 1969.

Ba   Bettina von Arnim und Rudolf Baier – Unveröffent-
           lichte Briefe und Tagebuchaufzeichnungen, hrsg.
           von Kurt Gassen. – Greifswald: Bamberg, 1937. (Aus
           den Schätzen der Universitätsbibliothek zu Greifs-
           wald; 11)

B1
bzw. B2   Achim und Bettina in ihren Briefen, Briefwechsel
           Achim von Arnim und Bettina Brentano, 2 Bde., hg.
           v. Werner Vortriede, Frankfurt a. M. 1961.

D   Gespräche mit Dämonen, Des Königsbuches zweiter
           Band, in: Konrad, WuB Bd. 3, 255–407

Dö   Werner Vortriede: Bettina von Arnims Briefe an
           Julius Döring, Jahrbuch des Freien Deutschen Hoch-
           stifts 1963, Tübingen, 341–488.

FK   Clemens Brentanos Frühlingskranz, in: Konrad, WuB, Bd. 1, 11–214.
– Clemens Brentano's Frühlingskranz, aus Jugendbriefen ihm geflochten, wie er selbst schriftlich verlangte, hg. v. Hartwig Schultz, Frankfurt a. M. 1985.

Fr   Du bist mir Vater und Bruder und Sohn: Bettine von Arnims Briefwechsel mit ihrem Sohn Freimund, hg. v. Wolfgang Bunzel und Ulrike Landfester, Göttingen 1999. (Bettine von Arnims Briefwechsel mit ihren Söhnen 1)

Fri   In allem einverstanden mit dir: Bettine von Arnims Briefwechsel mit ihrem Sohn Friedmund, hrsg. von Wolfgang Bunzel und Ulrike Landfester. – Göttingen 2001. (B. v. Arnims Briefwechsel mit ihren Söhnen 3)

FW   »Die Welt umwälzen – denn darauf läufts hinaus«. Der Briefwechsel zwischen Bettina von Arnim und Friedrich Wilhelm IV., herausgegeben und kommentiert von Ursula Püschel, 2 Bde, Bielefeld 2001.

G   Die Günderrode, in: Konrad, WuB, Bd. 1, 215–533.
– Die Günderrode, mit einem Essay von Christa Wolf, Frankfurt a. M. 1992.

GB   Goethes Briefwechsel mit einem Kinde, in: Konrad, WuB, Bd. 2. 5–407.
– Goethes Briefwechsel mit einem Kinde, hg. v. Wilhelm Oehlke, Frankfurt a. M., 1997.

Gr   Der Briefwechsel Bettine von Arnims mit den Brüdern Grimm 1838–1841, hg. v. Hartwig Schultz, Frankfurt a. M. 1985.

Hö   Ist Dir bang vor meiner Liebe? Briefe an Philipp Hößli, nebst Gegenbriefen und Tagebuchnotizen, hg. v. Kurt Wanner, Frankfurt a. M. 1996.

IP   Ilius Pamphilius und die Ambrosia, in: Konrad, WuB Bd. 2, 409–708.

KB   Dieses Buch gehört dem König; in: Konrad, WuB Bd. 3, 5–254.

KP   Lieber Kronprinz! Liebe Freundin! Briefwechsel zwischen Bettine von Arnim und Karl von Württemberg.

	Mit einem Anhang: Briefwechsel zwischen Bettine von Arnim und Julius von Hardegg, hrsg. v. Ulrike Landfester u. Friderike Loss, Heidelberg 1998.
MP	Sibylle von Steinsdorff: Der Briefwechsel zwischen Bettine Brentano und Max Prokop von Freyberg, Berlin New York 1997.
Po	An die Aufgelöste preußische Nationalversammlung, Stimmen aus Paris, in: Konrad, Bd. 3, 409–444.
PS	Karl Obser: Bettine von Arnim und ihr Briefwechsel mit Pauline Steinhäuser, Neue Heidelberger Jahrbücher XII, Heidelberg 1903, 85–137.
PM	Bettine von Arnim, Hermann von Pückler-Muskau: ›Die Leidenschaft ist der Schlüssel zur Welt‹, Briefwechsel 1832–1844. Herausgegeben und erläutert von Enid Gajek und Bernhard Gajek, GmbH, Stuttgart 2001.

Gesamtausgaben:

Bettina von Arnim: Werke und Briefe. Herausgegeben von Gustav Konrad, Bd. 1–5, Frechen: Bartmann, 1959. Sofern nicht anders belegt, wurde aus dieser Ausgabe zitiert.
Die Ausgabe liegt in digitalisierter Form vor. Vgl. Digitale Bibliothek Band 45: Frauenliteratur.

Bettine von Arnim: Werke und Briefe in vier Bänden. Hg. v. Walter Schmitz und Sibylle von Steinsdorff (Bibliothek deutscher Klassiker), Frankfurt a. M. 1986 ff.
Bd. 1. Clemens Brentano's Frühlingskranz. Die Günderrode, Walter Schmitz und Sibylle von Steinsdorff, 1986.
Bd. 2 Goethes Briefwechsel mit einem Kinde, hrsg. v. Walter Schmitz und Sibylle von Steinsdorff, 1992.
Bd. 3 Politische Schriften, hrsg. v Wolfgang Bunzel 1991.
Bd. 4 Briefe, hrsg. von Heinz Härtl 2004.
Aus diesen Bänden wird mit der Bandangabe (I, II, III, IV) zitiert.

Sonstige Abkürzungen:

Bäumer/ Bäumer, Konstanze u. Hartwig Schultz:
Schultz   Bettina von Arnim (Realien zur Literatur), Stutt-
           gart 1995.
Bö   Böttger, Fritz. Bettina von Arnim, Ihr Leben, ihre
           Begegnungen, ihre Zeit, Bern 1990. Lesenswerte
           Gesamtdarstellung.
Kat   Herzhaft in die Dornen der Zeit greifen, Bettine von
           Arnim 1785–1859, hg. v. Christoph Perels, Katalog
           der Ausstellung 1985 des Freien Deutschen Hoch-
           stifts – Frankfurter Goethe-Museum.
Kinkel   Aus Johanna Kinkels Memoiren, Internationales Jahr-
           buch der Bettina-von-Arnim, hrsg. v. Uwe Lemm
           und Walter Schmitz, Festschrift für Ursula Püschel,
           Berlin 1996/97.
M   Der Magistratsprozeß der Bettina von Arnim, hg. v.
           Gertrud Meyer-Hepner, Weimar 1960).
Maxe   Maxe von Arnim, Tochter Bettinas, Gräfin von Orio-
           la, 1818–1894: ein Lebens- und Zeitbild / aus alten
           Quellen geschöpft von Johannes Werner. – Leipzig
           1937.
Pü   Püschel, Ursula: »... Wider die Philister und die
           bleierne Zeit«, Untersuchungen, Essays, Aufsätze
           über Bettina von Arnim, Berlin 1996.
SS   Sabine Schormann: Bettine von Arnim, Die Be-
           deutung Schleiermachers für ihr Leben und Werk,
           Tübingen 1993.

ANMERKUNGEN

KAPITEL I
Drei Leben

1 AM 33.
2 Pü 17.
3 Fritz Böttger, Bettina von Arnim, Ihr Leben, ihre Begegnungen, ihre Zeit, Bern 1990, 18.
4 Goethes Werke. Hamburger Ausgabe, Bd. 10, 560.
5 Ich bin mehr Herz als Kopf, Sophie von La Roche. Ein Lebensbild in Briefen, hg.v. Michael Maurer, München 1983, 181.
6 I, 755.
7 Pü 24.
8 Goethes Werke. Hamburger Ausgabe, Bd. 10, 586.
9 Pü 19.
10 FK Bd. 1, 70.
11 FK Bd. 1, S. 68.
12 G Bd. 1, 470.
13 Bettina von Arnim, in: Deutsche Dichter der Romantik, in: Leben und Werk, hg. v. Benno von Wiese, Berlin 1971, 311.
14 G Bd. 1, 252.
15 G Bd. 1, 503.
16 G Bd. 1, 504.
17 Pü 25.
18 Denn mich befiel oft eine unerträgliche Trauer, dass ich nicht an einer Stelle vermögend war zu bleiben, ein Ringen war in mir, und selbst meine Tränen waren keine erleichternde, sondern eine schmerzhafte Ergießung; und da fiel ich auf meine Knie rief aus schwerem Herzen: »O Gott! keine solche Stunde mehr! laß es die letzte sein.« Dann trieb es mich, dass ich mich anschauen mußte im Spiegel, wenn ich mir dann mit der Kerze ins Gesicht leuchtete, dass mein dunkles Haar wie Flammen schien, dass meine Wangen brannten, dass in meinen Augen, eine Gewalt leuchtete, dass mein Mund herb, aber

fest geschlossen war, dass meine Tränen langsam niederrollten, dass bei dem Ringen dieses tiefen innern Lebens auch nicht die mindeste Bewegung war, sondern so wie im Schmerz erstarrt mein Gesicht sich nicht veränderte, wenn ich dies alles so anstaunte in diesem Zustand, da schlug es plötzlich wie Feuer in meiner Brust und eine innere Gewalt brach aus mir hervor, die plötzlich alles in Todesstille verkehrte, und ich schlief ein, zuweilen auch mußte ich mich küssen und mir Trost zusprechen: »Es ist doch niemand wie Du, sagte ich mir dann: Du bist ganz allein so; aber ich bin mit Dir, ich bin auch allein, es ist ein göttliches Leben in Deiner Brust, aber wie soll ich's erheben, wie soll ich dich groß machen? in den Himmel muß ich dich tragen!« MP 113 f.

19 »Es war mir eine große Überraschung, wie ich im dreizehnten Jahre zum erstenmal mit zwei Schwestern, umarmt von der Großmutter, die ganze Gruppe im Spiegel erblickte. Ich erkannte alle, aber die eine nicht, mit feurigen Augen, glühenden Wangen, mit schwarzem, fein gekräuseltem Haar; ich kenne sie nicht, aber mein Herz schlägt ihr entgegen, ein solches Gesicht hab ich schon im Traum geliebt, in diesem Blick liegt etwas, was mich zu Tränen bewegt, diesem Wesen muß ich nachgehen, ich muß ihr Treue und Glauben zusagen; wenn sie weint, will ich still trauern, wenn sie freudig ist, will ich ihr still dienen, ich winke ihr, – siehe, sie erhebt sich und kommt mir entgegen, wir lächeln uns an, und ich kann's nicht länger bezweifeln, dass ich mein Bild im Spiegel erblicke.

Ach ja, diese Prophezeiung ist mir wahr geworden, ich habe keinen andern Freund gehabt als mich selber, ich habe nicht um mich, aber oft mit mir geweint; ich habe gescherzt mit mir, (…). Finde dich, sei dir selber treu, lerne dich verstehen, folge deiner Stimme, nur so kannst du das Höchste erreichen. Du kannst nur dir treu sein in der Liebe, was du schön findest, das mußt du lieben, oder du bist dir untreu.« GB Bd. 2, 337 f.

20 III, 1168.
21 G Bd. 1, 505.
22 III, 908.
23 Bäumer/Schultz, 146.
24 Bd. 5, 401.
25 FK Bd. 1, 210.
26 Zit. nach Hirsch, Reinbek 1995, 146.
27 Bd. 5, 318.
28 Kat III.

KAPITEL 2

Die Schwebe-Religion

1 Pü 29.
2 Pü 28.
3 GB Bd. 2, 127.
4 GB Bd. 2, 41.
5 A 577.

6 FK Bd. 1, 75.
7 GB Bd. 2, 43.
8 GB Bd. 2, 139.
9 GB Bd. 2, 152 f.
10 GB Bd. 2, 354.
11 GB Bd. 2, 334.
12 II, 900 f.
13 G Bd. 1, 371 f.
14 KB 3, 112.
15 Bd. 5, 438.
16 Maxe, 41.
17 Rüdiger Safranski: Romantik. Eine deutsche Affäre, München 2007, 143.
18 D Bd. 3, 277.
19 FK Bd. 1, 87.
20 GB Bd. 2, 253.
21 Hö 79.
22 G Bd. 1, 326 f.
23 G Bd. 1, 374.
24 G Bd. 1, 529.
25 G Bd. 1, S. 340
26 G Bd. 1, 339.
27 G Bd. 1, 341.
28 G Bd. 1, 477.
29 GB Bd. 2, 350.
30 G Bd. 1, 508.
31 D Bd. 3, 277.
32 GB Bd. 2, 128.
33 GB Bd. 2, 354.
34 G Bd. 1, 415.
35 G Bd. 1, 415.
36 Bd. 5, 238.
37 FK Bd. 1, 57.
38 GB Bd. 2, 152.
39 FK Bd. 1, 109.
40 Bd. 1, 382.
41 FK Bd. 1, 57.
42 Maxe, 14.
43 G Bd. 1, 217.

KAPITEL 3
Bei der Großmutter

1 Pü 31 f.
2 G Bd. 1, 424 f.
3 G Bd. 1, 430.

4 G Bd. 1, 372.
5 G Bd. 1, 312.
6 G Bd. 1, 335.
7 FK Bd. 1, 135.
8 G Bd. 1, 424
9 G Bd. 1, 424.
10 GB Bd. 2, S. 310.
11 Maxe, 42.
12 G Bd. 1, 290.
13 G Bd. 1, 312.
14 FK Bd. 1, 113 f.
15 G Bd. 1, 291.
16 G Bd. 1, 290.
17 G Bd. 1, 267.
18 FK Bd. 1, 203.
19 FK Bd. 1, 209.
20 FK Bd. 1, 24.
21 G Bd. 1, 323.
22 AM 26.
23 G Bd. 1, 279.
24 G Bd. 1, 284.
25 G Bd. 1, S. 305 f.
26 G Bd. 1, 372.
27 G Bd. 1, 453.
28 G Bd. 1, S. 31.
29 Goethe, BA Bd. 1, 168.
30 II, 823.
31 FK Bd. 1, 90.
32 FK Bd. 1, 65.
33 FK Bd. 1, 65
34 FK Bd. 1, 36.
35 Clemens Brentano: Werke. Hg. v. Friedhelm Kemp, Bd. 1–4, München: 1963 ff. Bd. 2, 191.
36 FK Bd. 1, 112.
37 Bäumer/ Schultz, 7.
38 G Bd. 1, 335.
39 G Bd. 1, 435 f.
40 G Bd. 1, 335 f.
41 G Bd. 1, 342 f.
42 G Bd. 1, 299.
43 G Bd. 1, 335.
44 Pikulik, Lothar: Frühromantik, Epoche-Werke-Wirkung, München 1992, 10.
45 Joseph von Eichendorff: Werke. Hg. von Ansgar Hillach, Bd. 1–3, München 1970 ff., Bd. 1, 946.
46 Kritische Friedrich-Schlegel-Ausgabe. Hg. von Ernst Behler, 1958 ff., 1. Abt., Bd. 2, 210.

47 Zit. nach Pikulik, 24.
48 Kritische Friedrich-Schlegel-Ausgabe. Hg. von Ernst Behler, 1958 ff.,
   1. Abt., Bd. 2, 82.
49 Romantik, eine deutsche Affäre, München 2007, 393.

KAPITEL 4

Auf dem Heiratsmarkt

1 FK Bd. 1, 142 f.
2 AM, 17.
3 Bd. 5, 177.
4 Bd. 5, 177.
5 AM, 17.
6 II, 830.
7 Bäumer/ Schultz, 22.
8 GB Bd. 2, 362.
9 Bd. 4, 131.
10 AM, 12.
11 A1, 11 f.
12 AM, 37.
13 AM 22.
14 Ehe und Familie
   Bis in die erste Hälfte des 18. Jahrhunderts steht lat. »familia« für »Haus«,
   d. h. für eine Produktions- und Lebenseinheit, in der Eltern, Kinder, Ver-
   wandte und Nichtverwandte (z. B. Gesinde oder Gesellen) gemeinsam leben
   und wirtschaften. Die tiefgreifenden Veränderungen durch die sich ent-
   wickelnde bürgerliche Industriegesellschaft führen zur Aufspaltung dieser Einheit in den öffentlichen und privaten Bereich. Mit diesem Prozess
   korrespondiert die Entstehung der »Familie« (der eingedeutschte Begriff
   taucht erst gegen Ende des 18. Jahrhunderts auf), die nun vornehmlich das
   Ehepaar und die Kinder meint. An die Stelle der alten ständisch-religiösen
   Legitimation des Zusammenlebens treten »naturgegebene« Merkmale, gemäß denen Frauen dem passiv-emotionalen, Männer dem aktiv-rationalen
   Bereich zugeordnet werden.
   Im Gegensatz zur zupackenden Bäuerin bzw. Handwerksmeisterin oder der
   den Reichtum ihres Standes repräsentierenden Adligen ist die bürgerliche
   Hausfrau vor allem für die Beglückung ihres Gatten und die Erziehung
   seiner (!) Kinder zuständig. Anfallende Arbeiten sind eher unauffällig zu
   leisten, um keine Rückschlüsse auf den mangelnden Wohlstand des Ehe-
   manns aufkommen zu lassen. Die Ehefrau steht unter der Vormundschaft
   ihres Mannes, der über den Besitz verfügt und seine Frau vor Gericht vertritt.
   Das bürgerliche Familienmodell wird nach und nach für die gesamte Gesellschaft beispielhaft. Da es einen gewissen Wohlstand voraussetzt, steht
   es allerdings im Widerspruch zu weiten Bereichen der gesellschaftlichen

Realität. Gemeinsam mit ihren Familien kämpfen erwerbstätige Frauen der unteren Schichten um das blanke Überleben.

15 G Bd. 1, 493 f.
16 GB Bd. 2, 77.
17 SS 258.
18 Bäumer/Schultz, 23.
19 AM 13.
20 Kat 14.
21 MP 114.
22 A Bd. 2, 613.
23 Zit. nach Wolfgang Bunzel: »Von Herz zu Herz«? Zum textologischen Status und sozialhistorischen Kontext der Familienbriefe Bettine von Arnims, in: Dies Buch gehört den Kindern: Achim und Bettine von Arnim und ihre Nachfahren; Beiträge eines Wiepersdorfer Kolloquiums zur Familiengeschichte; hrsg. von Ulrike Landfester und Hartwig Schultz, Berlin 2003, 50.
24 Bd. 5, 265.
25 A2, 137.
26 Bd. 5, 263.
27 Bd. 5, 251 f.
28 Bd. 5, 296.
29 Bd. 5, 263.
30 FK Bd. 1, 88.
31 G Bd. 1, 319.
32 G Bd. 1, 320.
33 G Bd. 1, 320.
34 G Bd. 1, 477.
35 AM 76.
36 MP 114.

KAPITEL 5

Clemens Brentanos Frühlingskranz

1   FK Schultz, 354.
2   B1, 400.
3   FK Schultz, 346.
4   I, 1000.
5   FK Schultz, 345.
6   FK Bd. 1, 29.
7   FK Bd. 1, 35.
8   Bd. 1, 22.
9   FK Bd. 1, 147.
10 FK Bd. 1, 156.
11 FK Bd. 1, 102.
12 FK Bd. 1, 143.

13 FK Bd. 1, 86.
14 FK Bd. 1, 163
15 FK Bd. 1, 158.
16 FK Bd. 1, 115.
17 FK Bd. 1, 112.
18 FK Bd. 1, 113.
19 FK Bd. 1, 162.
20 FK Bd. 1, 159.
21 FK Bd. 1, 162.
22 FK Bd. 1, 49.
23 FK Bd. 1, 50f.
24 FK Bd. 1, 54.
25 FK Bd. 1, 146.
26 GB Bd. 2, 255.
27 Wir saßen auf der Hoftreppe, ich und der Clemens, in der Dämmerung und schwatzten allerlei. – »Es ist alles recht lieblich, was du da vorbringst«, sagte er – »aber werd nur nicht faselig, manchmal ängstigt mich's, was aus dir werden soll, du zersplitterst deinen Geist, mit dem du dir eine so herrliche Freiheit erringen könntest. – Ach, kannst du dich denn nicht auf eins hinwenden mit deinen fünf Sinnen und das ganz auffassen? – Wenn du sprichst, bist du gescheit und gibst manchen Aufschluß, von dem die Philosophen noch nichts wissen. – Schreib doch was! – Hast du mir nicht Kindermärchen versprochen? – Schreib doch alles auf, was du im Kloster erlebt hast, du kannst so schön davon erzählen. – Was treibst du denn mit der Günderode? – Lernst du mit ihr? – Ich hab so große Sorge um dich, ich muß manchmal die Hände ringen, dass alle Anmut deines Geistes den vier Winden preisgegeben ist.« – Der liebste Clemens! – Ich mußte ihn küssen in der stillen Nachtdämmerung auf seine leuchtende Stirn unter den schwarzen Locken für seine Liebe. G Bd. 1, 376.
28 FK Bd. 1, 145 f.
29 G. Bd. 1, 299.
30 FK Bd. 1, 87.
31 FK Bd. 1, 156.
32 G Bd. 1, 493 f.
33 FK Bd. 1, 36 ff.

KAPITEL 6

Die Günderode

1 Bd. 5, 255.
2 AM 38.
3 Ich sende Dir ein zärtliches Band. Die Briefe der Karoline von Günderrode, hg. v. Birgit Weißenborn, Frankfurt a. M. 1992, 19.
4 Bäumer/ Schultz, 16.
5 Ich sende Dir 92

6 Ich sende Dir, 83.

7 GB Bd. 2, 48 f.

8 AM 31.

9 Bd. 5, 200 f.

10 »Es gibt ein Verstummen der Seele«, sagtest Du, »wo alles tot ist in der Brust.« – »Ist es so in Dir?« fragte ich. – Du schwiegest eine Weile, dann sagtest Du: »Es ist grade so in mir, wie da draußen im Garten, die Dämmerung liegt auf meiner Seele wie auf jenen Büschen, sie ist farblos, aber sie erkennt sich – aber sie ist farblos«, sagtest Du noch einmal und dies letztemal so klanglos auch, dass ich Dich im Nachtschimmer ansah verwundert und verschüchtert, denn ich traute mich nicht mehr zu reden, ich sann auf Worte, wie ich mit Dir anheben sollt; – ich suchte in weiten Kreisen umher, nichts schien mir geeignet, diese Stille zu unterbrechen, die immer tiefer und tiefer sich wurzelte und mir wie ein Schlummer durch den Kopf strömte, dem ich nicht mehr widerstand – ich legte mich träumend auf die Fensterbank mit dem Kopf, und so wer weiß wieviel Zeit verging; da kam Licht ins Zimmer und als ich aufsah, da standest Du über mich gebeugt und sahst auf mich, und als ich Dich fragend ansah, da gabst Du zur Antwort: »Ja ich fühle oft wie eine Lücke hier in der Brust, die kann ich nicht berühren, sie schmerzt«; ich sagte: »Kann ich sie nicht ausfüllen, diese Lücke?« G Bd. 1, 351.

11 Ich sende Dir, 354.

12 Karoline von Günderrode: Der Schatten eines Traumes, hrsg. v. Christa Wolf, München 1997, 92.

13 Ich sende Dir, 340.

14 Bd. 5, 204.

15 Ich sende Dir, 329.

16 Bd. 5, 204.

17 G Bd. 2, 60.

18 A1, 137.

19 Bd. 5, 269.

20 A1, 73.

21 MP 109.

22 GB Bd. 2, 61.

23 Christa Wolf, Der Schatten eines Traumes. Karoline von Günderrode – ein Entwurf, München 1997, 64.

24 Bd. 5, 187.

25 Dö, 462.

26 GB Bd. 2, 53.

27 GB Bd. 2, 54.

28 G Bd. 1, 502 f.

29 G Bd. 1, 468.

30 G Bd. 1, 519.

31 G Bd. 1, 505.

32 G Bd. 1, 505.

33 G Bd. 1, 510.

34 G Bd. 1, 351.

35 B Bd. 1, 512.

36 G Bd. 1, 455.

37 IP, 599.

38 G Bd. 1, 311.

39 Was die Sterne lehren ...
Ich habe große Liebe zu den Gestirnen, ich glaub, dass alle Gedanken, die
meine Seel belehren, mir von ihnen kommen. (...) Denn: der Stimme vom
Himmel herab mit mir zu reden – soll ich der nicht glauben? – Fühl ich
denn nicht ihren Atem von allen Seiten, der mich anströmt? – Das ist, weil
ich hier einsam in der Nacht ihnen so ganz vertraue. Ich gehe den Weg, der
mich ängstigt, um zu ihnen zu gelangen, ich komme zum dunklen Turm,
da zittert mir das Herz, ich steig hinauf mit solcher Beklemmung – und auf
der obersten Sprosse, wo ich mit der Hand mich aufstützen muß, um mich
hinaufzuschwingen, da ist mir schon so leicht, – da leuchten mir alle Sterne
entgegen, – und wen ich liebe, befehle ich ihrem Schutz, und Dich zuerst. –
(...) Ich weiß wohl, was Menschen denken würden von mir, wenn die so was
wüßten, ich sag Dir aber, es ist eine Saat, die sie mir ins Herz säen, das hält so
still und ist so hingebend wie das Erdreich, und es sammelt seine Kräfte, diese
Saat zu nähren. Meinst Du, ich würde je zagen vor dem Geschick, wenn ein
guter Geist mich heißt vorwärts gehen? – Gewiß nicht! Die Sterne haben's in
mich gesäet, dies Vertrauen in das Rechte, ins Große, was so oft unterbleibt
aus Mangel an kühnem Mut. Das ist die Blume dieser Saat, die blüht hervor:
und meiner Brust prägt sich ein, dass ich nicht mehr nach der Menschen Rat
frag, oder auf ihre Meinung, ihren Willen mich berufe und mich so meiner
inneren Stimme entziehe, die mir vielleicht befiehlt, was mich gefährdet,
aber mir das Reine, Echte, Große, was auf kein Gerüste der Falschheit sich
stützt, sondern rein aus der Brust mit Gottes Stimme einklingt, als heiligen
Gegensatz aller menschlichen Vorsicht darstellt. Ein Inneres sagt mir: Wie
du den Sternen zusagst, – so sage der innern Stimme auch zu, der nicht
umsonst ein so dringender Laut eingeboren, die fühlbar macht das Unver-
söhnliche einer fremden Handlung mit diesem heiteren Umgang der Natur.
Nie könnte ich etwas tun, wo nicht mein eigner Geist ja dazu sagte, und nie
sollten mich Folgen kränken, schienen sie auch noch so herbe, wären sie
diesem Vertrauen in die innere Stimme entsprungen. G Bd. 1, S. 474 ff.

40 G Bd. 1, 439.

41 Athenaeum 1, 1798, S. 193

42 G Bd. 1, 288.

43 G Bd. 1, 277.

44 KB Bd. 3, 93.

45 KB Bd. 3, 60.

46 G Bd. 1, 516.

47 G Bd. 1, 516.

48 Bd. 5, 402.

49 G Bd. 1, 453.

50 Ich sende Dir, 361.

51 Clemens Brentano: Werke, 2. Bd., hrsg. v. Wolfgang Frühwald und Friedhelm Kempen, 3. Aufl. München 1980, 967.

52 Novalis: Blüthenstaub, in: Schriften, hrsg. von Paul Kluckhohn und Richard Samuel, Stuttgart 1960 Bd. 2, 447.
53 s.o. 963.
54 s.o. 987.
55 s.o. 998.
56 s.o. 990.
57 s.o. 992.
58 Zit. nach Walter Jaeschke: Die Streit um die Romantik, Hamburg 1999, 116.
59 s.o. 1002.
60 Lebensansichten des Katers Murr, in E.T.A. Hoffmann: Poetische Werke in sechs Bänden, Berlin 1963, Bd. 5, 181.
61 Dö 359.

KAPITEL 7
Die Haube der Frau Rat

 1 KB Bd. 3, 13 f.
 2 GB Bd. 2, 148.
 3 KB Bd. 3, 42.
 4 KB Bd. 3, 193.
 5 Goethe, Berliner Ausgabe. Berlin 1960 ff., Bd. 1, 712.
 6 A1, 62.
 7 GB Bd. 2, 60.
 8 GB Bd. 2, 16.
 9 A1, 80.
10 Die Briefe der Frau Rath Goethe, hrsg. von Albert Köster, 8. Aufl. Frankfurt a.M. 1968, 555.
11 GB Bd. 2, 28.
12 s.o. 557.
13 AM 43.
14 II, 824.
15 GB Bd. 2, 274.
16 GB Bd. 2, 266 f.
17 KB Bd. 3, 35.
18 s.o. 590.
19 GB Bd. 2, 167.
20 KB Bd. 3, 127.
21 KB Bd. 3, 38.
22 KB Bd. 3, 63.
23 KB Bd. 3, 67.
24 KB Bd. 3, S. 68 f.
25 KB Bd. 3, 211.
26 KB Bd. 3, 211.
27 KB Bd. 3, 130.
28 KB Bd. 3, 75.

29 KB Bd. 3, 27.
30 KB Bd. 3, 88.
31 KB Bd. 3, 205.
32 KB Bd. 3, 104.
33 KB Bd. 3, 79.
34 Moritz Carrieres Lebenserinnerungen (1817–1847), hg. v. Wilhelm Diehl, Archiv für hessische Geschichte und Altertumskunde, NF X,2, Darmstadt 1914, 190.
35 KB Bd. 3, 67.
36 KB Bd. 3, 18.
37 KB Bd. 3, 199 f.

KAPITEL 8

Bettine und Achim von Arnim

1 Hartwig Schultz: »Unsre Lieb aber ist außerkohren«: die Geschichte der Geschwister Clemens und Bettine Brentano / Hartwig Schultz. – Frankfurt am Main 2004, 60.
2 A1, 114 f.
3 MP 121 f.
4 A1, 107.
5 A1, 73.
6 A1, 15.
7 A1, 83.
8 A1, 117.
9 A1, 127.
10 A1, 134 f.
11 A1, 193.
12 GB Bd. 2, 308.
13 A1, 188.
14 A1, 202.
15 FK Bd. 1, 21.
16 A2, 358 f.
17 B1, 80.
18 Maxe, 13.
19 Zit. nach Helmut Hirsch, Reinbek 1995, 60.
20 FK Bd. 1, 193.
21 B1, 97.
22 B2, 639.
23 B1, 91 f.
24 B1 94 f.
25 B1, 256.
26 B1, 321.
27 B 1, 104.
28 B1, 171 f.

29 Bäumer/Schultz, 48.
30 B1, 281 f.
31 B1, 349 f.
> Wenn der Sturm treibt,
> Wenn es lichtstill,
> Wenn es Nacht bleibt
> Und ich sehn will
> Denk ich, was mein Kind macht,
> Ob es weint, ob es lacht:
> Weine nicht sag ich dann,
> Lustig fängt die Welt an,
> Oben offen
> Unten grün,
> Frühlingshoffen
> Bauet kühn,
> Und am Ende wirds ein Haus,
> Keiner schauet da hinaus.
> Achim von Arnim, Wiepersdorf 9. März 1822.

32 B1, 19.
33 B1, 183.
34 B1, 61.
35 B1, 77 f.
36 B1, 50.
37 B2, 615.
38 B2, 585.
39 B1, 204.
40 B2, 685.
41 B1, 210.
42 B2, 686.
43 GB Bd. 2, 377.
44 B1, 285.
45 B2, 887.
46 B1, 211 f.
> Herz zum Herzen ist nicht weit
> Unter lichten Sternen,
> Und das Aug vom Tau geweiht
> Blickt zu lieben Fernen …
> Achim von Arnim

47 B1, 285.
48 AM 233 f.
49 GB Bd. 2, 336.
50 B1, 50.
51 B2, 936.
52 GB Bd. 2, 344.
53 B2, 275.
54 B2, 817.
55 B2, 911.

56 G Bd. 1, 338.
57 Kat 69.
58 B2, 931.
59 G Bd. 1, 486.
60 Pü 163 f.
61 Pü 176 f.

KAPITEL 9

Kinder

1 Maxe, 14.
2 B2, 631.
3 B2, 445.
4 B1, 174.
5 Fr 122.
6 B2, 540.
7 B2, 637.
8 Fr, 65.
9 Fr, 68.
10 B2, 879 f.
11 B2, 887.
12 Maxe, 48.
13 Kinkel, 259.
14 FW1, 150.
15 B2, 641.
16 B2, 565.
17 GB Bd. 2, 255.
18 B2, 610.
19 B2, 566.
20 B1, 427.
21 B2, 421.
22 B2, 426.
23 B2, 662.
24 B2, 665.
25 B2, 720.
26 Dö 458.
27 B1, 426.
28 Zit. nach Ulrike Landfester: Spiel-Raum Familie. Bettine von Arnim und
   ihre Kinder in der Theatralitätsgeschichte des Biedermeier, In: Dies Buch
   gehört den Kindern, hg. von Ulrike Landfester und Hartwig Schultz, Berlin
   2003, 11.
29 Ba 27
30 Der Pädagoge Friedrich Adolph Diesterweg äußert sich im Jahr 1848 voll
   Wertschätzung über die pädagogischen Ausführungen, die sich in den Büchern Bettines finden. Vor allem anderen beeindruckt ihn die Freiheitlich-

kcit der Vorstellungen Bettines – »Die edel-freie Frau will freies Wachstum der gottgegebenen Menschennatur nicht nur gestatten, sondern befördern, will zur Freiheit heranbilden, will die Individualität freilassen, will daran gewöhnen, der eigenen Überzeugung zu folgen, sich nach den ewigen Gesetzen der Natur frei zu bestimmen« – und ihre Person, die auch persönlich für die Inhalte steht, die sie öffentlich vertritt: »Sie selbst geht mit ihren freien Gedanken und ihrem offenen Wesen denen, auf die sie wirken will, mit lebendigem Beispiel voran.«

Zit. nach: Ursula Püschel: »Der Bauer muß ein gebildeter und gefühliger Mensch sein«. In: Das Buch gehört den Kindern, 124.

31 B2, 585.
32 G Bd. 1, 250 f.
33 KB Bd. 3, 59.
34 KB Bd. 3, 32.
35 Bd. 5, 235.
36 GB Bd. 2, 45.
37 Spr 8, 30.
38 G Bd. 1, 367.
39 G Bd. 1, 278.
40 G Bd. 1, 527.
41 KB Bd. 3, 161.
42 GB Bd. 2, 310.
43 GB Bd. 2, S. 153.
44 KB Bd. 3, 35.
45 B2, 587.
46 II, 938.

KAPITEL 10

Goethes Briefwechsel mit einem Kinde

1 GB Bd. 2, 370.
2 Die Briefe der Frau Rath Goethe, hrsg. von Albert Köster, Frankfurt a. M. 1968, 552 f.
3 GB Bd. 2, 168.
4 Goethes Briefwechsel mit einem Kinde, hrsg. v. Waldemar Oehlke, Frankfurt a. M. 1984, 649 f.
5 Vortriede, Werner: Bettina und Goethe in Teplitz, in: Jahrbuch des Freien Deutschen Hochstifts 1964, 350.
6 A1, 169.
7 Zit. nach: Bettina von Arnim. Ein Lesebuch, hrsg. v. Christa Bürger und Birgitt Diefenbach, Stuttgart 1987, 174.
8 II, 833.
9 II, 836.
10 Zit. nach: Birgit Weißborn, Bettina von Arnim und Goethe, Frankfurt a. Main 1987, 94.

11 II, 839.

12 GB Bd. 2, 349.

13 GB Bd. 2, 134.

14 GB Bd. 2, 263.

15 IP Bd. 2, 440.

16 Moritz Carrieres Lebenserinnerungen (1817–1847), hg. v. Wilhelm Diehl, Archiv für hessische Geschichte und Altertumskunde, NF X, 2, Darmstadt 1914, S. 184.

17 III 1155.

18 GB Bd. 2, 255.

19 Fanny Lewald: Der Cultus des Genius, in: Blätter für literarische Unterhaltung, Nr. 174, 694.

20 GB Bd. 2, 213.

21 GB Bd. 2, 181.

22 GB Bd. 2, 181.

23 GB Bd. 2, 226.

24 FK Bd. 1, 51.

25 GB Bd. 2, 195 f.

26 Bö 193.

27 Zit. nach Bäumer/Schultz, 67.

28 GB Bd. 2, 202.

29 GB Bd. 2, 221.

30 G Bd. 1, 446.

31 Dö 353.

32 II, 916.

33 Bd. 5, 180 f.

34 II, 916 f.

35 IP Bd. 2, 426.

36 GB Bd. 2, 248.

37 II, 922.

38 AM 78.

39 II, 928.

40 II, 936.

41 II, 874 f.

42 II, 927 f.

43 GB Bd. 2, 363.

44 G Bd. 1, 528.

45 GB Bd. 2, 252.

46 FK Bd. 1, 105.

47 GB Bd. 2, 230.

48 G Bd. 1, 487.

49 PS 89.

KAPITEL II

Dieses Buch gehört dem König

1 Deutschland im 19. Jahrhundert, 1815–1817, Göttingen 1984, 85 f.
2 <u>Reformer am Werk</u>: Aus dem Sitzungsbericht des 5. Rheinischen Provinzial-
 landtags vom 6. Juli 1837 zur Frage der Kinderarbeit: »Der Herr Abgeordnete Schuchard (Barmen) bemerkte; dass gewissenhafte Kreisphysiker
 versicherten, wenn die Kinder auch nur um 10 Stunden in die Hölle des
 Jammers eingesperrt würden und stets sich auf den Beinen befinden, um zu
 arbeiten, so erhielten besonders die Mädchen Geschwülste und Auswüchse,
 die Beine schwänden und die Kinder welkten elendiglich dahin. Er müsse
 indessen das Zeugnis ablegen, dass die Spinnerei von Oberempt in Barmen
 insoweit eine Musteranstalt genannt werden könne, indem derselbe um
 11 Uhr morgens seine Maschinen still stehen lasse, um seinen 200 Spinn-
 kindern eine bis 1 und 1/4 Stunde Unterricht zu erteilen und sie dann eine
 Stunde freie Luft genießen zu lassen ...« ... »Der Herr Abgeordnete von
 Baur (Ronsdorf) sagte: ›Meine Herren! Ich bemerke leider, dass der uns
 gegenwärtig beschäftigende Gegenstand von einem unrichtigen Standpunkt
 beleuchtet wurde. Die von ihnen scharf beurteilten Fabrikanlagen, welche
 Kinder beschäftigen, rufen den von Ihnen mit so viel Härte geschilderten
 Jammer nicht hervor, sondern mildern den bereits vorhandenen. ... Ich
 pflichte Ihnen, meine Herren, vollkommen bei, dass die armen Kinder,
 deren Kräfte ausnahmsweise mitunter zu sehr in Anspruch genommen sein
 mögen, unter den Schutz milder Gesetze gestellt werden, jedoch dürfen
 diese keine so großen Beschränkungen enthalten, wie hier vorgeschlagen
 wird – z. B. Arbeitsstunden täglich – dass dadurch der Bestand unserer In-
 dustrieanlagen wegen der Konkurrenz des Auslandes unmöglich gemacht
 wird. Der Wohlstand und die Zierde unserer Provinz gingen hierdurch verloren!‹«
 Bei der folgenden Abstimmung befürworten 60 Abgeordnete (bei 9 Gegen-
 stimmen) die Beschränkung der Arbeitszeit für Kinder auf höchstens 10
 Stunden täglich. In einem Gesetzesvorschlag an den preußischen König
 wird als weitere Verbesserung angeregt, »dass kein Kind vor dem voll-
 endeten neunten Lebensjahr zur Arbeit in der Fabrik bestimmt werden
 solle«.
 (Deutsche Sozialgeschichte 1815–1870, Dokumente und Skizzen, hg. v. Werner Pöls, München 1979, 245 f.)
3 Bd. 5, 410 f.
4 GB Bd. 2, 348.
5 Maxe, 43.
6 Frank Lothar Kroll: Monarchie und Gottesgnadentum, in: »Die echte Politik muß Erfinderin sein«. Festschrift Clara von Arnim zum 90. Geburtstag,
 Berlin 1999, 152.
7 D Bd. 3, 289.
8 KB Bd. 3, 190.

9 G Bd. 1, 257.
10 FW 1, 272.
11 III, 703.
12 Gr 77.
13 Bd. 5, 320.
14 FW 1, 26.
15 FW 1, 28.
16 Kat 119.
17 FW II, 493 ff.
18 Pü 226.
19 Bd. 5, 446 f.
20 III, 761.
21 Bd. 5, 435 f.
22 III, 709.
23 Dirk Blasius: Friedrich Wilhelm IV., 1795–1861, Psychopathologie und Geschichte, Göttingen 1992, 108.
24 Kat 123.
25 III, 717 f.
26 Bd. 5, 188.
27 FW 2, 471.
28 PS 105.
29 FW 1, 153.
30 Zit. nach: Ursula Püschel: Bettine, politisch – Beispiel Polen. Mit zwei Briefen Ludwik Mierosławski, in: »Die echte Politik muß Erfinderin sein«, Berlin 1999, 47.
31 Bd. 3, 416
32 Bd. 3, 419
33 Bd. 3, 422

KAPITEL 12

Der Revolution entgegen

1 FW 1, 97.
2 Bäumer/ Schultz, 97.
3 KB Bd. 3, 27.
4 KB Bd. 3, 28.
5 KB Bd. 3, 68 f.
6 KB Bd. 3, 96.
7 KB Bd. 3, 75.
8 KB Bd. 3, 74.
9 KB Bd. 3, 73.
10 KB Bd. 3, 79.
11 KB Bd. 3, 86.
12 KB Bd. 3, 44.
13 KB Bd. 3, 110.

14 KB Bd. 3, 119.

15 KB Bd. 3, 111.

16 KB Bd. 3, 124.

17 III, 853.

18 KB Bd. 3, 330.

19 Tagebucheintrag Grunholzers zum 18.7.1843: Heute schenkt mir Bettina 50 Thaler als Honorar für die 4 Bogen, die ich in ihr ›Buch dem König‹ geschrieben habe. Das kommt wie vom Himmel. Entweder bestreite ich eine schöne Heimreise daraus – oder – wenns ginge – einen längeren Aufenthalt in Berlin. 50 Thaler reichen für 3 Monate aus. – Geist, Johann Friedrich; Kürvers, Klaus (Hg.): Das Berliner Mietshaus 1740–1862, Bd. 1. München 1980, 238.

20 Kat. 129.

21 KB Bd. 3, 231.

22 G Bd. 1, 331.

23 III, 864.

24 FW II, 473.

25 III, 875.

26 III, 868.

27 III, 874.

28 Bäumer/ Schultz 108.

29 GB Bd. 2, 155.

30 FW 2, 523.

31 FW 2, 526.

32 Ar 67 ff.

33 G Bd. 1, 331.

34 III, 1123.

35 In: Deutsche Sozialgeschichte 1815–1870, Dokumente und Skizzen, hg. v. Werner Pöls, München 1979, 227.

36 III, 1125.

37 III, 1126

38 III, 1127.

39 III, 1124.

40 Ludwig Börne: Ein Brief aus Paris, über den Seidenweberaufstand 1831 in Lyon.

41 FK Bd. 1, 214.

42 III, 760.

43 FW 2, 496.

44 Lutz Kroneberg/Rolf Schloesser: Weber-Revolte 1844, der schlesische Weberaufstand im Spiegel der zeitgenössischen Publizistik und Literatur, Köln 1979, 39.

45 Bäumer/Schultz 113.

46 III, 1078.

47 Johann Friedrich Geist, Klaus Kürvers: Das Berliner Mietshaus 1740–1862, München 1980, 245.

48 Gr 38.

49 Ernst Bloch: Das Prinzip Hoffnung, Bd. 1, Frankfurt a. Main 1986, 129 ff.

50 KB Bd. 3, S. 68.
51 G Bd. 1, 478.
52 KB Bd. 3, 175.
53 G Bd. 1, 424.
54 Bd. 5, 446 f.
55 G Bd. 1, 477.
56 G Bd. 1, 447.
57 G Bd. 1, 367.

KAPITEL 13

Verbrechen und Strafe

1 Peter Anton von Arnim: ›Bettina und der Berliner Magistrat. In: Die Erfahrung anderer Länder‹, Beiträge eines Wiepersdorfer Kolloquiums zu Achim und Bettina von Arnim, hg. v. Heinz Härtl und Hartwig Schultz, Berlin/New York 1994. 298.
2 Bd. 5, 433 ff.
3 Der Magistratsprozeß der Bettina von Arnim, hg. v. Gertrud Meyer-Hepner, Weimar 1960, 38.
4 Fri, 104.
5 In: Festschrift für Ursula Püschel, hrsg. von Uwe Lemm, Berlin 1997, 256.
6 Vgl. Reinhard Rürup: Deutschland im 19. Jahrhundert. Göttingen 1984, 120 ff.
7 Geist, Johann Friedrich; Kürvers, Klaus (Hg.): Das Berliner Mietshaus 1740–1862, Bd. 1. München 1980, 402 ff.
8 KB Bd. 3, 197.
9 KB Bd. 3, 137.
10 KB Bd. 3, 141.
11 KB Bd. 3, 148.
12 KB Bd. 3, 144 f.
13 KB Bd. 3, 37.
14 KB Bd. 3, 196.
15 G Bd. 1, 382.
16 KB Bd. 3, 90.
17 KB Bd. 3, 188.
18 FK Bd. 1, 31.
19 KB Bd. 3, 28.
20 G Bd. 1, 283.
21 G Bd. 1, 488.
22 G Bd. 1, 392.

KAPITEL 14

Zeiten des Umbruchs und letzte Jahre

1 Kinkel, 240.

2 Heinrich Grunholzer, Kat. 129.

3 III, 684.

4 Vom gemeinsamen Besuch bei einer Gemäldeausstellung berichtet Johanna Kinkel:
»Dann blieb sie vor einer Szene stehen, wo ein paar nackte Liebende zu vergessen schienen, dass sie eigentlich nicht allein, sondern vor aller Welt im Akademiesaale waren, und fragte mich, ob das nicht prächtig sei. Ich erschrak entsetzlich und suchte wegzukommen, indem ich sie darauf aufmerksam machte, dass hinter uns eine Menge Herren ständen. »Seien Sie doch kein Schaf«, sagte sie.« Kinkel 241.

5 Moritz Veit, 25. Nov. 1839, Bd. 5, 405.

6 III, 687.

7 Bettina von Arnim und Rudolf Baier, Greifswald 1937 (Aus den Schätzen der Universitätsbibliothek zu Greifswald, 11) 46 ff.

8 In: Die Gründerrode, mit einem Essay von Christa Wolf, Frankfurt a. M. 1983, 543

9 Bäumer/ Schultz 113.

10 III, 698.

11 Maxe 51.

12 Bettine, die sich in Berlin aufhält, wird Augenzeugin der Ereignisse vom 18. März und berichtet ihrer Freundin Pauline Steinhäuser: »Mit Lügen wird man die Schmach zudecken wollen, mit welcher König und Regierung verräterisch sich befleckten (…) die Schlacht des Verrats am Volk; bewaffnete Soldaten gegen wehrloses Volk und – es ist Sieger geblieben moralisch und physisch. Versammelt auf dem Schloßplatz, um für die gegebne Pressefreiheit zu danken, wird plötzlich vom Militär in die Menge eingehauen, mit Stückkugeln geschossen. – Die Leute fliehen und werden verfolgt. – In zwanzig Minuten war die Stadt mit Barrikaden verschanzt, jedes Haus eine Festung – die Waffenläden gestürmt und gegen Kartätschen, Gewehr und Säbel angekämpft. – Unzählige Opfer sind gefallen. – Unterdessen hat der König jede Bitte der Geistlichkeit wie des Stadtrats, dies Blutbad doch aufhören zu lassen, hartnäckig abgewiesen, die Schlacht dauerte von Mittag zwei Uhr bis am andern Tag zehn Uhr. – Am andern Tag war Volksjustiz, die zusammengehauenen Bürger- und Arbeiterleichen wurden auf Bahren ins Schloß getragen; das Volk zwang den König und die Königin, die aufgedeckten Wunden anzusehen.« Bd. 5, 410 f.

13 D Bd. 3, 291.

14 G Bd. 1, 460.

15 III, 885.

16 III, 816.

17 Heinz Härtl: Bettine von Arnim. Romantikerin und Demokratin, in: Bettine

von Arnim.: Romantik und Sozialismus, Schriften aus dem Karl-Marx-Haus, Trier 35, Trier 1987, 28.

18 Zit. nach: Die Günderrode. Mit einem Essay von Christa Wolf, Frankfurt a.M. 1992, 562.

19 M 38.

20 Härtl, s.o. 36.

21 Maxe, 219.

22 Das ganze Leben kehrt in sich selbst zurück, und wo wir schon so in uns selbst zurückgegangen sind, dass wir von uns selbst und also von keinem Ding uns mehr getrennt denken können, heißt es, sei der Tod; der Tod aber ist in jedem Momente des Lebens, da das Leben nichts ist als das ewige Zurückkehren und Hervorgehen des Lebens aus und in sich in demselben Momente. – Ebenso ist das Leben in jedem Momente des Todes, denn Leben und Tod sind eins; um leben zu können, muß man ewig sterben …
FK Bd. 1, 106.

23 Moritz Carrieres Lebenserinnerungen (1817–1847), hg. von Wilhelm Diehl, Archiv für hessische Geschichte und Altertumskunde NFX2, Darmstadt 1914, 184.

24 Kinkel 240.

25 Heinz Holeczek: Die Judenemanzipation in Preußen, in: Die Juden als Minderheit in der Geschichte, hg. v. Bernd Martin und Ernst Schulin, München 1981, 156.

26 Bd. 3, 274.

27 Vgl. Arnim, Achim von: Werke, Band 6, Schriften / hrsg. von Roswitha Burwick, Frankfurt am Main 1992, 362–387.

28 Kat 129.

29 Dö 463.

30 G Bd. 1, 439.

31 G Bd. 1, 439.

32 G Bd. 1, 499.

33 »Die echte Politik muß Erfinderin sein«: Beiträge eines Wiepersdorfer Kolloquiums zu Bettina von Arnim, Festschrift Clara von Arnim zum 90. Geburtstag am 14. August, Berlin 1999, 188.

34 G Bd. 1, 508.

KAPITEL 15

Nur Mut!

1 FK Bd. 1, 28.
2 Hö 88.
3 FK Bd. 1, 91.
4 FK Bd. 1, 175 f.
5 KB Bd. 3, S. 57
6 A 1, 275 f.
7 Bd. 5, 402.
8 G Bd. 1, 475.
9 Dö 394.
10 G 1, 529.
11 A 661.

BILDNACHWEIS

Frontispiz Knabe mit Eule. Zeichnung von Bettine von Arnim, 1837. Frankfurter Goethehaus – Freies Deutsches Hochstift.

S. 6 Maximiliane von La Roche. Gemälde 1773. akg-images.

S. 20 Jugendbild Bettines. Gemälde von Ludwig Emil Grimm

S. 32 Sophie von La Roche. Farbdruck nach einer Zeichnung von Georg Friedrich Schmoll, 1774. akg-images.

S. 46 Bettine von Arnim, Selbstporträt. Klassik Stiftung Weimar.

S. 56 Clemens von Brentano. Zeichnung von Wilhelm Hensel, 1819. akg-images.

S. 68 Karoline von Günderrode. Lithographie von V. Schertle, 1800.

S. 86 Catharina Elisabeth Goethe. Zeichnung von Georg Friedrich Schmoll, 1774. akg-images.

S. 98 Achim von Arnim. Porträtzeichnung von Clemens Brentano, um 1810. akg-images.

S. 116 Armgart, Maximiliane und Gisela von Arnim. Aquarell nach Zeichnungen von Caroline Bardua, 1845. Frankfurter Goethehaus – Freies Deutsches Hochstift.

S. 132 Bettine von Arnim, Landschaftsvignette in einem Brief an Goethe.

S. 148 Friedrich Wilhelm IV. »Zwischen mich und mein Volk soll sich kein Stück Papier drängen«. Karikatur 1848. akg-images.

S. 160 Bettine von Arnim »Nachweisung der ärmsten Weber und Spinner Familien in (…) Alt Weisbach«, 1844. Frankfurter Goethehaus – Freies Deutsches Hochstift.

S. 176 Ein Häftling betet in seiner Zelle vor dem zentralen Überwachungsturm. Zeichnung von N. Harou-Romain, 1844.

S. 188 Bettine von Arnim. Zeichnung von Heinrich Grunholzer.

S. 202 Bettine von Arnim. Bleistiftzeichnung von Wilhelm Hensel, um 1833. akg-images.